西安交通大学
人口与发展研究所·学术文库

中国人口性别失衡与大龄未婚男性
生存状况研究

果 臻 / 著

CHINA'S POPULATION
SEX IMBALANCE AND SURVIVAL OF
UNMARRIED MALES

社会科学文献出版社
SOCIAL SCIENCES ACADEMIC PRESS (CHINA)

本书出版得到国家社科基金项目（14CRK025）和华中科技大学文科专项任务项目的资助

总　　序

西安交通大学人口与发展研究所一直致力于社会性别歧视与弱势群体问题的研究，在儿童、妇女、老年人、失地农民、城乡流动人口和城镇困难企业职工等弱势群体的保护和发展等领域进行了深入研究。研究所注重国内外的学术交流与合作，已承担并成功完成了多项国家级、省部级重大科研项目及国际合作项目，在弱势群体、人口与社会发展战略、公共政策研究等领域积累了丰富的理论与实践经验。

研究所拥有广泛的国际合作网络，与美国斯坦福大学人口与资源研究所、杜克大学、加州大学尔湾分校、南加州大学、加拿大维多利亚大学、圣塔菲研究所等国际知名大学和研究机构建立了长期的学术合作与交流关系，形成了研究人员互访和合作课题研究等机制；同时，研究所多次受到联合国人口基金会、联合国儿童基金会、联合国粮农组织、世界卫生组织、国际计划、美国NIH基金会、美国福特基金会、麦克阿瑟基金会等国际组织的资助，合作研究了多项有关中国弱势群体问题的科研项目。国际合作使研究所拥有了相关学术领域的国际对话能力，扩大了国际影响力。

研究所注重与国内各级政府部门的密切合作，已形成了与国家、地方各级政府的合作研究网络，为研究的开展及研究成果的扩散与推广提供了有利条件和保障。研究所多次参与有关中国弱势群体、国家和省区人口与发展战略等重大社会问题的研究，在国家有关政府部门、国际机构的共同合作与支持下，在计划生育和生殖健康、女童生活环境等领域系统地开展了有关弱势群体问题的研究，并将研究结果应用于实践，进行了社区干预与传播扩散。1989年以来研究所建立了社会实验基地6个，包括"全国39个县建设新型婚育文化社区实验网络"（1998~2000年，国家人口和计划生育委员会）、"巢湖改善女孩生活环境实验区"（2000~2003年，美国福特基金会、国家人口和计划生育委员会）、"社会性别引入生殖健康的实验和推广"（2003年至今，美国福特基金会、联合国人口基金会和国家人口与计划生育委员会）等。其中，"巢湖改善女孩生活环境实验区"在国内外产生了重要影响，引起了国家和社会各界对男孩偏好问题的重视，直接推动了全国"关爱女孩行动"的开展。

近年来，研究所开始致力于人口与社会可持续发展的理论、方法、政策和实践的系统研究，尤其关注以社会性别和社会弱势人群的保护与发展为核心的交叉领域。作为国家"985工程"二期"人口与经济社会可持续发展政策与管理创新"研究基地的重要组成部分，研究所目前的主要研究领域包括：人口与社会复杂系统的一般理论、分析方法与应用研究——探索人口与社会复杂系统的理论和方法，分析人口与社会复杂系统的一般特征及结构，建立人口与社会复杂系统模型，深入分析社会发展过程中出现的重大人口与社会问题并为其提供理论和方法指导；人口与社会政策创新的一般理论、分析方法与应用研究——分析人口与社会政策创新的理论内涵与模式，人口与社会政策创新的政策环境、条件、机制、过程与应用，建立人口与社会政策创新评估体系；转型期面向弱势群体保护与发展的社会政策创新研究、评价与实践——以多学科交叉的研究方法，研究农村流动人口在城镇社会的融合过程，分析农民工观念与行为的演变及其影响机制，研究农村流动人口与社会后果，探索促进农民工社会融合的途径，探讨适合中国国情的城市化道路；国家人口与社会可持续发展决策支持系统的研究与应用——在人口与社会复杂系统和人口与社会政策创新研究的基础上，结合弱势群体研究所得到的结果，面向国家战略需求，从应用角度建立人口与社会可持续发展决策支持系统，形成相应的数据库、模型库、知识库和方法库，解决人口与社会可持续发展过程中的重大战略问题。

中国社会正处于人口与社会的急剧转型期，性别歧视、城乡社会发展不平衡、弱势群体生活困难等问题日益凸显，社会潜在危机不断增大，影响并制约着人口与社会的可持续发展。西安交通大学人口与发展研究所的研究成果有利于解决中国社会面临的以社会性别和弱势群体保护与发展为核心的人口与社会问题。本学术文库将陆续推出其学术研究成果，以飨读者。

摘　　要

作为中国人口性别结构失衡最为直接和严重的后果，大龄未婚男性群体具有弱势性和风险性的双重特征，其生存和发展问题是当前和未来一段时期内我国必须面对的重要人口和社会问题。

本书立足于当前我国人口性别失衡背景下大龄未婚男性这一特殊群体，从宏观和微观相结合的研究思路出发，基于人口普查、2015年湖北省ZG县"农村男性生活质量"微观调查等数据资料，综合采用人口学方法和统计学方法，对大龄未婚男性的生存状况进行系统研究，力图在把握当前中国男性婚姻挤压的特征、模式、测度以及成因的基础上，全面揭示大龄未婚男性群体的基本生存态势和死亡规律，并着重探究其健康与社会支持现状，为改善该群体的生存状况提供科学依据。研究结果表明：无论是从时期还是从队列视角看，中国当前的婚姻挤压态势已然十分严峻；大龄未婚男性群体的形成机制已由历史上的死亡率性别差异转变为当前的出生人口性别偏高；该群体具有被动性、严重性、聚集性和脆弱性的特征，其生存状况与一般男性存在明显差异，面临死亡风险较高和寿命不均等较严重的双重窘境；其在健康和社会支持方面均处于劣势地位。

大龄未婚男性群体是中国当前及未来面临的重要挑战。本书对这一群体进行系统的生存研究，有利于充分揭示该群体的生存现状及问题，为该群体的相关研究和政策制定提供基础性科学依据，促进人口和社会的安全和稳定。

ABSTRACT

As the most direct and serious ramifications of China's imbalanced population gender structure, unmarried males have the dual features of vulnerability and risk. Their survival and development are imperative and inevitable population and social issues that China have to face in the current and future period.

Thus, this book focuses on the foregoing special group — unmarried males in the background of population sex imbalance of China. Based on data from population censuses and the survey conducted in 2015 about the living quality of rural males in ZG County, Hubei Province, our research, combining both macro and micro perspectives, systematically analyzes the survival condition of unmarried males in China by using demographic and statistical methods. First, we aim to have a clear idea on characteristics, patterns, measurements and causes of marriage squeeze for unmarried males in current China. Next, the survival status and mortality pattem of unmarried males are comprehensively uncovered. Last, we reveal the status of their health and social support, in order to provide scientific evidence for improving the group's living conditions. The main results imply that (1) from the prospective of period and cohort, marriage squeeze in current China is already severe, (2) the formation mechanism of unmarried males has changed from sex differential in mortality to high sex ratio at birth, (3) unmarried males in China are vulnerable, of large amount, forced to be single and mostly concentrated in rural areas, which will lead to some severe social problems. Their survival status is significantly different from that of ordinary men, and they are confronted with a dual dilemma of higher death risk and unequal life expectancy, (4) unmarried males are in a disadvantage in terms of health and social support.

The unmarried male group is an important challenge for China at present and in the future. The systematic survival study of this group in this book is conducive to fully revealing the survival status and problems of the group, providing basic scientific research for the group's related study and policy making, as well as promoting population and social security and stability.

前　言

当前，性别失衡问题已成为中国社会治理面临的重大问题。性别失衡带来的人口、社会和经济后果是多方面的，其中最为直接和严重的后果是婚姻市场中男性的"婚姻挤压"现象，大规模"过剩男性"集中出现，构成当前中国的一个特殊群体——大龄未婚男性。他们兼具弱势性和风险性的双重特征：一方面，大龄未婚男性主要集中在农村地区，普遍经济贫困，社会支持较弱，且往往存在身体缺陷或残疾，自我生存和发展能力较差，属于社会的弱势群体，其生存、健康和发展都面临严峻的考验；另一方面，大龄未婚男性又被称作"光棍军"（army of bachelors），其弱势性特征会在一定程度上诱发社会失范行为，其最终积累的不安全与不稳定因素会对整体社会的可持续发展造成负面影响。因此，对大龄未婚男性群体进行系统的生存状况研究，不仅有利于深化对大龄未婚男性问题的认识，把握大龄未婚男性群体面临的生存困境和死亡风险，而且有利于预测其总量与结构，评估该群体对社会发展的影响，防范社会风险，同时也能为相关公共政策的制定与实施提供前瞻性的信息依据和数据支持，尤其是能为相关社会保障政策的完善提供重要的量化分析依据。

目前，关于中国性别失衡背景下的大龄未婚男性已经有了一定的研究基础，但缺少对中国大龄未婚男性群体生存态势、水平、模式和周期的系统性、宏观性研究。因此，本书以当前中国性别失衡背景下大龄未婚男性的生存和死亡状况为主要研究目标，利用人口普查、专项抽样调查、微观调查以及已有研究成果中的数据资料，从以下四个方面展开分析：第一，系统总结当前中国大龄未婚男性群体的主要特征和婚姻挤压模式，提出中国大龄未婚男性群体的年龄测度方法与量化依据；第二，从宏观和微观层面系统研究中国大龄未婚男性的成因演变，明晰当前大龄未婚男性与历史上的差异；第三，深入探究性别失衡背景下大龄未婚男性的生存和死亡状况；第四，全面揭示中国大龄未婚男性的健康状况和社会支持状况。

全书共七章。第一章主要介绍研究背景、概念界定、研究内容与框架、数据与方法以及章节安排。第二章对中国性别失衡与大龄未婚男性生存状况问题的相关研究成果进行梳理和总结。第三章首先通过婚姻挤压的国际比较，揭示中国大龄未婚男性的特殊性，其次从时期和队列的角度探究现阶段中国男性的成婚水平及其变动模式，最后提出定量化、动态化的大龄未婚男性群体的年龄测度依据。第四章对中国大龄未婚男性群体在宏、微观双重作用下的形成因素进行系统研究，进一步论证当前中国大龄未婚男性群体与历史上其他时期大龄未婚男性群体的区别，为这一群体的生存研究提供理论支撑。第五章对大龄未婚男性进行较为系统的人口学生存（死亡）研究。先对中国大龄未婚男性的生存态势、死亡状况进行全景式描画，再探究大龄未婚男性的家庭生命周期。第六章利用湖北省 ZG 县微观调查数据分析大龄未婚男性的健康状况和社会支持现状。第七章基于研究结论，结合中国性别失衡的背景，提出应对大龄未婚男性问题的政策建议，并指出未来的研究方向。

本书主要依托国家社会科学基金青年项目"农村大龄未婚男性的生存状况及其政策促进研究"，由果臻副教授负责总体策划、统筹设计和主要研究工作。华中科技大学社会学院研究生陈青、王玉洁、江莎、梁海俐、彭媛和华中师范大学社会学院研究生董琳作为团队成员也对此书有较大贡献。本书始于果臻副教授在西安交通大学就读期间完成的博士学位论文，在此期间得到西安交通大学人口与发展研究所李树茁、姜全保、靳小怡、杨雪燕和刘慧君等老师的悉心指导和大力支持。此外，本书出版还得到华中科技大学文科专项任务项目资助，在此表示由衷的感谢。

目　录

第一章　绪论 ··· 1
　第一节　研究背景 ·· 1
　第二节　概念界定 ·· 4
　第三节　研究内容与框架 ·· 8
　第四节　数据与方法 ·· 13
　第五节　章节安排 ·· 15

第二章　文献综述 ··· 17
　第一节　中国人口性别失衡历史和现状 ·· 17
　第二节　当代中国大龄未婚男性的成因 ·· 21
　第三节　大龄未婚男性的生存研究 ··· 25
　第四节　中国大龄未婚男性的健康和社会支持 ······························ 26
　第五节　本章小结 ·· 29

第三章　中国大龄未婚男性婚姻挤压的特征、模式与测度 ················ 31
　第一节　中国大龄未婚男性的特征：婚姻挤压的国际比较 ············· 31
　第二节　中国大龄未婚男性的婚姻挤压模式 ································· 37
　第三节　中国大龄未婚男性的年龄测度 ·· 52
　第四节　本章小结 ·· 55

第四章　中国大龄未婚男性的成因分析：宏观层面与微观层面 ········· 57
　第一节　大龄未婚男性的宏观成因分析：人口性别结构的演变 ······· 57

第二节　大龄未婚男性的微观成因分析：个体特征和居住状况 ……… 83
　　第三节　本章小结 ……………………………………………… 93

第五章　大龄未婚男性的生存分析 ……………………………………… 95
　　第一节　大龄未婚男性的生存状况 …………………………… 95
　　第二节　大龄未婚男性与其父母的家庭生命周期 …………… 124
　　第三节　本章小结 ……………………………………………… 135

第六章　大龄未婚男性的健康与社会支持 …………………………… 137
　　第一节　大龄未婚男性的健康状况 …………………………… 137
　　第二节　大龄未婚男性的社会支持体系研究 ………………… 149
　　第三节　本章小结 ……………………………………………… 164

第七章　结论与展望 …………………………………………………… 166
　　第一节　问题与挑战 …………………………………………… 166
　　第二节　主要结论 ……………………………………………… 167
　　第三节　政策建议 ……………………………………………… 170
　　第四节　研究展望 ……………………………………………… 172

参考文献 ………………………………………………………………… 174

附录1　全国分城乡男性初婚表 ……………………………………… 191

附录2　全国分城乡、分婚姻、分教育男性生命表 ………………… 200

附录3　湖北省ZG县农村男性生活质量调查问卷（节选） ………… 216

CONTENTS

Chapter 1   Preface   / 1
  1.1   Background   / 1
  1.2   Definitions   / 4
  1.3   Contents and Framework   / 8
  1.4   Data and Methods   / 13
  1.5   Chapter Outlines   / 15

Chapter 2   Literature Review   / 17
  2.1   History and current situation of China's population gender imbalance   / 17
  2.2   Causes of unmarried males in contemporary China   / 21
  2.3   Studies on the survival of unmarried males   / 25
  2.4   Health condition and social support of unmarried males   / 26
  2.5   Summary   / 29

**Chapter 3   Characteristics, patterns and measurements of
              marriage squeeze for unmarried males in China**   / 31
  3.1   Characteristics of unmarried males in China: international
        comparisons of marriage squeezes   / 31
  3.2   Pattern of marriage squeeze for unmarried males in China   / 37
  3.3   Age measurements of unmarried males in China   / 52
  3.4   Summary   / 55

Chapter 4   Macro and micro causes of unmarried males / 57
    4.1   Macro causes of unmarried males: change of
          population gender structure / 57
    4.2   Micro causes of unmarried males:
          Individual characteristics and living conditions / 83
    4.3   Summary / 93

Chapter 5   Analysis on the survival of unmarried males / 95
    5.1   The survival of unmarried males / 95
    5.2   Family life cycle of unmarried males and their parents / 124
    5.3   Summary / 135

Chapter 6   Health and social support of unmarried males / 137
    6.1   Health condition of unmarried males / 137
    6.2   Social support of unmarried males / 149
    6.3   Summary / 164

Chapter 7   Conclusions and prospect / 166
    7.1   Issues and challenges / 166
    7.2   Conclusions / 167
    7.3   Policy suggestions / 170
    7.4   Prospect / 172

References / 174

Appendix / 191

第一章 绪论

第一节 研究背景

一 现实背景

进入21世纪,中国的人口问题已经由过去单纯控制人口数量转变为统筹解决人口数量、结构、分布、流动和健康等问题。目前,中国的人口性别结构问题集中反映为性别失衡,这已成为影响中国社会可持续发展的重要因素。人口性别结构反映一个国家或地区人口中男女人口的比例关系,对社会经济发展和人民生活(特别是婚姻家庭)产生重大影响。长期以来,我国一直存在重男轻女的观念,1953年第一次人口普查的总人口性别比就为107.6,这表明旧中国的性别比本来就很高,新中国的总人口性别比是从这个基础上变化过来的,此后历次普查都较高,基本在105~107。根据2010年第六次人口普查,我国总人口性别比为105.2,相对于正常水平(100)以及较发达国家(94.7)和欠发达国家(103.3)仍然偏高。

从我国人口性别结构的演变和主要影响因素看,死亡率性别差异、人口年龄结构变动和出生性别比偏高这三个因素在不同时期分别构成影响人口性别结构的主要因素。当前,随着我国社会的进步和医疗卫生水平的提高,女性死亡率特别是女性婴幼儿死亡率不断下降,女孩的生存环境得到有效改善,人口死亡率的性别差异对我国人口性别结构的影响已经十分有限;人口年龄结构的加速老化对降低总人口性别比的作用开始显现;而三十多年来持续偏高的出生性别比则是构成我国人口性别结构失衡的首要因素。第六次全国人口普查显示的出生人口性别比是117.94，我国出生人口性别比偏高的态势仍十分严峻。导致人口性别结构失衡的原因是复杂的，在不同的时间和地区有不同的表现。性别选择性流引产、溺弃女婴以及对女孩生存和健康的忽视是造成出生性别比和婴幼儿死亡率性别比偏高的主要原因（李树茁、朱楚珠，1996，2001；Li et al.，2004）；而中国重男轻女的传统文化是其根源性原因；相关的社会公共政策以及人口政策构成了中国性别失衡的条件性原因（李树茁、朱楚珠，2001；李树茁、韦艳、姜全保，2006）。

受出生性别比长期偏高的影响，当前中国人口性别结构失衡背景下的男性过剩问题逐步显现，其规模和发展趋势超过了以往任何时期，同时也区别于国际上其他国家的男性过剩现象。2000年人口普查显示，50岁以上的男性中，共有450万人从未结过婚，到2010年，这一数字为540万。而50岁以上的未婚女性仅为相应男性的1/10，随着年龄的上升，男性未婚比例远高于女性未婚比例。其中，40~44岁未婚男性占全部男性人口的4.2%，而女性中则只有0.8%；50~54岁未婚男性比例为3.2%，女性为0.3%。由于50岁之后的成婚概率很低，因此50岁之后未婚男性的比例始终维持在3%上下，并最终成为终身不能成婚的大龄未婚男性。伴随着社会经济发展，城镇化水平提高，大规模的人口迁移和流动，特别是女性人口的迁移和流动将导致男性婚姻挤压现象高度集中在偏远落后的农村地区，使城乡、区域间的性别失衡态势更加复杂和严重。在男性婚龄人口过剩的背景下，"光棍村"数量不断增加，海南、贵州、甘肃、陕西、山西、河北、吉林等中西部省份的部分贫困农村地区都曾有"光棍村"被媒体报道。2005年全国1%人口抽样调查数据显示，婚姻挤压现象在中国农村地区绝非个案，几乎所有省份的农村地区都存在不同程度的女性缺失。

由于无法成婚，缺少家庭的保障及子女的照料，未婚男性老年阶段的健康状况较差。根据2010年第六次全国人口普查数据计算，未婚老年男性的生活来源主要是依靠劳动收入和最低生活保障金，生活状况令人忧虑。按照未婚与非未婚区分"六普"数据中60岁以上老年人的健康状况，结果显示非未婚男性在60岁以上的健康状况明显好于未婚男性。有接近50%的非未婚男性身体健康，而只有33%的未婚男性身体健康。在不健康但生活能自理和生活不能自理的人群中，未婚男性占全部未婚男性的28%，而这一比例在非未婚男性中仅为14%。在60岁以上未婚和非未婚男性的生活来源分布方面，未婚男性在老年段的生活来源主要依靠劳动收入和最低生活保障，而非未婚男性则主要依靠劳动收入和离退休养老金以及家庭成员供养。由此可见，未婚男性不仅在年轻时没有相对稳定和能够提供养老保险的工作，同时由于不能组成家庭，老年生活的主要来源也变得更加单一，无法依靠家庭来实现养老，相关的公共和社会保障政策亟待加强。

二 理论背景

当代中国的性别结构失衡问题引起了研究者、公众、决策者、国际组织和政府部门的广泛关注，已经有很多研究深入分析了中国性别结构失衡的现状、原因、后果及其对社会经济发展的影响。从目前关于中国性别失衡背景下大龄未婚男性问题的研究来看，主要集中在以下三个方面：一是未来我国男性过剩人口的总量和婚姻市场中男性婚姻挤压的程度；二是大龄未婚男性对社会、经济和人口发展的影响及其引发的人口安全和健康等问题；三是大龄未婚男性的养老和社会保障研究。

从大龄未婚男性的规模来看，相关研究表明，从1985年到2005年的出生队列中，共有2700万名过剩男性；2010年后在我国婚姻市场中，每年有100万名以上的男性无法找到初婚对象（Tuljapurkar et al., 1995；李树茁、姜全保、伊莎贝尔·阿塔尼、费尔德曼，2006；Jiang et al., 2011）。根据未来出生性别比的变动情况，在50岁以上的男性人口中，未婚男性的比重区间在5%~16%（Zeng, 2007；Guilmoto, 2012）。

如此大规模的大龄未婚男性将不可避免地对国家的社会经济发展以及人口安全和健康等产生冲击和影响。婚姻市场中的男性过剩造成女性的婚姻议价能力提高，男性成婚的成本不断升高（Edlund, 1999）。未婚男性家庭（有儿子的家庭）的储蓄率高于未婚女性家庭（有女儿的家庭）（Wei and Zhang, 2009）。同时在性别失衡严重的地区，家庭对儿子的教育投资也要高于女儿（Ebenstein and Leung, 2010）。另外，女性缺失造成的拐卖妇女和儿童等犯罪问题也在新闻媒体中被大量报道。相关的学术研究也证明性别失衡是犯罪率上升的因素之一（Banister and Hill, 2004）。

对大龄未婚男性群体自身的健康、养老和社会保障等方面的相关研究主要集中在微观层面（张思锋等，2011；靳小怡、郭秋菊、刘蔚，2012）。

农村大龄未婚男性问题普遍伴随着贫穷、经济不稳定和社会地位低下，长期或永久未婚造成农村大龄未婚男性人口群体的家庭残缺，使其不仅缺少姻亲带来的横向的社会关系，而且缺失纵向的亲子关系（Keith and Nauta，1988）。农村大龄未婚男性人口群体在步入老年之时，无伴侣扶持、无子女赡养，成为物质和精神的双重贫困者，其对社会保障的需求包括最低生活保障需求、医疗保障需求和养老保障需求（张思锋等，2011）。与已婚男性相比，未婚男性更容易患精神疾病，感染和传播性病、艾滋病，农村大龄未婚男性对医疗保障的需求也较为迫切（Tucker et al.，2005；李艳、李树茁、彭邕，2009；李艳、李树茁、罗之兰，2009）。农村大龄未婚男性失去婚姻的同时就意味着失去了家庭养老保障（靳小怡、刘利鸽，2009），由于老年未婚群体缺乏儿女照料，因而具有更多的社会养老需求（Wu and Pollard，1998）。随着性别失衡的加剧，大龄未婚男性人口数量增多，社会养老保障需求必然呈现不断增长的趋势（张思锋等，2011；靳小怡、郭秋菊、刘蔚，2012）。同时，为改善农村大龄未婚男性群体的生存状况，应对该群体对社会经济发展全局的潜在负面影响，针对该群体的社会支持政策也亟待加强（王磊，2016）。

第二节 概念界定

一 性别失衡

性别比是指男性人口与女性人口的比值，或者说平均100个女性人口所对应的男性人口数量。由于正常情况下，男性在整个生命周期中的死亡率高于女性，大多数国家的女性人口略多于男性，总人口性别比的正常值应该基本等于或低于100。一旦偏离这一正常值，则被认为人口性别结构失衡，简称"性别失衡"（李树茁等，2009）。

从人口学的角度看，出生性别比、死亡率性别差异、人口的年龄结构、婚配模式和迁移因素的性别差异都会引起性别失衡。其中，出生性别比和死亡率性别差异将在绝对数量上对人口性别失衡产生直接影响。同时，男女两性在迁移率方面的差异，则会加剧地区间性别失衡的严重程度。20世纪80年代以来，中国的出生性别比和女婴相对死亡水平持续偏高，引发人口性别结构的严重失衡。2010年，中国人口普查数据显示，中国的出生性别比为117.94，女婴死亡率是男婴的1.5倍，远超出正常水平。人口的年龄结构和婚配模式在一定程度上对性别失衡起着调节作用，当性别失衡的程度在一定范围以内，其可以自动平衡和缓冲性别失衡带来的人口和社会后果。此外，大规模的人口特别是女性人口的迁移和流动将导致男性婚姻挤压现象高度集中在偏远落后的农村地区，使城乡、区域间的性别失衡态势更加复杂和严重。

从性别失衡的原因构成与经济社会发展和文化传承的角度看，性别选择性流引产、溺弃女婴以及对女孩生存和健康的忽视是造成偏高的出生性别比和婴幼儿死亡率性别比的直接原因。中国重男轻女的传统文化是其根源性原因。中国的生育政策也对出生性别比偏高起到了一定的间接作用。

二 大龄未婚男性

本书的研究对象是中国性别失衡背景下的大龄未婚男性，特指在中国重男轻女的文化背景下，女性绝对数量缺失而造成大量的、被迫的无法成婚的30岁及以上的男性群体，该男性群体并非自愿不婚。

在拥有普婚文化以及男性人口过剩的当代中国，男性的失婚可以分为两种情况。一是主动不婚或者推迟婚姻。原因主要包括择偶标准较高等因素所导致的婚姻推迟，或者更愿意独身而主动性地选择不婚或者暂时不婚。二是被迫性的不婚或成婚困难。由于女性数量的大量缺失以及女性更易"向上"寻求婚姻，即找比自己在社会地位或者其他条件上更优秀的男性成婚，大量受教育水平低、社会经济地位差、处于社会底层的男性无法找到与之匹配的女性成婚（靳小怡等，2010；刘利鸽、靳小怡，2011）。本书所研究的对象就是指第二类男性。需要指出的是，关于当代中国大龄未婚男性群体的研究本身一直受到质疑，主要集中在以下两点。一是即使在男女人口比例均衡的地区也会存在由于自身条件较差而无法成婚的大龄未婚男性，那么中国的大龄未婚男性群体与其有何不同之处？二是中国历史上一直存在重男轻女的传统文化，男多女少在历史上一直存在，大龄未婚男性群体在当代具有什么特殊性？对于上述两个比较普遍的质疑，本书分别从中国男性婚姻挤压态势的国际比较、中国大龄未婚男性形成宏观因素及其历史演变给出了相应的论证和回答。

对大龄未婚男性这一概念的理解可以从队列和时期的人口学视角来分析。从队列的角度看，大龄未婚男性严格地被界定为从出生到死亡从未有过婚姻经历的男性，这样的定义虽然能够准确地界定大龄未婚男性人群，但加大了对这一人群进行研究的难度。因为这需要对一个或若干个出生队列的男性人口进行全程性的跟踪调查，直到其死亡，这样才能最终确定其中终身未婚的男性为严格意义上的大龄未婚男性群体。很明显，这样的研究需要耗费大量的时间和资金，难度很大。但如果从时期的角度来划分大龄未婚男性群体，首先就需要对大龄未婚男性的定义进行适当的放宽，即男性如果达到某一年龄仍然未婚，其以后成婚的概率较低，那么就可以对这一男性群体进行相关研究，将其视为大龄未婚男性群体。虽然该群体的每个男性在其生命余年内仍然存在成婚的可能性，但从统计的角度来看，他们中的大部分必将终身无法成婚。在这样的情况下，相关的大龄未婚男性研究成为可能。

本书将人口研究中常用的时期生命表概念引入对大龄未婚男性群体的研究中。人口学中在对人口的死亡进行研究时，由于缺少对于真实队列人口的死亡数据，使用时期人口死亡数据生成假想队列的时期人口生命表来考察时期人口的死亡情况。基于此原理，本书利用第五、第六次全国人口普查数据的抽样数据生成时期中国男性初婚表，计算出时期男性人口在特定年龄时的成婚比例以及在生命余年内的期望成婚概率，将在某一年龄以后成婚比例低且期望成婚概率低的未婚男性界定为本书的研究对象——大龄未婚男性。相关的测度方法、依据和标准将在正文中介绍。对应于大龄未婚男性，本书将有婚姻经历的男性定义为非未婚男性，婚姻状态包括已婚、离婚、再婚和丧偶的男性群体。

三 生存研究

一般意义上，"生存"指事物的存活状态，其在不同的情境和维度下表现的方式和内在的特征都有所不同，因此，生存研究涉及的范围较广，可以包括自然界一切事物的存活状态及其受外在环境的作用等相关研究。本书的生存研究特指人口学领域内的生存研究，指针对某一群体进行的以人口学分析为研究方法的，考察群体生存水平、模式和周期的基础性研究。

在人口学中，生存研究也叫死亡研究，"生存"和"死亡"本身就是一对互补性的词语，如同人口的生存概率是由死亡概率计算得出的一样。因此，对人口的生存水平、模式和周期的研究如果从人口死亡的视角理解就转变为对人口的死亡水平、模式和周期的研究。生存（死亡）研究作为人口和相关学科的基础性研究，对认清一个群体的生存状态、生命历程和随后的社会保障有着重要的理论和现实意义（查瑞传，1981；蒋正华，1990；黄荣清，2001）。

从生存研究的研究对象看，已有的研究一般分为以下三种情况。第一是从世界人口的整体情况看，将世界人口按照不同的大洲划分，对各大洲人口的生存和死亡水平及模式的差异进行分析和研究。联合国人口司就通过构建各大洲的人口生命表来研究大洲间人口的生存及其差异情况。第二是不同国家和地区（或者国家内部不同区域）人口的生存研究。通过相关的生存和死亡研究指标来衡量一个国家或者区域的社会经济发展状况，如人口的预期寿命作为仅有的三个指标之一被联合国纳入了人类发展综合指标，以客观衡量国家和地区间的发展情况。第三是按其他维度划分的人群的生存研究。按照性别、民族、婚姻状态、职业、教育等具有代表性和显著特征的人群的生存研究，通常关注这些不同维度下人群的生存和发展情况，以研究和揭示其生存与发展等问题（曾毅，1987；蒋正华，1990；李世红、黄荣清，1999）。

从生存研究的步骤看，首先需要对研究对象进行系统论证，说明研究的人口群体具有研究的价值，即该群体需要达到一定的人口规模，具有一定的特征，与其他群体具有一定的差异性。也就是说，由于生存研究对所需要的基本材料和数据要求较高，获得相关数据的成本也较大，并不是任意群体都能够进行人口学的生存研究，因此在对特殊群体进行生存研究前，需要对该群体的态势、结构、特征、成因等基本情况进行系统分析，说明对该群体进行研究的意义和价值。在对其进行科学论证的基础上，再进一步进行人口学的生存分析和后续基于生存分析的拓展研究。

从生存研究的基本方法看，最基础也是重要的研究方法就是构建人口的生命表。生命表方法最初源于死亡分析，如果从与人口死亡情况的反方向考虑人口的生存（留存）情况，死亡分析也可以称为生存分析，因此生命表也可以称为死亡表。在随后的发展中，生命表被广泛应用于诸多人口和社会现象的研究之中，比如，婚姻、生育、迁移、人口动态和发展等，成为人口学最重要的研究方法之一,并主要运用在人口的生存研究中。

生命表的基本概念源于队列分析,但同样可以借助假想队列而应用在时期分析中。队列生命表分析是对同一批人从出生(或结婚等其他作为队列起始点的初始人口事件)开始,到死亡(或其他相应的退出初始状态的人口事件)的人口过程的定量描述与概括,其所用的原始数据是该队列的纵向追踪记录。时期生命表的构造方法与队列生命表完全一样,但所用数据却是相应于某一时点,包括许多队列的横断面信息。这实际上是一种假想队列的方法,即假定一批人按观察到的时期人口事件的年龄别发生率度过一生,从而计算出一些具有概括性、更能鲜明生动地反映该时期的人口过程的水平与特征的综合指标(郭志刚,2008;王广州、胡耀岭,2011)。

综上,生活状况的生存研究以分析大龄未婚男性群体的特征、现状和成因为基础,以构建大龄未婚男性群体的生命表为大龄未婚男性生存研究的核心,详细考察大龄未婚男性群体的生存水平、生存模式和家庭生命周期,对中国性别失衡背景下的大龄未婚男性群体进行系统性的人口学生存研究。

第三节 研究内容与框架

一 研究意义

生存(死亡)研究作为人口学及其他相关学科的基础性研究,对认清一个群体的生存状态、生命历程及其社会保障需求等具有十分重要的理论和现实意义。

从理论意义看,农村大龄未婚男性数量和影响的扩大是中国性别失衡的重要社会后果之一,是目前统筹解决性别失衡问题的盲点。因此,本书针对农村大龄未婚男性进行前瞻性研究,分析农村大龄未婚男性的生存状况,对探索缓解性别失衡社会后果的途径十分必要。目前,将大龄未婚男性作为一个群体进行探究的人口学基础研究很少,对大龄未婚男性的死亡研究更是接近空白,这在很大程度上制约了对大龄未婚男性的进一步探究。已有研究往往假设大龄未婚男性的生存水平和模式与一般男性相同,但这一不符合实际情况的假设会使相关研究结果存在一定偏差,进而影响对大龄未婚男性的总量和结构的预测，不利于评估其对社会、经济和人口发展的影响，也不利于相关公共政策和社会保障政策的制定。

从现实意义看，当前我国人口的性别失衡问题，尤其是出生性别比偏高及其后果问题引起了广泛关注，大量的"过剩男性"在当前和未来一段时间内将无法成婚，成为大龄未婚男性。在我国的文化和社会背景下，大龄未婚男性群体由于无法组成家庭，是社会发展进程中的弱势群体。大龄未婚男性及其家庭在基本生活、婚姻家庭、健康、社会支持、养老等方面的脆弱性显著高于其他人群，给基本的民生保障带来了更多挑战。为了满足其基本的生存和发展需求，需要对其进行帮扶并提供相应的社会保障。因此，在性别失衡导致的男性婚姻挤压现象日益凸显和加剧的背景下，对这一群体进行生存研究就显得尤为重要。对大龄未婚男性群体进行生存分析不仅有助于改善其生存状况，也有助于人口的安全与稳定。

二 研究目标

本书的主要研究目标是完成对当前中国性别失衡背景下大龄未婚男性的人口学生存研究。首先需要研究当前中国男性婚姻挤压的特征、模式及对大龄未婚男性群体的测度，并从宏观和微观层面进一步分析其成因，进而论证该群体具有进行人口学生存研究的价值和必要性。其次对该群体的生存状况和家庭生命周期进行系统性研究和分析，阐明其与其他群体的差异，为该群体的相关研究和政策制定提供基础性的科学依据。最后基于生存研究的主要发现，结合微观专项调查数据，深入探究大龄未婚男性群体的健康与社会支持情况，提出相应的政策建议。

结合上述理论和现实背景，本书的研究目标有以下四点。

第一，揭示当前中国男性婚姻挤压的主要特征，总结其变动模式，给出大龄未婚男性年龄测度的量化依据。通过国际比较揭示中国男性婚姻挤压的特殊性，并利用人口普查数据构建中国男性初婚表，总结其变动模式，在此基础上实现对大龄未婚男性度量标准的定量化和动态化构建。

第二，把握中国大龄未婚男性成因的演变规律、主要影响因素和发展态势。通过量化分析大龄未婚男性的宏微观成因及其演变规律，明确出生性别比偏高问题是当前我国人口性别失衡的主导因素。指出出生性别比长期偏高对人口的影响将贯穿相应出生队列人口的整个生命历程，大量过剩男性由于无法成婚并组成家庭，对其生存、健康等问题产生了重要影响。

第三，研究大龄未婚男性群体的生存状况和家庭生命周期。利用人口普查数据，全面描绘其生存态势和死亡规律，分城乡和教育比较不同子群的生存状况，并系统总结其弱势性的成因，提出相应的政策建议。此外，对大龄未婚男性家庭生命周期进行初步探究，揭示大龄未婚男性家庭生命周期的特殊性，为相关政策制定提供参考。

第四，探究当前大龄未婚男性群体的健康与社会支持情况，提出相应政策建议。通过微观调研数据进一步揭示农村大龄未婚男性的健康状况及其影响因素，并着重分析教育对其健康状况的影响，探索改善该群体健康水平的途径。系统分析大龄未婚男性的社会支持现状，揭示现有社会支持的不足，提出为其构建社会支持体系的建议。

三 研究思路和框架

针对已有研究中缺乏关于当前中国大龄未婚男性的生存研究，本书尝试对中国性别失衡背景下的大龄未婚男性群体进行较为系统的人口学生存研究。本书将大龄未婚男性作为一个群体来进行人口学的基础性研究，对该群体的生存状况和家庭生命周期进行分析，并进一步探究大龄未婚男性群体的健康与社会支持情况，提出相应的政策建议。

根据以往对其他人群进行生存研究的要求，要对一个人口群体进行系统的、基础的人口学生存研究，其研究对象需要有被研究的价值，即研究的必要性和合理性。基于此，本书通过对大龄未婚男性群体规模的描述、特征的认定，以及其形成因素的变动情况论述，综合判断和论证该群体是否具备生存研究的基本要求。

基于上述分析，本书的研究思路如下。首先，在第三、第四章对大龄未婚男性群体生存研究的必要性进行较为系统的论证，主要是对当前我国男性婚姻挤压的特征、模式及大龄未婚男性群体的测度和成因进行分析，构建对该群体进行生存研究的理论基础，也为后文的生存研究提供现实背景与依据；同时回答了为什么以前不研究这个群体的生存问题和为什么现在中国特别需要对这个群体进行重点研究这两个重要的理论和现实问题。其次，对大龄未婚男性群体进行较为系统的生存分析，构建中国大龄未婚男性群体的生命表，明确该群体的生存态势、死亡规律和家庭生命周期。

最后，在对大龄未婚男性群体进行生存研究的基础上，进一步分析大龄未婚男性群体的健康与社会支持情况，提出相应的政策建议。

依据上述研究思路，本书的研究框架如图1-1所示。

```
研究背景
├── 理论背景：性别失衡与社会可持续发展；婚姻与生存、健康
└── 现实背景：人口性别结构失衡；大龄未婚男性生存和保障
        ↓
研究综述
├── 中国人口性别失衡：历史和现状
├── 中国大龄未婚男性的成因
└── 大龄未婚男性的生存、健康及其社会支持
```
【问题的提出和已有研究基础】

```
中国男性婚姻挤压的特征、模式与测度
├── 特征：国际比较
├── 中国男性婚姻挤压的模式
└── 大龄未婚男性的年龄测度：方法与依据
        ↓
大龄未婚男性的成因：宏观和微观
├── 宏观：人口性别结构的演变
└── 微观：个体特征和居住状况
```
【生存研究的理论构建与论证】

```
大龄未婚男性的生存分析
├── 生存态势
├── 死亡规律
└── 家庭生命周期
        ↓
大龄未婚男性的健康与社会支持
├── 健康状况及教育对健康的影响
└── 社会支持现状及社会支持体系的构建
```
【生存分析】

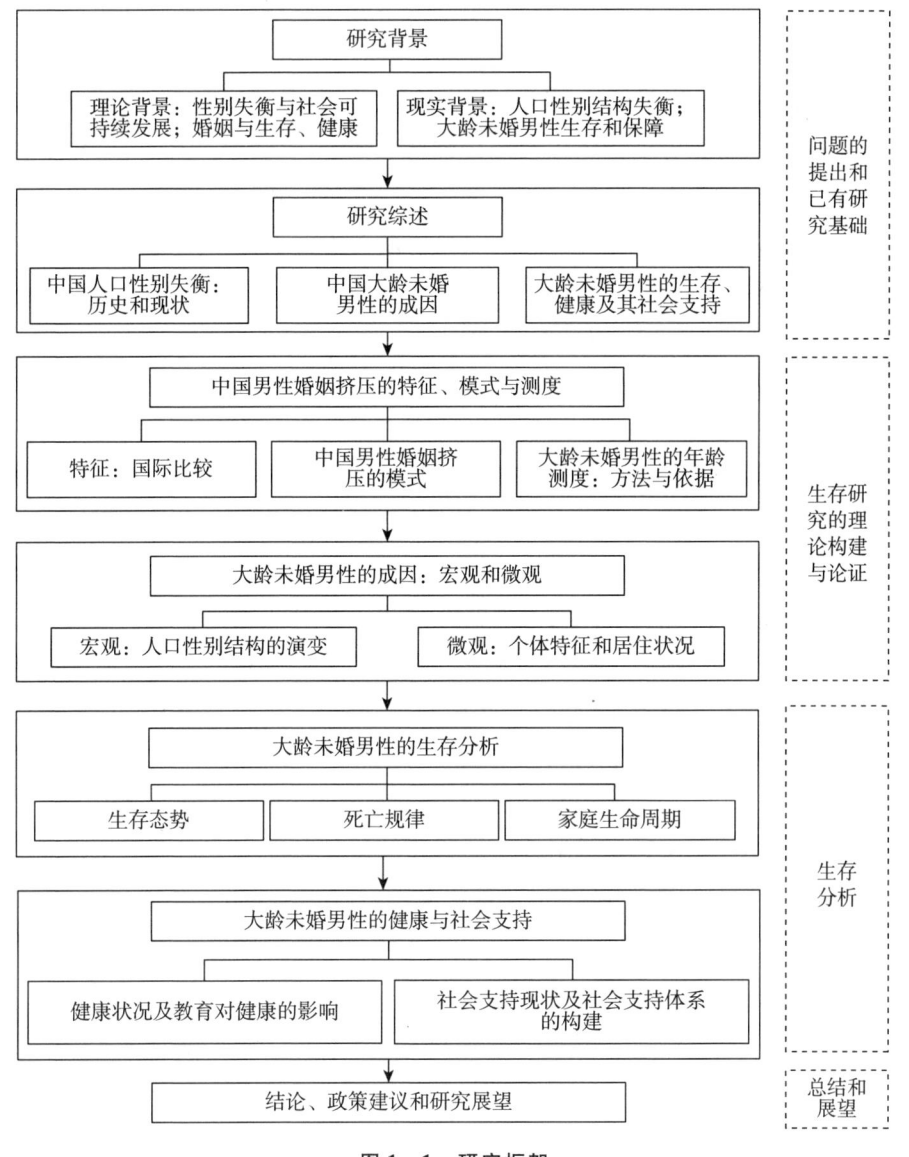

```
结论、政策建议和研究展望
```
【总结和展望】

图1-1 研究框架

根据图1-1的研究框架，本书的研究内容主要由以下四个部分（本书核心部分的四个章节）组成。

第一部分是本书的理论分析基础部分，为大龄未婚男性作为一个具有典型特征的、一定规模的人口群体的生存研究进行理论准备。首先，通过国际比较，采用总人口性别比、结婚水平、结婚模式和30岁及以上单身人口性别比等指标探究大龄未婚男性婚姻挤压的性质与程度差异，揭示中国大龄未婚男性群体的特殊性，以论证和说明对这一特殊群体进行人口学生存研究的必要性与科学性。其次，在此基础上主要利用2000年和2010年全国人口普查数据，通过构建中国男性婚姻生命表，从时期和队列的角度探究现阶段中国男性的成婚水平、概率、进度，总结其变动模式，分析相关时期指标存在的问题。最后，参考统计推断的方法提出定量化、动态化的大龄未婚男性群体的年龄测度依据，以期弥补当前研究中大龄未婚男性的年龄界定缺乏相应的量化依据的问题。

第二部分在第一部分的基础上，对大龄未婚男性的成因演变进行宏观和微观的系统研究。本部分的研究目的在于明确当前及未来中国性别失衡背景下的大龄未婚男性群体与历史上大龄未婚男性群体在成因上的巨大差异，说明本书对大龄未婚男性群体进行生存研究的必要性和紧迫性。一方面，通过基于构建人口数理模型和因素分解方法，利用中国历次人口普查数据和联合国世界人口展望数据对中国1950~2050年人口性别失衡以及大龄未婚男性成因的演变过程及其驱动因素进行宏观研究。明确当前和未来相当长的时期内，中国人口性别结构与大龄未婚男性形成的驱动因素的转变，特别是这些主导因素在当代的变动情况，进而说明当前中国大龄未婚男性群体形成的主导因素的转变态势。另一方面，使用第六次全国人口普查的千分之一数据带，考察男性个体特征和居住状况与成婚的关系，发现微观层次下男性大龄未婚的主要影响因素。

第三部分是本书的核心部分，主要对大龄未婚男性群体进行较为系统的人口学生存研究，考察中国大龄未婚男性的生存状况和家庭生命周期。利用人口普查数据，对中国大龄未婚男性的生存状况进行全景式描画。首先，从规模、分布、教育、健康和养老方面出发，全面反映大龄未婚男性的生存态势及特征；其次，对大龄未婚男性进行人口学生存分析，从人口死亡状况角度深入论证中国大龄未婚男性的弱势性特征；再次，从城乡和教育角度切入，比较大龄未婚男性的内部差异，探索除婚姻外的政策切入点和着力点；最后，总结大龄未婚男性弱势性的成因，并提出相应的政策建议。在此基础上使用最新的第六次人口普查数据，采用生命表技术和概率分析，对大龄未婚男性家庭生命周期进行初步探究，揭示大龄未婚男性家庭生命周期的特殊性，为相关政策制定提供参考。

第四部分基于第三部分关于大龄未婚男性群体的生存分析，利用微观专项调查数据，分析大龄未婚男性的健康状况和社会支持现状，并提出相应政策建议。首先，从身体健康、心理健康和自评健康三个方面系统分析农村大龄未婚男性的健康状况，并着重分析教育对大龄未婚男性健康状况的影响及其中介因素，探索改善该群体健康水平的可行之策。其次，从正式支持和非正式支持两方面分析大龄未婚男性的社会支持现状，通过与非未婚男性的比较研究揭示大龄未婚男性现有社会支持的不足，为增强其社会支持、改善其生活状况提出相应的政策建议。

第四节　数据与方法

一　资料来源

（一）统计数据

本书的统计数据均来自二手资料，主要有两个来源：一是各个国家和地区的人口普查、专项抽样调查资料以及统计部门或相关部门在统计网站上发布的数据资料；二是已有研究成果中的数据资料。

（二）调查数据

本书的调查数据来自本课题组于 2015 年 7 月在 ZG 县进行的"农村男性生活质量"调查。ZG 县位于湖北省西部，由于早年的性别失衡和高人口流动率而产生严重的婚姻挤压，相当规模的大龄未婚男性集中出现在 ZG 县农村地区，这些特征符合研究大龄未婚男性问题的要求，在该县进行调查对研究大龄未婚男性问题具有较好的代表性。数据资料的收集主要采用结构式问卷，实地调查包括试调查和正式调查两个环节。

试调查（样本规模 40~60 人）包括个访（样本规模 10~20 人）和组访（3~4 次，每次 10 人左右），根据年龄和婚姻状况对农村男性进行细分，在各类别中选取若干个具有代表性的案例进行访谈，然后据此完善相关指标的操作化和问卷设计。

正式调查包括问卷调查（预计样本规模1000个）、小组访谈（3~4次，每次7~10人）和个人访谈（20人次左右）。本书主要使用问卷调查收集到的数据资料，问卷调查的主要内容包括个人基本信息、健康、经济、社会保障等方面，从整体上考察了大龄未婚男性的生存状况。调查采用多段抽样，在ZG县下辖的12个乡镇186个行政村中抽取30个村，调查村中所有居家的28周岁及以上的未婚男性；为进行比较研究，再在每个村中利用随机数表分别抽取相同数量的28周岁及以上的非未婚农村男性（未婚男性与其他婚姻类型男性的数量之比为1:1），当调查对象因无能力接受调查、多次拒访等原因而无法完成调查时，进行替补抽样补足样本。本次调查共计发放927份问卷，整理剔除废卷后，得到有效问卷874份，有效回收率约为94.3%。其中大龄未婚男性样本410个，已婚男性样本464个，分别占总体有效样本的46.9%、53.1%。

二 分析方法

（一）人口学方法

本书采用的人口学研究方法主要包括人口学领域最基础的时期分析和队列分析方法，使用的分析工具包括人口学中的相关人口统计指标、生命表技术、人口数理模型以及人口的因素分解与预测方法等。

具体而言，相关人口统计指标（如出生人口性别比、总人口性别比、30岁及以上单身人口性别比等）主要用于初步梳理和分析中国人口性别失衡的历史和现状。生命表技术是贯穿全书的最核心的分析方法，男性多递减生命表（综合考虑初婚和死亡因素）主要用于中国大龄未婚男性的婚姻挤压模式一节，从时期和队列的角度对比研究现阶段中国男性的成婚水平、概率、进度，总结其变动模式，分析相关时期指标存在的问题。在此基础上，将生命表应用研究中的统计推断方法拓展至多递减初婚表，主要使用男性多递减初婚表中的重要指标提出定量化、动态化的大龄未婚男性群体的年龄测度依据。此外，生命表的相关指标（存活比例、平均期望余年）以及由此计算的衡量寿命不均等的指标——死亡年龄标准差主要用于对大龄未婚男性进行生存分析，探究其死亡规律。"大龄未婚男性与其父母的家庭生命周期"一节将生命表技术与概率分析相结合，测度大龄未婚男性家庭的生命周期不同阶段的长度。人口数理模型主要包括死亡率模型，用于死亡率基础数据的修正。人口的因素分解和预测方法则主要用于探究我国人口性别结构的演变与未来的发展状况。

(二) 统计学方法

本书主要运用常规统计分析方法和一些高级统计分析方法，包括交叉表法、路径分析、多元线性回归、序次 Logistic 回归等。首先，使用交叉表法描述大龄未婚男性的个体特征、居住状况、健康状况和社会支持状况，全面分析大龄未婚男性的生存现状；其次，运用多元 Logistic 回归模型来比较大龄未婚男性与初婚男性在个体特征和居住状况上的差异。运用路径分析、多元线性回归、序次 Logistic 回归分析教育对大龄未婚男性健康状况的影响，并进一步探讨教育影响大龄未婚男性健康的中介因素。

第五节 章节安排

第一章：绪论。本章介绍本书的研究背景，包括理论背景和现实背景，提出本书的研究问题和相关概念，明确研究目标和意义，提出研究框架以及主要的研究内容及其结构，介绍本书的资料来源与分析方法。

第二章：文献综述。本章对与本书相关的主要研究成果进行评述，明确已有相关研究基础和需要进一步研究的方向，为后续章节进一步研究我国大龄未婚男性群体的生存、健康问题提供理论基础和分析依据。

第三章：中国大龄未婚男性婚姻挤压的特征、模式与测度。本章为本书的理论分析基础，通过理论方法和实际数据论证对中国大龄未婚男性群体进行生存研究的合理性和科学性。首先，通过国际比较，探究大龄未婚男性婚姻挤压的性质与程度差异，揭示中国大龄未婚男性群体特殊性，以论证和说明对这一特殊群体进行人口学生存研究的必要性与科学性。其次，通过构建中国男性婚姻生命表，从时期和队列的角度探究现阶段中国男性的成婚水平、概率、进度，总结其变动模式。最后，完善对大龄未婚男性的测度，提出动态与定量化测度方法和相关依据，为大龄未婚男性群体的相关研究提供理论基础和分析依据。

第四章：中国大龄未婚男性的成因分析：宏观层面与微观层面。本章对中国大龄未婚男性的演进和发展规律进行量化分析和梳理总结，明确从过去到未来的一百年间中国人口性别失衡和大龄未婚男性形成的驱动因素的转变，论证中国性别失衡背景下对大龄未婚男性群体生存问题进行研究的必要性和紧迫性。利用第六次全国人口普查的抽样数据，考察男性个体特征和居住状况与成婚的关系，对比大龄未婚男性与初婚男性的主要区别，发现当前状况下男性失婚的主要影响因素及其差异情况。

第五章：大龄未婚男性的生存分析。本章是本书的核心章节，主要对大龄未婚男性群体进行较为系统的人口学生存研究，考察中国大龄未婚男性的生存状况和家庭生命周期。首先，从规模、分布、教育、健康和养老方面出发，全面反映大龄未婚男性的生存态势及特征；其次，通过构建生命表，对大龄未婚男性进行人口学生存分析，从人口死亡状况角度深入论证中国大龄未婚男性的弱势性特征；再次，从城乡和教育角度切入，比较大龄未婚男性的内部差异，探索除婚姻外的政策切入点和着力点；最后，总结大龄未婚男性弱势性的成因，并提出相应的政策建议。在此基础上采用生命表技术和概率分析，对大龄未婚男性家庭生命周期进行初步探究，揭示大龄未婚男性家庭生命周期的特殊性，为相关政策制定提供参考。

第六章：大龄未婚男性的健康与社会支持。本章基于生存分析的主要发现，利用微观调查数据，探究大龄未婚男性的健康与社会支持情况。首先，从身体健康、心理健康和自评健康三个方面揭示农村大龄未婚男性的健康状况，并着重分析教育对不同维度健康的作用及影响路径，探索改善大龄未婚男性健康水平的可行之策。其次，从正式支持和非正式支持两方面分析大龄未婚男性的社会支持现状，揭示大龄未婚男性现有社会支持的不足，并为该群体构建出具有针对性的社会支持体系，从而为提高其生活水平、改善其生存质量提出相应的政策建议。

第七章：结论与展望。本章对本书的研究进行系统总结，从大龄未婚男性生命历程的视角，提出全方位全程支持和保障大龄未婚男性的政策建议和措施。最后指出本书的研究局限与进一步的研究方向。

第二章 文献综述

当前，三十多年来持续的出生性别比偏高使中国的大龄未婚男性群体在规模和特征上区别于中国以往历史时期的大龄未婚男性，同时也区别于其他国家的大龄未婚男性。中国面临至少有一代人在其生命周期内全程性地受性别失衡的严重影响。因此，对大龄未婚男性群体进行系统性的生存研究具有理论和现实意义。本章对国内外的相关研究进行综述，首先对中国人口性别失衡的历史、现状和国际上其他国家的情况进行介绍，并对婚姻挤压指标的度量方法进行介绍；其次梳理和总结大龄未婚男性群体的宏观和微观层面的形成因素；最后对国内外关于大龄未婚男性的生存、健康和保障问题的研究及其理论进行介绍。

第一节 中国人口性别失衡历史和现状

一 历史和国际视角下的性别失衡

人口的性别结构失衡问题长期存在于中国的历史中。从已有的研究看，自明清时期就对大龄未婚男性群体进行了关注。当时大龄未婚男性现象十分普遍，如明代浙江金华府东阳县"多鳏旷"，浙江"金衢之民无妻者半"，处州府松阳县"有逾四十不能妻者，虽其良族亦率以抢婚为常事"（刘利鸽等，2009）；清代浙江温州"十人之中，八无家室"，福建贫家男子多"年逾四五十岁未娶"者（刘利鸽等，2009）等。李中清、王丰（2000）对1800年左右辽宁地区男性婚姻状况的研究表明，30岁男性中20%以上尚未结婚，40~45岁男性的单身比例也高达15%。论其原因主要分为社会因素和个人家庭因素两个方面。社会因素包括偏高的女婴和女孩死亡率，以及一夫多妻制和禁止女性再婚之风；个人及家庭因素主要是男性个体的素质和家庭情况较差，处于社会底层的男性失婚概率高（刘利鸽等，2009）。

从国际上其他国家的情况看，性别失衡在其他国家和地区，特别是亚洲一些地区也普遍存在。印度人口性别结构失衡的主要原因是性别歧视所引起的女性生存问题，包括妇女地位低、女性获得食物和医疗的支持差、对女性的犯罪较为严重等（Gupta，1987）。韩国的总人口性别比虽然基本正常，但在21世纪以前仍存在严重的男孩偏好，出生性别比一度严重偏高。随着社会经济的发展和妇女地位的提高，其出生性别比从2007年开始已经逐步下降至正常水平（李树茁、古普塔，1999）。俄罗斯的情况比较特殊，由于战争和环境等原因，俄罗斯的男性死亡率一直较高，女性的数量多于男性（石人炳，2001；赵晓歌，2006）。同其他各国相比，中国是人口性别结构失衡最为严重的国家之一，其在20世纪80年代人口性别失衡的程度和形式与印度当前情况有相似之处。

二 当代中国的性别失衡

当前，在低生育水平长期稳定的背景下，我国的人口数量已经得到了有效控制，与此同时，人口的结构性问题日益显现。人口性别结构能反映一个国家或地区人口中男女人口的比例关系，构成人口结构性问题的重要内容之一，对社会经济发展和人民生活具有重要影响。我国重男轻女的观念长期存在，1953年中国第一次人口普查显示，我国的总人口性别比就达到了107.6，远高于正常水平（100）。这反映出新中国的总人口性别比是从旧中国较高的性别比基础上变化过来的，此后历次普查都较高，基本在105～107（查瑞传，1996）。2010年第六次人口普查我国总人口性别比降为105.2，但仍然偏高。

从当代中国人口性别失衡的演变和主要影响因素看，死亡率性别差异、人口年龄结构变动和出生性别比偏高这三个因素在不同时期分别构成影响人口性别结构的主要因素。当前，随着我国社会的进步和医疗卫生水平的提高，女性死亡率特别是女性婴幼儿死亡率不断下降，女孩的生存环境得到有效改善，人口死亡率的性别差异对我国人口性别结构的影响已经十分有限；人口年龄结构的加速老化对降低总人口性别比的作用开始显现；而三十多年来持续偏高的出生性别比则是构成我国人口性别结构失衡的首要因素（李树茁、果臻，2013）。在有男孩偏好的地区，出生性别比一般会高于正常值，其主要是产前的性别选择性引产和产后的溺弃女婴所造成的（Zeng et al.，1993；李树茁、朱楚珠，1996；原新、胡耀岭，2010），这使人口性别结构在生命历程的起点就出现异常。在经济发展水平相对落后的地区，受性别不平等和医疗条件的影响，女性死亡率特别是婴幼儿阶段和孕产妇死亡率往往较高（Coale，1991；赵锦辉，1994；Klasen and Wink，2002；Gupta et al.，2009），使性别结构失衡在生命历程中持续加重。而在生育水平较低、人口年龄结构老化的地区，总人口性别比则较低（查瑞传，1996；张为民、崔红艳，2003）。

根据第六次人口普查的结果，2010年我国出生性别比为117.94，较2005年的120.22则有所下降，这在一定程度上反映了我国政府综合治理出生性别比问题的成效，但形势仍十分严峻。当前，出生性别比偏高问题主要表现出以下五点新的发展趋势和特征。一是出生性别比偏高的省份持续增加，偏高的区域已经遍及全国，其中重点（六个）省份对全国出生性别比偏高的影响超过50%。二是城镇地区出生性别比迅速升高，成为新的增长点，对全国出生性别比偏高的影响达到42%。三是出生性别比偏高由二胎及以上才进行性别选择向第一胎转移，目前第一胎出生性别比偏高对全国出生性别比偏高的影响接近1/3。四是出生性别比偏高的少数民族数量不断增多，偏高的幅度上升。五是母亲的个人属性对出生性别比具有明显的影响：母亲的生育年龄越大，出生性别比越高；母亲为农业户籍，出生性别比较非农业户籍高；母亲的受教育水平越低，出生性别比越高；母亲就业偏农业化，出生性别比较非农业高；母亲的流动性越强，出生性别比越高。

此外，人口普查数据中存在的瞒报和漏报现象也对中国性别失衡的严重程度产生了一定影响（李树茁等，2009）。

三　中国男性婚姻挤压的度量

在性别失衡的背景下，女性绝对数量的缺失造成部分男性终身无法成婚，本书称之为大龄未婚男性。

从婚姻挤压的度量方法上看，郭志刚和邓国胜提出：婚姻挤压可以分为狭义和广义两种情况（郭志刚、邓国胜，2000）。狭义婚姻挤压指男女人口数量及其婚姻模式变动对婚姻市场中男女匹配数量和比例情况；而广义的婚姻挤压不仅考虑男女人口数量的匹配以及婚姻模式对其的影响，也考虑婚姻实施中社会、经济、文化、民族等各种婚姻情景的影响。当婚姻市场中男性供给大于需求，就会出现男性过剩，称之为男性婚姻挤压；反之，当婚姻市场中男性供给小于需求，即女性过剩时，称之为女性婚姻挤压。一个人口系统当中可能既存在部分年龄段的男性人口处于婚姻挤压之中，与此同时也存在部分年龄段的女性人口处于婚姻挤压之中。

对于婚姻挤压的考察有静态和动态之分，静态婚姻挤压是将婚龄期所有男性和女性人口都纳入婚姻市场可供选择的范围，而不论其是否已婚；动态婚姻挤压只将未婚人口纳入婚姻市场可供选择的范围。静态婚姻挤压反映的是一个队列所有人口潜在的择偶压力，而动态婚姻挤压反映的是一个队列在考察时点剩余的未婚人口婚姻挤压状况（郭志刚、邓国胜，2000）。前者侧重于存量的比较，是一个队列所有人口潜在的择偶压力，是同批人婚姻挤压可能性的比较。动态指标是考察时点的剩余未婚人口拥挤状况，它既可以看作同批人婚姻选择的结果，也可以考察该批人未来婚姻竞争的压力。目前国内外学者对于婚姻挤压的测量主要方法有同龄性别比法、相对性别比法、婚配性别比方法、婚姻状况比较法、初婚频率法、婚姻寿命法、婚姻平衡法七种指标，这些指标和方法既可以针对静态人口也可以针对动态人口。根据考虑的人群不同，还可以分为动态婚姻挤压和静态婚姻挤压。将人口中所有男性和女性人口都纳入可供婚姻市场选择的范围，而不论其是否已婚，这种情况下的婚姻挤压即为静态婚姻挤压；反之，仅将人口中未婚人口或未婚与离婚、丧偶人口纳入可供婚姻市场选择的范围，该种情况下的婚姻挤压即为动态婚姻挤压。

在 Goldman 等人（Goldman et al.，1984）的研究以前，最常用的测量婚姻挤压的指标是总人口的性别比，但是由于该指标包括了所有年龄段的人口，而并没有将老人和小孩排除，所以该指标的敏感性不强。Akers（1967）把对婚姻挤压的研究纳入婚姻最容易发生的年龄段（婚龄段性别比），使用 18~22 岁的女性人口和 20.25~25.25 岁的男性人口之比。只是这些指标在设计时并未区分已婚和未婚等婚姻状态，不能将有过婚姻的人口排除在外，进而度量人口性别失衡对婚姻市场中未婚人口的挤压程度，因此这些指标的敏感性也有待进一步加强。针对这一问题，Hirschman 和 Matras（1971）做了改进，他们将某一年龄段的未婚女性与这些女性最容易匹配上的男性人口（3~4个年龄段）进行了比较。在此基础上，Goldman 等人进一步考虑了年龄之外的其他对婚配的影响因素，如教育等（Goldman et al.，1984）。Schoen 采用单性别和双性别结婚表构造了两类指标：婚姻挤压程度指数以及因婚姻挤压而损失的结婚人口比例（Schoen，1983；Schoen and Baj，1985）。Schoen 的主要贡献是他创造了一种依据结婚率资料和经典人口分析技术的方法来考察婚姻挤压问题的定量研究方法。但由于生成这两类指标必须具备较完整的结婚和人口相关数据，在使用时对人口技术的要求和掌握也比较高，而这并不利于该方法的推广；同时由于该方法仅考虑了婚姻挤压对初婚率的影响，而没有考虑到离婚和丧偶等人群的因素，因此仍然存在进一步完善和改进的空间。Tuljapurkar 等人在《科学》杂志上发表文章对中国男性婚姻挤压的情况进行了论述，文中作者使用了潜在初婚比来度量潜在婚姻市场的两性别相对规模差异（Tuljapurkar et al.，1995）。陈友华则引入了未婚人口性别比的概念，用同龄未婚人口性别比来表示该年龄段男女未婚人口的比例（陈友华、乌尔里希，2002；陈友华，2003）。

第二节 当代中国大龄未婚男性的成因

从已有研究看，当代中国大龄未婚男性群体的形成原因很多，如出生性别比、死亡率性别差异、人口迁移、夫妇年龄差偏好、年龄结构变动、再婚、历史婚姻拥挤的传递、个人性格相貌与社会经济条件（郭志刚、邓国胜，2000）。上述成因可以从宏观和微观两个方面来认识。宏观研究认为，以男性比例偏高为特征的人口性别结构失衡所导致的"女性缺失"是造成这一群体不能成婚的主因（Klasen and Wink，2002；Banister and Hill，2004；Guilmoto，2012）。这主要受出生性别比、死亡率性别差异和年龄结构变动的影响。从微观研究看，一些基于小规模的实证研究认为，个人和家庭因素对于是否成婚起着重要的影响，贫穷是男性失婚的主要原因（彭远春，2004；韦艳、张力，2011）。因此，在中国人口性别结构失衡和社会经济转型的背景下，大量大龄未婚男性的形成既受到人口性别结构失衡引起的男性绝对数量过剩的影响，同时也受到男性个人和家庭因素的影响。

一 宏观层面

从人口学的角度有三个因素可以对大龄未婚男性的形成产生直接影响：一是出生性别比，二是死亡率的性别差异，三是出生人数的变化和夫妇结婚年龄差（Schoen，1982，1983；姜全保等，2013）。其中前两个因素是人口的性别结构因素，出生人数的变化表示人口的年龄结构因素，性别和年龄结构这两大人口因素对男女人口的绝对数量差异产生直接影响，造成婚龄阶段婚姻市场中男女"供需"总量的不平衡。夫妻年龄差既是影响婚姻市场的原因，也是婚姻市场变化的结果。这三个因素共同构成了影响婚姻市场变化的内在动力。社会经济因素，包括文化、政策因素是影响婚姻市场变化的外生变量，社会经济因素通过影响夫妇年龄差模式间接影响婚姻市场，而婚姻挤压的出现也会促使人们做出积极的反应（郭志刚、邓国胜，2000）。

夫妻年龄差对婚姻市场中的男女"匹配"起着结构性的调节作用，在一定范围内影响部分年龄段的男女"供需"平衡。比如，在现实生活中，男性往往选择比自己年轻的女性成婚，即在年龄上男大女小（假设所有男性都与比自己小两岁的女性结婚）。但由于生育水平的下降，人口年龄结构趋于老龄化，即使性别比正常，较晚（晚两年）出生的女性队列在总量上小于较早出生的男性队列，那么如果同期出生的男性都去找比自己年龄小两岁的女性，男性人口则大于相应的女性人口，造成男性婚姻挤压。但如果男性找和自己同批出生（年龄相同）的女性，那么一般不存在男性婚姻挤压的现象。

在不考虑外生因素的条件下，婚姻市场中大龄未婚男性的形成主要受性别结构、年龄结构和夫妻年龄差的影响。郭志刚和邓国胜（2000）将性失衡背景下大龄未婚男性的人口学宏观成因分为以下三种类型。第一种类型，人口性别比高，生育水平持续上升（年龄结构年轻化），此时人口性别结构与年龄结构变动对婚姻市场的作用相反。第二种类型，人口性别比高，生育水平持续下降（年龄结构老龄化），此时性别结构和年龄结构对大龄未婚男性的形成都起着加重的作用。第三种类型，人口性别比高，生育水平发生波动，即在某些年龄段人口数增加，某些年龄段人口数下降。

从上述三种类型来看，当前中国性别失婚背景下大龄未婚男性的人口学宏观成因主要属于第二种类型。出生性别比持续三十多年的长期偏高以及 20 世纪 60~70 年代偏高的女孩死亡率，使婚龄期各个年龄段的男性均高于女性。在 20 世纪 80 年代中期以来生育水平持续下降的作用下，女性的出生队列人数也随年份减少，这种情况下男性无法通过调整结婚年龄去选择比自己年龄小的女性进行婚姻匹配。由此可见，当前中国的大龄未婚男性面临着严峻的失婚态势。

综上，在宏观层面上中国大龄未婚男性在不同时期、阶段受到的宏观因素作用是不同的，作用的方向和程度都会有差异，同时各因素还存在交互作用的问题。为阐明当前中国性别失衡背景下的大龄未婚男性群体与历史上大龄未婚男性群体在成因上的巨大差异以及对大龄未婚男性群体进行生存研究的必要性和紧迫性，需要从定量的角度对其成因的人口学因素转变情况进行论证，将各因素在不同时期的作用方向和程度进行量化分析，进而明确当前和未来相当长的时期内，中国人口性别结构和大龄未婚男性形成的驱动因素的转变，特别是这些主导因素在当代的变动情况。

二 微观层面

在当前婚姻市场中男多女少的背景下，对于男性个体来说，其成婚的困难程度加大。从已有的大龄未婚男性成因的微观研究看，关于成婚的相关理论主要为婚姻交换理论和婚姻市场理论。婚姻交换理论是社会交换理论观点在择偶和婚姻领域的应用，也是择偶和婚姻缔结研究领域影响最为深远的理论。该理论将婚姻的缔结视为一种等价交换，强调个人自身特征和资源同自身择偶偏好之间的匹配关系，认为在婚姻市场上，人们的择偶遵循等价交换的原则，婚姻的形成对双方当事人而言是一种公平的交换，夫妻双方分别评估个人自身特征和资源，并审视潜在配偶的特征和资源，最终达成关于双方带进婚姻的特征和资源的价格的协议，并力图在这场交易中实现自身收益的最大化（Edwards，1969；McDonald，1981；Jin et al.，2005）。这些可以交换的资源既包括物质资源，也包括感情、兴趣、性格、相貌等非物质资源（Fu，2006）。

婚姻市场理论关注婚姻市场构成特征对人们的婚恋观念和行为的影响（Lichter et al.，1992；Fitzpatrick et al.，2009），认为人们总是在特定的婚姻市场环境中寻找配偶，个人的择偶行为和态度受到婚姻市场供需结构的影响。当婚姻市场结构不平衡时，婚姻市场往往表现出不利于过剩方的特征，过剩一方的结婚机会下降，较难实现同自己相匹配的异性结婚，因此往往降低择偶标准（Harknett，2008）。该理论同时也强调个人自身特征的影响，认为人们不能在短期内改变婚姻市场的供需结构，因此只能调整自己的行为和观念以适应婚姻市场。在婚姻挤压的情况下，那些社会经济地位较差，或拥有其他不受婚姻市场欢迎特征的人，结婚机会大大降低，为了争取结婚机会，他们更容易降低择偶标准（Mclaughlin and Lichter，1996；靳小怡、李成华、李艳，2011）。

婚姻交换理论和婚姻市场理论是当前婚姻和家庭研究的重要理论，其前提假设都是一致的，即将经济理性选择的假设应用到婚姻和家庭领域，假设人们在进行配偶的选择时是理性的，但其具体内容和强调点并不相同。婚姻交换理论假设个人处于均衡的婚姻市场中，因此只强调个人自身资源和特征对婚姻行为的影响，而不考虑个人所处婚姻市场的限制。而婚姻市场理论则重在强调婚姻市场不均衡状态下人们的择偶和婚姻行为。因此婚姻交换理论和婚姻市场理论的最大差异在于是否强调婚姻市场因素的影响（靳小怡、李成华、李艳，2011；刘利鸽、靳小怡，2012）。

目前，对中国性别失衡背景下的大龄未婚男性成因的微观影响因素研究还较少，刘利鸽和靳小怡（2011）利用微观的调查数据，从社会网络的角度进行了研究，研究表明男性自身的特征和资源拥有状况，包括婚前社会网络、个人经济和非经济特征、家庭和社区因素，往往决定着个人的初婚风险水平。一般来说，男性自身特征和资源拥有状况越差，结婚的可能性越小（Harknett，2008）。

综上，对于相关婚姻理论，特别是婚姻市场理论在中国的适用程度尚没有进行基于全国样本数据的验证，还没有相关研究系统性地考察男性个体特征和居住状况对成婚的影响，主要包括个体素质、住房情况、工作和流动状况等因素在男性不同年龄段对其失婚的影响和变化情况。

第三节 大龄未婚男性的生存研究

人口的生存研究对认清一个群体的生存状态、生命历程和随后的社会保障有着重要的理论和现实意义。根据研究目的的不同，研究会选择不同的研究对象。人口学中常常根据一定的标准将一定时期一定区域的人口划分为不同的群体进行针对性的研究，在生存与死亡问题的研究中包含许多针对特殊群体的研究。例如，根据年龄划分群体，分别针对婴儿、儿童、劳动力人口、老年人口这几个死亡规律特征明显的特殊人群进行研究（曾毅、金沃泊，2004；张敏等，2009）。有的研究将一个国家的人口作为研究对象，抑或对一个地区或者某个城市人口的死亡水平进行研究（李树茁，1994；黄荣清、庄亚儿，2004）。也有研究对根据人口的不同特征，如民族、性别、婚姻、教育、职业、户籍等划分的群体进行生存（死亡）分析（曾毅，1987；黄荣清，2005；张震等，2015）。

婚姻状况和生存（死亡）水平的关系一直为人们所关注，婚姻状况和死亡水平的差异已经为各国的研究所证实：处于在婚状态的人比其他婚姻状态人口的死亡率要低，其中从婚姻与死亡水平的性别差异看，男性的差异要大于女性（Fox et al.，1979；Hu and Goldman，1990；Va et al.，2011）。

目前来看，对中国大龄未婚男性的人口学生存研究十分有限，已有研究主要集中在利用第四次人口普查数据对不同婚姻状况的人口死亡的观察，并没有具体对大龄未婚男性这一群体进行系统的研究。相关的研究结果一致表明，无论是男性还是女性，未婚的预期寿命都低于已婚人口的预期寿命，已婚中有配偶人口的预期寿命都高于无配偶（丧偶、离婚）人口的预期寿命（李建新，1994；Klasen and Wink，2002；Va et al.，2011）。

对于这一现象的解释，或者说婚姻状况与期望寿命（或者死亡率）高低的因果关系，一直存在以下两种争议。婚姻保护理论认为在婚状态的男性和女性期望寿命均高于未婚、离婚和丧偶的人群，因此婚姻能够延长人们的期望寿命。处于在婚状态的夫妻能够彼此照料、关心和监督，因此降低了死亡的风险（Pearlin and Johnson，1977；Goldman，1993）。与婚姻保护理论相对应，婚姻选择理论认为婚姻对人群的健康状况具有选择性，健康的人本身就更加容易成婚。因而婚姻本身对人的期望寿命的影响很可能因此被高估（Sheps，1961）。能够结婚的人因为自身的健康状况较好，丧偶的可能性也相对较小，因此健康本身使人们的期望寿命较长，同时也加大了成婚的可能性。

由于中国人口的生存研究一直受死亡数据的限制，全国人口普查从1982年才首次设计了死亡部分的问卷，因此死亡研究相对于人口的生育、婚姻和迁移研究一直滞后，对特定人群的死亡研究仍偏薄弱。

在上述研究中，国内外均有涉及大龄未婚（或单身）群体的生存（死亡）研究，但其研究的背景和目的均与本书存在较大的差异。第一，已有的研究中主要分析婚姻状态对人口生存水平的影响，主要是比较多婚姻状态下的人群之间的区别，而并没有单独对大龄未婚状态的人群进行系统研究，也没有对大龄未婚状态内部不同个体特征、维度的子群进行深入分析。第二，上述研究中，国外的研究对象涉及单身人群，但国外的研究背景往往是在单身人群主动不婚的情况下，其生存水平和模式与被动不婚的人群应该是存在一定差异的；而国内的已有研究中，在考察多婚姻状态下的人群生存水平的比较中，部分研究涉及大龄未婚男性群体的死亡水平。但这类研究都集中在对"四普"数据的分析，而在20世纪90年代初，出生性别比的偏高程度并不十分严重，偏高的时间也不长，从形成的机制上看，死亡率的性别差异仍然是性别失衡和大龄未婚男性形成的主要因素，出生性别比偏高的作用并不大。当时的大龄未婚男性群体还没有像现在这样得到人们的重视和关注，数量和规模也没有现在大，关于大龄未婚男性群体的相关研究也基本上是空白。因此，以往研究从研究的目的和背景上都与当前中国性别失衡背景下的大龄未婚男性群体有较大差异。

第四节　中国大龄未婚男性的健康和社会支持

一　大龄未婚男性的健康

对于因婚姻挤压造成的大龄未婚男性的健康状况研究目前来看相对较少，这多是由于男性过剩引起的人口性别结构失衡主要出现在近几十年，特别是仅集中出现在以中国、韩国、印度为主的亚洲国家。但从婚姻状况的视角来关注未婚男性健康状况的研究则比较多，且较为成熟。

研究表明，婚姻对人的健康具有保护作用（Gove，1972；Ross，1995）。相对于已婚男性，大龄未婚男性的死亡率要更高。这主要是因为已婚男性能更多地得到健康方面的支持，同时其行为也在婚姻的影响下得到一定控制。婚姻对心理和精神健康的保护和支持功能主要是通过提供工具性与情感性保护和支持来实现。婚姻能够给家庭带来配偶的收入，降低生活成本，进而在一定程度上保障经济和生活水平（Ross，1995）。同时，夫妻间的相互照顾和关心则有助于减少沮丧和精神疾病，缓解心理压力（Lillard and Waite，1995；李艳、李树茁、罗之兰，2009；李艳、李树茁、彭邕，2009）。有研究证实婚姻状况与精神疾病具有显著相关性，在婚状态对精神疾病的影响存在性别差异：能显著降低男性的负面情绪，同时更能减少女性酗酒情况的出现（Horwitz et al.，1996）。未婚群体的生活满意度和幸福感较差（Coombs，1991）。另外，研究也发现，未婚男性更容易患有高血压等慢性疾病，这与该群体缺少家庭的支持有关（Lipowicz and Lopuszanska，2005）。

此外，大龄未婚男性对其他群体的健康也有一定影响。对中国农村的质性研究发现，农村大龄未婚男性的失婚对其家庭经济、家庭关系和成员的心理压力都造成负面影响（韦艳、李树茁，2008）。对中国东北贫困农村的质性研究表明，大龄未婚男性大多数为人老实本分，但同时由于整天无事可做，更容易聚众赌博或者酗酒，这样会给其父母带来心理上的负担（许军、梁学敏，2007）。在陕西的贫困农村地区的研究表明，女性的缺失带来当地近亲结婚的盛行，这直接导致了新生儿的出生缺陷率有所升高，残疾人口增多（彭远春，2004）。

对于中国大龄未婚男性群体的健康问题，Ebenstein 等人使用2002年中国家庭收入调查数据，对30岁以上的农村男性的婚姻与健康状况进行了研究，研究证实大龄未婚男性群体的身体健康状况显著差于已婚群体（Ebenstein and Leung，2010）。但由于数据的限制，还无法进一步确定失婚状态是不是男性身体健康较差的决定性因素。李艳等人基于安徽农村的抽样调查数据比较了大龄未婚男性与已婚男性的社会经济地位、社会支持以及心理福利状况，研究发现婚姻状况对农村男性的心理福利有显著影响，大龄未婚男性的心理福利远弱于已婚男性（李艳、李树茁、罗之兰，2009；李艳、李树茁、彭邕，2009）。

综上，以上研究一致表明婚姻对人口特别是男性人口的健康起着重要作用，但仍存在一定不足。第一，研究多集中在非性别结构失衡的背景下，而对于男性婚姻挤压下的大龄未婚男性的健康状况与一般情况下的大龄未婚男性之间的差异缺少进一步的研究。第二，已有研究采用实证研究的方法，通过调查数据将婚姻状况作为控制变量，研究不同婚姻状况的人群在健康方面所表现出的区别，但存在无法识别主动失婚与被迫失婚的男性在健康状况及影响机制方面是否存在差异的问题。总体来说，已有研究对性别失衡背景下的大龄未婚男性的健康问题仍具有很好的学习和借鉴价值。

二 大龄未婚男性的社会支持体系

社会支持理论通过对弱势群体的需要进行假设，在对弱势群体形成科学认知的基础上，对弱势群体改善和摆脱不利状态需要的资源进行判定，并通过一定的网络结构进行资源的满足（林顺利、孟亚男，2010）。社会支持不仅关乎弱势群体自身的生存与发展，也会对社会稳定与可持续发展产生直接或间接的影响。一方面，农村大龄未婚男性是性别失衡的直接受害者之一，承受了社会发展的代价；另一方面，该群体在婚姻市场竞争中的失败，也印证了社会学中"弱势累积"的观点，在缺少外界帮助的情况下难以摆脱弱势地位。作为社会和人口转型过程中的弱势群体，大龄未婚男性的社会支持状况尤为重要，但农村大龄未婚男性的社会支持显著弱于已婚男性是不争的事实（李艳等，2015）。

从非正式支持的角度看，婚姻的缺位造成姻亲关系和向下的亲子关系缺失，由此农村大龄未婚男性只能依靠其他直系亲属获得来自亲缘关系的支持，并且获取邻居老乡等弱关系的可能性也少于已婚男性（李艳等，2010）。在外出务工群体中，不同于已婚农民工以血缘、亲缘等强关系为主，与亲人、老乡等交往密切，大龄未婚男性更容易发展弱关系，与务工地居民来往较多（李树茁等，2008）。李艳等人（2015）的研究认为，教育、收入等社会经济变量、家庭因素以及地域因素对农村大龄未婚男性非正式社会支持的规模和构成存在显著影响。

在非正式支持显著弱于同龄群体的境况下，大龄未婚男性群体的生活、养老、医疗等保障就需要正式支持的介入，这种渴求在该群体步入老年之后尤为明显。基于收入水平较低的特征,最低生活保障已是农村大龄未婚男性最迫切的需求之一(张思锋等,2011);配偶与子女的缺失致使该群体失去了家庭养老保障,具有更多的社会养老需求,因此,随着性别失衡加剧,农村大龄未婚男性人口数量增多,社会养老保障需求必然呈现不断增长的趋势(靳小怡等,2009;Wu and Pollard,1998);较之非未婚男性,未婚男性的健康状况较差,故而对医疗保障的需求也较强烈(李艳、李树茁、罗之兰,2009)。据测算,农村大龄未婚男性对以社会保障为主的政府支持需求较大,但由于社会保障项目的不完善,实际供给情况存在严重不足(张思锋等,2011)。

社会支持的缺失会带来一系列不良影响:农村大龄未婚男性在获得社会支持中处于劣势,受收入水平的制约,该群体社会网络最弱,参与正式和非正式的社交活动最少(Pinquart,2003),被孤立和社会支持的缺乏使大龄未婚人口比起已婚人口更容易感到孤独(Zhang and Hayward,2001),这种孤独包括精神孤寂(如焦虑、压力)和社会孤寂(如不满和感到被排斥等);婚姻现状和经济能力致使农村大龄未婚男性群体在面对婚姻和养老问题时存在强烈的不安全感(谢娅婷等,2015);同时由于社会支持的不足,该群体对社会的归属感较弱,但又难以单纯依靠自己的力量和资源去改善其生活现状、缓解心理压力,因而社会融合程度较低,不仅会影响自身的生存和发展,还有可能威胁到公共安全与社会稳定(李艳等,2010)。

总的来看,以往对于大龄未婚男性社会支持状况的研究已有一定基础,涵盖了社会支持的来源,非正式支持网络的规模、强度、影响因素,社会保障需求的测算,以及社会支持缺失的可能后果等内容。但已有研究多是从社会支持的某一方面对大龄未婚男性的弱势进行讨论,缺少全面覆盖正式支持与非正式支持的相关研究,对农村大龄未婚男性现有社会支持体系的整体把握不足,不利于重构社会支持体系、改善该群体的弱势境况。

第五节 本章小结

从上述已有研究看,关于当前中国性别失衡背景下的大龄未婚男性已经有了一定的研究基础。第一,面对出生性别比持续偏高的严峻形势,中国的政府部门已经意识到了中国性别失衡问题的重要性及其后果的严重性,并将综合治理出生性别比偏高问题纳入了"十二五"规划、"十三五"规划。第二，学术界在基本完成了对中国性别失衡的原因、机制的研究后，在继续关注出生性别比动态的基础上，将研究重点放在了出生性别比偏高的后果上，对大龄未婚男性的身体和心理健康以及大龄未婚男性的社会支持状况、社会保障需求等进行了有益的研究并得出了许多重要的发现。第三，婚姻状况和人口的死亡水平一直是社会学和人口学中关于婚姻研究的重点，已有的理论也比较成熟，并在许多国家进行了验证。

但从已有研究来看，还缺少对当前中国大龄未婚男性群体生存态势、水平、模式和周期的系统性、宏观性研究。已有研究一般使用局部的微观调查数据，对大龄未婚男性进行相关的质性或实证研究，而对中国大龄未婚男性群体的基本态势、特征、生存状况等问题没有具体的研究，对这一群体在理论和现实研究中的基础性工作还没有完全建立。故对中国大龄未婚男性的年龄界定、主要特征、生存和死亡情况等研究还有待深入。同时，对于已有研究，如果不能考虑到大龄未婚男性群体和一般男性总体在死亡水平和模式上的差异，不了解大龄未婚男性的健康和寿命与一般男性的差异，不能将我国男性初婚状态和成婚概率的动态变化纳入相关研究的设计和分析，那么其研究结果就会产生一定的偏差，不利于关于大龄未婚男性的深入研究以及相关保障政策的制定。

生存研究作为人口和相关学科的基础性研究，对认清一个群体的生存状态、生命历程和随后的社会保障有着重要的理论和现实意义。当前，我国人口的性别失衡，特别是出生性别比偏高及其后果问题引起了广泛关注，大量的男性过剩人口在当前和未来一段时间内将无法成婚。在我国的文化和社会背景下，大龄未婚男性群体是社会发展进程中的弱势群体，往往具有一定的脆弱性。为了满足其基本的生存和发展需求，需要政府对其进行帮扶并提供相应的社会保障。因此，对这一群体进行生存研究就显得尤为重要。

第三章 中国大龄未婚男性婚姻挤压的特征、模式与测度

本章的研究内容构成了本书的基础和分析依据。首先，通过国际比较，采用总人口性别比、结婚水平、结婚模式以及30岁及以上单身人口性别比等指标探究大龄未婚男性婚姻挤压的性质与程度差异，揭示中国大龄未婚男性群体的特殊性，以论证和说明对这一特殊群体进行人口学生存研究的必要性与科学性。其次，在此基础上主要利用2000年和2010年全国人口普查数据，通过构建中国男性婚姻生命表，从时期和队列的角度探究现阶段中国男性的成婚水平、概率、进度，总结其变动模式，分析相关时期指标存在的问题。最后，参考统计推断的方法提出定量化、动态化的大龄未婚男性群体的年龄测度依据，以期弥补当前研究中大龄未婚男性的年龄界定缺乏相应的量化依据的问题。

第一节 中国大龄未婚男性的特征：婚姻挤压的国际比较

本节将中国置于国际视域中，通过阐明中国与其他国家的婚姻挤压程度差异来揭示中国大龄未婚男性群体的特殊性——男性数量过剩背景下的被迫性失婚。

本节主要从以下三个方面度量男性婚姻挤压态势。第一，总人口性别比。其高低直接决定了两性的构成比例，影响婚姻市场中两性的规模平衡。第二，结婚水平。它是指一个地区或国家的队列人口中最终成婚人口占该队列总人口的比重，用终身成婚率来度量。第三，结婚模式。它主要是指

两性结婚人口的年龄分布情况。

由于中西方的文化和社会差异，总人口性别比、结婚水平和结婚模式对男性婚姻挤压的作用，主要会出现以下三种情景。第一种是在一个男女都希望结婚且是异性婚姻的情况下，高人口性别比将产生男性过剩人口，这部分人口将由于女性绝对数量的缺失而无法成婚，女性的结婚水平将高于男性的结婚水平（此时几乎所有女性都能成婚，女性终身结婚率接近于1）。第二种同样是在一个男女都希望结婚且是异性婚姻的情况下，若进入婚姻市场的男女人数基本相等（性别比正常），男女婚姻模式的差异将使部分年龄的男女产生"失配"的问题，这部分男女将无法成婚，男女的结婚水平都小于1（但由于此时男女都希望最终成婚，此种情况下男女的终身结婚率会比较接近于1）。第三种是假设并非所有适婚男女都希望结婚，即进入婚姻市场的男女仅仅是婚龄人口的大部分，同时男女的比例均衡（性别比正常），那么再加上结婚年龄模式的影响，男女的结婚水平较低（男女终身结婚率均较低）。

一 总人口性别比

从历史和生物学的角度看，现代国家的总人口性别比的正常值应略低于100，这是由于在生命历程的起始阶段，出生性别比的正常区间一般在103~107，而正常情况下女性在各个年龄段的死亡率均低于男性，随着年龄的增长，男性人口总量较女性进一步减少，总人口性别比因此降至100以下（Coale，1991）。但在部分国家和地区，性别不平等所引起的男孩偏好对人口性别结构产生重要而持续的影响，使总人口性别比偏高。

为从国际视野描述和分析中国人口性别结构的演变趋势，本节按照总人口性别比的高低选取了三类具有代表性的国家（见图3-1）：第一类为总人口性别比较为正常的国家，其总人口性别比基本在90~100，包括日本、韩国、美国、瑞典和南非；第二类为总人口性别比偏高的国家，主要有中国和印度，两个国家的总人口性别比始终高于105；第三类为总人口性别比偏低的国家，最具有代表性的是俄罗斯。其中，印度人口性别结构失衡的主要原因是性别歧视所引起的女性生存问题，包括妇女地位低、女性获得食物和医疗的支持差、对女性的犯罪较为严重等。韩国的总人口性别比虽然基本正常，但在21世纪以前仍存在严重的男孩偏好，出生性别比一度严重偏高。随着社会经济的发展和妇女地位的提高，其出生性别比从

2007年开始已经逐步下降至正常水平。俄罗斯的情况比较特殊，由于战争和环境等原因，俄罗斯的男性死亡率一直较高，女性的数量多于男性。

同其他国家相比，中国是人口性别结构失衡最为严重的国家之一，其在20世纪80年代人口性别失衡的程度和形势与印度当前情况有相似之处，但目前中国性别结构失衡的态势表现出新的特征。中国的总人口性别比较高，且人口的规模大，因而其进入婚姻市场中的男性规模将远远大于女性。这是中国和其他国家形成男性婚姻挤压的最重要的差异，这一点在后文中还将继续深入讨论。

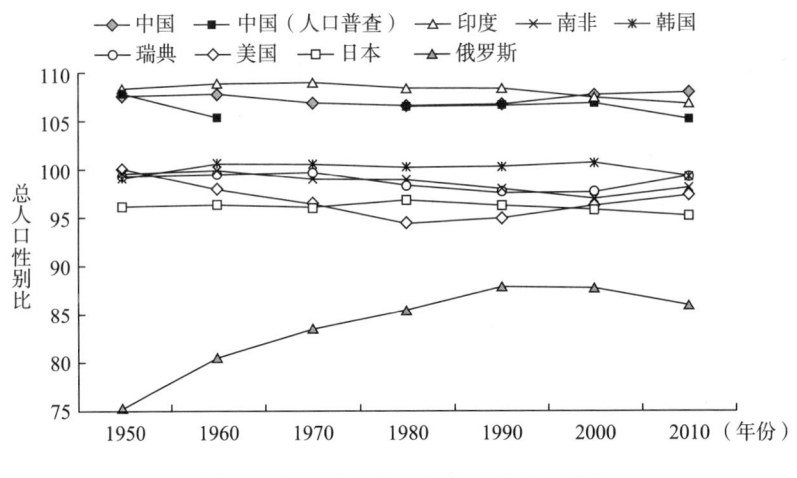

图3-1 不同国家总人口性别比变动趋势

注：中国（人口普查）数值对应的是1953年、1964年、1982年、1990年、2000年和2010年全国人口普查数据。选取国家主要来自东亚、南亚、非洲、欧洲和美洲等。

资料来源：United Nations, Department of Economic and Social Affairs, Population Division (2011); 国务院人口普查办公室：《中国2010年人口普查资料》，中国统计出版社，2012。

二 结婚水平和结婚模式

表3-1是2010年中国和部分国家各年龄段有婚姻经历人口占相应年龄人口的比重的对比矩阵表，主要有以下几点特征。

第一，女性的结婚比例在各个年龄段均高于男性，这与图3-1中各国总人口性别比所反映的规律是一致的。除俄罗斯外，其他国家的总人口性别比都在正常范围及以上。俄罗斯的总人口性别比低于正常范围，女性人口过剩，导致出现女性失婚人口多于男性的现象。但即使是这样，在55岁之前，俄罗斯女性的结婚比例仍高于男性，呈现世界上普遍存在女性较男性提前结婚的规律。

第二，性别比较高的国家，女性的结婚比例较高，中国、印度、韩国等亚洲国家女性结婚比例高于西方发达国家。较高的人口性别比既是人口系统本身的现象，也是国家社会经济、卫生医疗水平和妇女地位等社会因素综合作用的产物。受传统文化观念、妇女地位以及人口性别比较高的综合影响，中、印、韩三国均为普婚制国家，女性结婚比重在部分较高年龄段都在98%以上。

第三，性别比较高的国家女性的结婚比例在较低年龄段就迅速增加至90%以上（表3-1中各国女性结婚比例达到90%的起始年龄段已用粗体标出），而相应年龄段男性的结婚比例远低于女性。这种现象印证了在婚姻市场中存在男性挤压的国家，女性一般提早结婚而男性则不得不推迟结婚年龄。在发达国家，男女结婚比例即使在最高年龄组距离100%也都有一定的差距（在40岁左右仍有10%的男女没有过婚姻经历），说明这些国家的结婚水平较性别比高的国家低，男女都存在一定比例的失婚人口，多数为选择性主动不婚。

中国的婚姻水平与模式均明显体现出以上三个特征。一方面，中国女性结婚比例在30~34岁年龄段迅速上升至94.7%，40~44岁就达到了99.3%，此后都在99.5%以上。女性结婚比例上升至90%以上的速度仅次于印度，在较高年龄段中国女性结婚比例甚至高于印度。另一方面，中国男女高龄段结婚比重高表明结婚水平高，但在中国女性结婚比例几乎达到1的情况下，男性结婚比例在40岁以后基本维持在96%左右，这说明由性别比偏高造成的大量大龄未婚男性在婚姻挤压的背景下无法通过结婚年龄和夫妻年龄差去解决婚姻问题，属于被迫失婚。

表3-1 各国婚姻水平和模式比较

单位：%

国家	性别	有婚姻经历人口占年龄段总人口的比例						
		20~24岁	25~29岁	30~34岁	35~39岁	40~44岁	45~49岁	50~54岁
中国	女性	32.5	78.4	**94.7**	98.2	99.3	99.6	99.7
	男性	17.6	63.7	87.4	93.6	95.9	96.9	96.8

续表

国家	性别	有婚姻经历人口占年龄段总人口的比例						
		20~24岁	25~29岁	30~34岁	35~39岁	40~44岁	45~49岁	50~54岁
印度	女性	73.9	**92.5**	97.3	98.6	99.0	99.2	99.2
	男性	34.7	72.0	90.3	96.2	97.7	98.5	98.7
日本	女性	10.4	39.7	65.5	76.9	82.6	87.5	**91.3**
	男性	6.0	28.2	52.7	64.4	71.4	77.5	82.2
韩国	女性	6.3	40.9	81.0	**92.4**	96.4	97.6	98.3
	男性	1.8	18.3	58.7	81.6	91.3	95.5	97.6
英国	女性	6.3	27.0	50.9	66.8	76.9	83.8	89.1
	男性	3.1	17.8	41.6	60.1	71.5	78.9	84.4
美国	女性	22.6	53.7	73.7	83.6	86.9	88.5	**90.0**
	男性	13.0	38.9	65.0	77.5	81.6	83.0	87.5
俄罗斯	女性	42.8	73.7	85.3	**90.5**	93.4	94.9	95.8
	男性	22.5	59.7	78.9	87.0	91.3	93.9	95.5

资料来源：数据均来自 World Marriage Data 2015，采用相应国家 2010 年的数据。但部分国家 2010 年的数据缺失，因此采用邻近年份或最新年份的数据。其中，印度选取了 2011 年人口普查数据，韩国选取了 2005 年人口普查数据。

三 男性婚姻挤压程度：30 岁及以上单身人口性别比

图 3-2 采用同龄性别比和相对性别比两个指标进一步验证了中国婚姻市场中男性婚姻挤压的严峻性。同龄性别比假设相同年龄的男性和女性进行婚姻匹配，夫妻之间没有年龄差。相对性别比假定一个标准的择偶年龄差 x 岁，男性与年龄相差 x 岁的女性进行婚姻匹配。两个指标中男性与女性数量的差异表现出婚姻市场中的性别不平衡，存在过剩人口。如果同龄性别比和相对性别比不区分已婚和未婚人口，则指标反映的是该年龄组的静态婚姻挤压状况（韦艳，2007）；如果只考虑未婚人口的状况，则指标反映的是一种动态婚姻挤压状况。图 3-2 选取了 30~59 岁年龄段的未婚人口数，假定婚龄差为 5 岁（男大女 5 岁），公式如下：

$$同龄性别比 = \frac{30\sim54\ 岁单身男性人口数}{30\sim54\ 岁单身女性人口数} \quad (3-1)$$

$$相对性别比 = \frac{35\sim59\ 岁单身男性人口数}{30\sim54\ 岁单身女性人口数} \quad (3-2)$$

这两个指标较为直观地表明了单身女性30岁之后在一定年龄段上可以选择的单身男性数量。由图3-2可知，中国、印度和韩国的同龄性别比较高，均超过2.0。其中，中国的同龄性别比最高，在同龄人口中，30~54岁的单身男性人口数是单身女性的3.5倍，意味着按照同龄婚配的模式，相当规模的男性在54岁之前无法结婚。总体上看，相对性别比均低于同龄性别比，男大女小的婚姻匹配模式在一定程度上缓和了婚姻挤压的程度。除中国外，美国、韩国等国家的相对性别比比值都在1.0左右。即使在总人口性别比较高的印度，相对性别比也没超过1.5；而中国仍高达2.5，表明2010年35~59岁年龄组的单身男性人口是平均比其小5岁的女性单身人口的2.5倍，男性婚姻挤压严重。

从同龄性别比和相对性别比两个指标上看，中国大龄未婚男性面临的婚姻挤压形势严峻，男性相对过剩人口过多造成了即使通过调整夫妻年龄模式也无法解决过剩男性人口的婚姻问题。

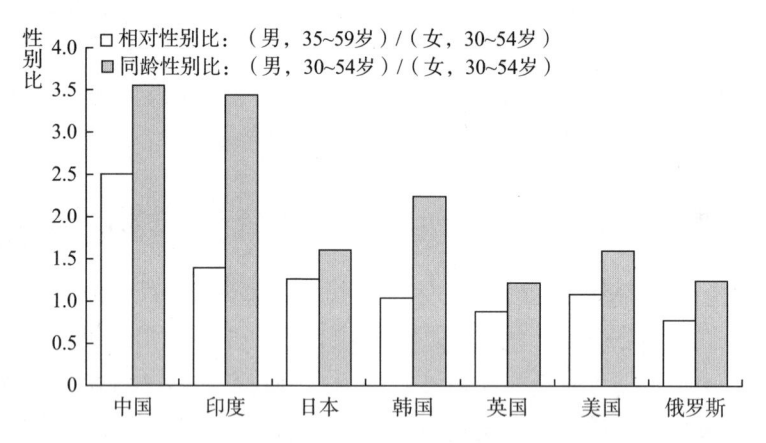

图3-2 2010年不同国家分年龄段未婚人口性别比

注：受数据限制，年龄组间隔为5岁。
资料来源：United Nations, Department of Economic and Social Affairs, Population Division (2015)。

综上所述，当前中国和其他国家无法成婚男性的婚姻挤压态势存在极大的差异（见表3-2），这也是中国大龄未婚男性群体的主要特征。具体而言，从人口性别结构上看，中国有其特殊性。在中国，由于女性绝对数量的缺失，大量男性人口因找不到与之匹配的女性而无法成婚；而在其他国家（除印度外）中，一般不存在男性人口过剩问题。从社会文化背景和成婚意愿来看，中国处于男女适婚人口普遍结婚的社会文化背景下，女性无法成婚的比例极低，而男性人口则是因为相对过剩而被迫性地无法成婚；而其他国家的男女结婚水平相对较低，男女都有一定比例的人口选择主动不婚。而从数量上看，首先，与其他国家相比，我国无法成婚的男性比例最高；其次，由于我国人口总量远大于其他国家，因而我国无法成婚的男性数量远远超过其他国家，而从绝对数量上看，即使我国仅存在4%以下的男性无法成婚，也将形成成上千万的大龄未婚男性。

表3-2 中国与其他国家的大龄未婚男性的差异

	人口性别结构	社会文化背景和成婚意愿	数量
中国	女性绝对数量缺失，即男性人口过剩	男女适婚人口普遍结婚，被动地无法成婚	多
其他国家	除印度外，不存在男性人口过剩问题	男女结婚水平相对较低，主动地选择不婚	少

第二节 中国大龄未婚男性的婚姻挤压模式

一 研究背景

中国自古以来就存在"男孩偏好"的传统观念，由此导致的"男多女少"现象在历史上一直存在。20世纪80年代以前，中国的出生性别比即使在生育率下降时期也基本处于正常水平，"男多女少"主要由女孩死亡率较男孩偏高造成（李树茁、果臻，2013）。但此后，随着科学技术的发展和普及，人们可以通过相对廉价而安全的方法在胎儿出生前就进行性别鉴定和性别选择（Bongaarts，2013）。受强烈的"男孩偏好"的影响，中国的出生性别比出现上升并持续偏高，截至2015年，官方公布的出生性别比为113.51，在连续7年下降后，仍较105的正常水平高出8.5个百分点（国家统计局，2016）。随着三十多年来的高出生性别比队列陆续进入婚姻市场，中国男性婚姻挤压问题日益凸显。第六次全国人口普查数据显示，2010年中国30岁及以上的未婚男性为1886万人，是相应年龄未婚女性人口的4倍多；50岁及以上的未婚男性为540万人，是相应年龄未婚女性人口的10倍多（国务院人口普查办公室，2012）。对于当前和未来一段时期内中国所面临的男性婚姻挤压问题，国内外的人口研究者们未雨绸缪，从20世纪末出生性别比偏高的初期就在以下两方面达成重要共识。

第一，中国正在并将持续面临十分严重且不同于以往的男性婚姻挤压。李南（1995）根据1990年之前的偏高出生性别比测算，2010年开始中国将出现初婚市场失衡现象，每年有近百万"额外"未婚男性没有初婚对象，此数约为男性年初婚人数的9%。即使发生初婚模式的显著变化，这种"额外"未婚男性在数量上和比例上也都难以为变化了的初婚模式所容纳。陈友华、乌尔里希（2000，2002）预计21世纪中国男性婚姻挤压矛盾受到出生性别比偏高的影响将进一步加剧，2010年后将经历几十年严重的男性婚姻挤压，届时将有超过10%的适婚男性人口找不到或不能如期找到配偶。李树茁、姜全保、伊莎贝尔·阿塔尼和费尔德曼（2006）结合初婚和再婚市场设计了度量婚姻挤压的指标，测度了2001～2050年中国的婚姻挤压程度，考察了男孩偏好和再婚因素对中国未来婚姻挤压的影响，结果表明未来中国婚姻市场每年有10%～15%的男性过剩人口。此外，其他研究者通过不同的婚姻挤压指标来预测中国男性婚姻挤压的发展趋势，其研究均印证了上述结果（郭志刚、邓国胜，2000；Guilmoto，2012；Jiang et al.，2014）。

第二，超前的人口转型速度加上长期的出生性别比偏高导致了大规模的未婚男性人口的集中出现。郭志刚、邓国胜（1995）在当时就对中国婚姻市场的挤压态势表示过担忧："中国性别比之高，人口转变之快都为世界罕见。一个大国人口年龄结构长达12年持续而急速地收缩，人口出生性别比长期居高不下，这在世界上还从未有过。不难想象，伴随着生育率的下降，中国婚姻市场将经受前所未有的挑战。"陈友华等通过指标分解，证明中国以往出现的男性婚姻挤压，并不仅仅是因为性别歧视，还受生育率波动的影响（陈友华、乌尔里希，2000）。随着时间的推移，21世纪性别结构因素对中国婚姻市场供需失衡的影响将逐渐增强，并最终跃升为婚姻市场失衡的首要影响因素。姜全保等（2013）进一步通过量化分析表明，2010～2020年婚姻挤压以年龄结构因素为主导，2020～2034年性别结构因素的作用增强，而年龄结构因素减弱。2034～2045年，男性过剩主要是性别结构因素作用的结果，年龄结构因素不起作用或者起到减缓男性过剩的作用。

在理论研究上，郭志刚、邓国胜（1995）根据国内外相关研究总结了关于婚姻挤压的三种情况及其对应的婚姻市场变化。这三种情况是在婚龄期性别比偏高的前提下，人口的年龄结构持续年轻、年龄结构持续老化和年龄结构出现波动。其中，第一种和第三种情形分别可以对应20世纪60年代末美国出现的女性婚姻挤压以及20世纪80年代初中国出现的男性婚姻挤压现象。在这两种情形下，婚姻市场中男女终身未婚比例均未发生大的变化，通过初婚模式（包括平均初婚年龄和夫妻年龄差等）的改变就可以缓解婚姻挤压现象（Schoen，1983）。但对于第二种，也是婚姻挤压水平最严重的情况——当前中国面临长时期出生性别比偏高和低年龄人口比例持续下降的叠加作用下的婚姻市场中男女数量严重失衡，国内外的相关研究还鲜有基于实际数据对这种情况下的婚姻挤压模式变化规律的分析和总结。

综上，本节希望通过对当前中国男性婚姻挤压模式的分析，考察上述第二种情形在加剧了20年（1990～2010年）后婚姻市场的真实反应，揭示现阶段中国男性婚姻挤压的结构性变动特征，总结中国男性婚姻挤压模式的变动规律，以完善现有的婚姻市场理论，为系统、深入地研究中国男性婚姻挤压问题提供参考。

二　方法和数据

本节主要使用2000年和2010年全国人口普查汇总资料、人口普查抽样数据和死亡人口抽样数据，通过引入男性多递减生命表（综合考虑初婚和死亡因素），从时期和队列的角度对比研究现阶段中国男性的成婚水平、概率、进度，总结其变动模式，分析相关时期指标存在的问题。

(一) 方法

本节主要使用男性多递减初婚表的方法和指标对中国男性婚姻挤压模式进行分析，这有别于一般情况下使用初婚表所进行的初婚模式研究，主要体现在以下三方面（黄荣清、魏进，1985）。第一，一般情况下初婚模式的变动是指在初婚水平一定的情况下，观察初婚年龄高低或初婚时间早晚的变化规律。但在当前中国男性人口过剩的情景下，男性初婚水平发生重大变动，能够成婚的男性比例持续降低，初婚模式不仅受到社会经济等环境变量的影响而变动，还受到婚姻市场中男女数量严重失衡的影响。因此，当前男性初婚模式事实上反映了男性婚姻挤压水平变动下的男性婚姻挤压模式变动。第二，初婚表中的未婚尚存比例（人数）、终身结婚期待率等主要队列指标，能够较好地度量和体现初婚水平变动下的男性婚姻挤压的重要规律和特征，综合反映挤压水平和模式二者之间动态的交互作用。第三，由于男性婚姻挤压下的大龄未婚男性群体被迫无法组建自己的家庭，进而丧失了婚姻对自身生存的保护作用，其死亡水平显著高于男性平均水平（李树茁等，2014）。因此，将婚姻和死亡因素同时纳入所构建的男性多递减初婚表较单递减初婚表更能准确反映当前我国男性婚姻挤压下婚姻模式的真实状况。

（二）数据

构建多递减初婚表不仅需要婚姻数据，还需要基于人口婚姻状况的死亡数据，对数据的要求较高。本节计算的初婚概率基础数据分别来自2000年全国人口普查千分之一抽样数据、2010年全国人口普查汇总数据的婚姻部分和2009年全国千分之一人口抽样调查数据。未婚人口死亡概率由2000年和2010年全国人口普查死亡原始数据（百分之一抽样数据）进行单独汇总后计算得出。

需要说明的是，第六次全国人口普查汇总的2010年初婚人数的统计结果明显偏低（仅为2009年及前五年各年人数的一半），无法作为有效数据使用。因此本节使用第六次全国人口普查数据中2009年初婚人数，结合2009年全国千分之一人口抽样调查数据的未婚人数，分别计算2009年全国、分城乡、分性别初婚概率。因此，本节2010年多递减初婚表实际上是由2009年初婚数据和2010年未婚人口死亡数据组合生成。在正常情况下，一年内人口死亡水平的变动会十分有限，因此上述数据处理方式对研究结论的影响也将十分有限[①]。此外，由于我国人口普查中的死亡率一直存在被低估的问题，对于尚未进入婚姻市场的15岁以下人口的年龄别死亡率，本节基于联合国生命表对相关数值进行了校正。对于15岁及以上未婚男性人口死亡率，由于缺乏相关未婚人口死亡数据和前期研究作为校正的依据和参照，本节未对其进行校正，这将会对计算结果造成一定影响。

---

① 根据本节的研究假设和数据，文中2010年初婚表使用2009年初婚概率和2010年死亡概率计算，严格意义上可归为2009年初婚表，但为了保持与普查年份一致，后文统一使用2010年表示。

三 时期视角下中国男性的婚姻挤压模式

本部分使用时期数据,从未婚男性的数量和比例、平均初婚年龄、初婚概率的年龄分布以及未婚人口性别比区域分布的变动情况分析说明当前中国男性婚姻挤压的基本态势和模式。

(一) 未婚人口总量持续增加,但比例变动不明显

表 3-3 反映了我国未婚男性人口规模和比例的变动情况。总体上,历次人口普查 30~49 岁和 50 岁及以上的未婚男性数量不断增加,男性和女性在绝对数量上的差距不断扩大。从男性未婚人口的比例情况看,30~49 岁的未婚男性占相应年龄段男性总人口的比例在 1982 年接近 10%,此后这一比例降至 5%,2010 年又升至 6.3%;50 岁及以上的比例则维持在 3.3% 左右。对比相应的女性人口情况,女性的未婚现象并不明显,相应年龄的女性未婚人口在数值和比例上都显著低于男性。

表 3-3 1982~2010 年全国人口普查男性和女性未婚人数及比例

人数和比例	1982 年		1990 年		2000 年		2010 年	
	男性	女性	男性	女性	男性	女性	男性	女性
30~49 岁人口数(万人)	784.3	39.8	871.9	49.6	985.9	124.4	1342.6	402.3
30~49 岁人口比例(%)	9.9	0.4	5.9	0.4	5.0	0.7	6.3	1.9
50 岁及以上人口数(万人)	207.2	19.9	298.5	21.3	428.4	22.7	543.4	54.3
50 岁及以上人口比例(%)	2.8	0.3	3.2	0.2	3.6	0.2	3.3	0.3

资料来源:1982 年和 1990 年来自 1982 年和 1990 年全国人口普查资料;2000 年和 2010 年来自全国人口普查长表数据,本节按照 10% 的抽样比进行了估算。

(二) 农村男性平均初婚年龄的变动出现停滞

1990~2009 年,中国男性和女性的平均初婚年龄持续上升,二者之差基本保持在 1.5 岁左右。但 2000 年以后,平均初婚年龄的上升幅度放缓。比较平均初婚年龄的城乡差异,城镇地区男性的平均初婚年龄呈持续上升趋势且上升幅度较大,而农村地区在 2000 年以后则基本维持不变(见图 3-3)。这似乎与现有研究表明的当前中国男性的婚姻挤压现象主要集中在农村地区的规律相悖。后文将对此展开探讨,回答为何农村地区人口,尤其是成婚日益困难的农村男性人口的平均初婚年龄不再上升的问题。

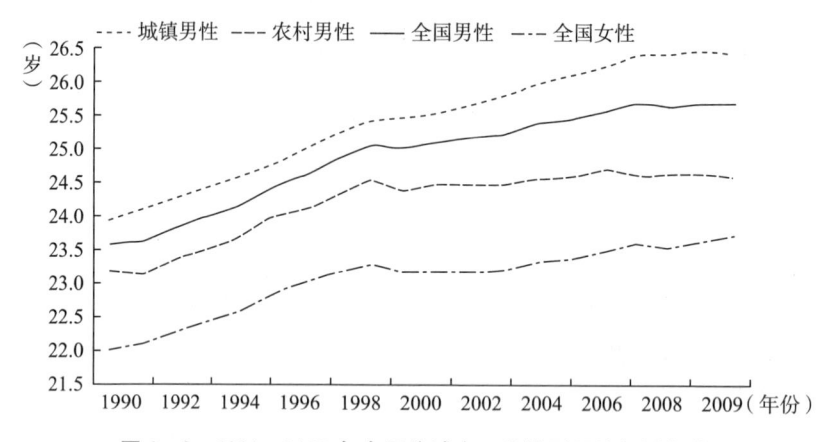

图 3-3　1990~2009 年全国分城乡、分性别平均初婚年龄

资料来源：根据 2010 年全国人口普查汇总数据整理制作。

(三) 农村男性初婚概率的年龄分布挤压明显

初婚概率能够反映婚姻挤压水平持续加重下的时期初婚模式的变动情况。对比 2000 年和 2010 年各年龄段中国男性与女性初婚概率（见图 3-4），其中最为显著的特点是，无论是在 2000 年还是在 2010 年，女性的初婚概率在各个年龄段均高于同时期的男性，说明女性的成婚水平高于男性，也表明在男性婚姻挤压下，即使是年龄偏大的女性，其在婚姻市场中仍处于优势地位。相较于女性而言，男性的初婚概率偏低，因而男性的"选择性"婚姻推迟的空间（主要表现为初婚概率的下降幅度）十分有限。2000~2010 年，

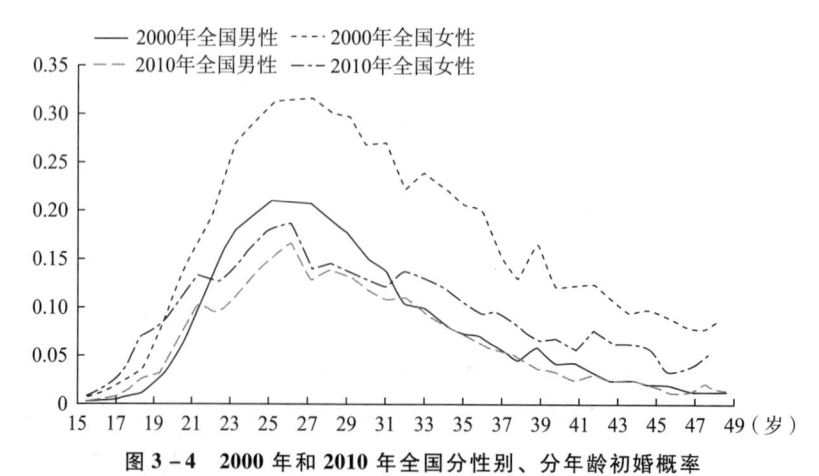

图 3-4　2000 年和 2010 年全国分性别、分年龄初婚概率

资料来源：根据 2000 年和 2010 年全国人口普查汇总数据、2009 年全国千分之一人口抽样调查数据整理制作。

女性初婚概率的下降幅度远大于男性。这表明在当前男性过剩的婚姻市场中，女性更可能存在"选择性"婚姻推迟现象，而男性初婚概率的小幅下降则更可能是由于女性数量缺失而引起的"被迫性"婚姻推迟。

图 3-5 进一步考察 2000 年和 2010 年分城乡男性年龄别初婚概率的变动情况。一方面，与上述分性别变动规律类似，城镇男性初婚概率的下降幅度大于农村男性，农村男性初婚概率的下降幅度十分有限。同时，农村男性的平均初婚年龄小于城镇男性，农村男性较城镇男性倾向于尽早成婚，但农村男性的初婚概率又远低于城镇男性。这表明相对于农村男性，城镇男性存在一定的"选择性"婚姻推迟现象，而"被迫性"婚姻推迟则更多地集中在农村地区。另一方面，总体上，2000 年和 2010 年的城镇初婚概率均高于相应年份的农村初婚概率，但在较低年龄段均存在一个分界点，分别为 21 岁和 23 岁。在分界点之前，农村男性的初婚概率略高于城镇；在分界点以后，城镇男性初婚概率高于农村，且此后一直高于农村。这既说明城镇地区男性的平均初婚年龄较大（结婚较晚），同时也说明农村地区男性过剩的情况相比于城镇地区更加严重。农村地区的男性一旦过了一定年龄，其成婚概率相比于城镇地区就会迅速下降，而城镇地区男性则仍然保持着较高的成婚概率。上述两方面均进一步印证了相关研究中关于中国婚姻挤压及婚姻梯度的研究结论，即中国男性婚姻挤压主要集中在农村地区，特别是比较贫困的偏远山区。

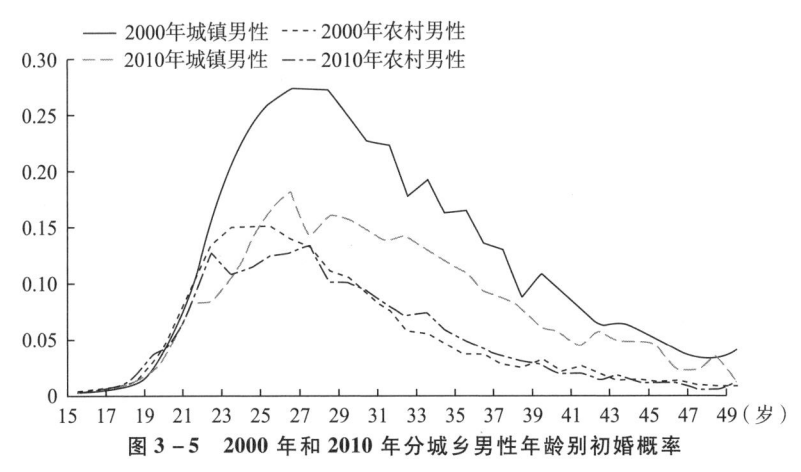

图 3-5 2000 年和 2010 年分城乡男性年龄别初婚概率

资料来源：根据 2000 年和 2010 年全国人口普查汇总数据、2009 年全国千分之一人口抽样调查数据整理制作。

(四) 男性婚姻挤压区域分布相对集中并已出现扩散趋势

总体上，2000 年和 2010 年我国的绝大部分地区的 15 岁及以上未婚人口性别比①均在 120 以上，这表明由性别失衡导致的男性婚姻挤压现象在我国普遍而持续地存在。从未婚人口性别比的区域分布看，2000 年我国未婚人口性别比较高（大于等于 150）的区域主要集中在中部（华中地区及华东地区的南部）、南部（华南地区和不含西藏的西南地区）以及西北部（西北地区），其中中部和南部地区的未婚性别比最高，在 170 以上；2010 年未婚人口性别比较高（大于等于 150）的区域则主要集中在西北、西南地区（不包括西藏）以及华中地区的南部，这反映出我国男性婚姻挤压现象的区域分布不平衡，存在明显的区域差异。而从未婚人口性别比的数值区间变化看，2000 年和 2010 年的变化都比较大（从小于 120 到大于等于 170），即有的地区的未婚人口性别比小于 120，而有的地区的未婚人口性别比则在 170 及以上，这表明我国的男性婚姻挤压程度的区域差异大。

进一步对比 2000 年与 2010 年的分布情况，2000 年的未婚人口性别比较高（大于等于 150）的区域范围较大，且较为集中，而 2010 年的范围相对较小，且较为分散。这表明全国范围内，以"未婚人口性别比"这一指标衡量的我国的男性婚姻挤压程度有所减弱，且其区域分布呈现分散化趋势。这反映出这些地区的男性婚姻挤压程度的加深，同时也表明在过去 10 年内，我国的婚姻挤压大致呈现"由中部地区向四周扩散"的趋势。

总体来看，2000 年和 2010 年我国高未婚人口性别比区域主要集中在内陆地区，这些区域受传统文化影响较大，社会和经济发展相对滞后，是我国性别失衡的"重灾区"。从这 10 年的变化看，随着社会经济发展和人口流动，性别失衡地区表现出向沿海等相对发达地区以及以往性别失衡相对较轻的地区扩散的特征。通过区域扩散的作用，高未婚人口性别比地区的严重状况得到了稀释，缩小了区域间的差异。但同时也存在一些偏远欠发达地区的性别失衡状况进一步加重，性别失衡可能引发的社会风险进一步加剧的问题。

四 队列视角下中国男性的婚姻挤压模式

本部分通过队列指标总结当前中国男性婚姻挤压模式，主要包括未婚

---

① 资料来源于 2000 年和 2010 年全国人口普查分县资料。

尚存人数、终身结婚期待率和成婚期望年数。这里的队列分析是按照 2000 年和 2010 年时期年龄别初婚概率和未婚男性人口死亡概率考察假想队列人口初婚模式变动状况。需要说明的是，在当前中国男性婚姻挤压形势日趋严重的情况下，按照现有时期初婚概率来假设实际队列初婚状况将高估实际队列的初婚概率；而使用当前未婚男性人口死亡概率来假设实际队列死亡状况也将高估实际队列的死亡概率。因此，实际队列的婚姻挤压状况预期较计算结果更为严重。

（一）队列未婚人口比例持续上升，变化规律明显

图 3-6 展示了 25~59 岁五岁组未婚男性比例的变动情况，包括 1990~2010 年 5 次人口普查（包含 1% 人口抽样调查）的时期数据（见图 3-6a）和 1961~1980 年出生的五年为一组的 4 组出生队列的数据（见图 3-6b）。时期数据中，低龄段表现出未婚比例随着年份增加而上升的态势，而在 35 岁以后这一规律开始变化，50 岁以后甚至表现出完全相反的规律，这与表 3-3 所反映的规律一致。从时期角度看，50 岁及以上未婚男性比例反而随着普查年份的增加而下降，这似乎表明当前的男性婚姻挤压形势并不严重。但事实上，1990 年 50 岁及以上男性仅代表 1940 年以前的男性出生队列，2010 年 50 岁及以上男性则代表 1960 年以前的男性出生队列，而 1970 年和 1990 年才是这些年代的出生队列的初婚高峰时期，上述比值无法反映当前婚姻市场中男性婚姻挤压的实际情况。因此，从时期数据的变动规律来判断当前男性婚姻挤压态势是不合适的。而队列数据则能较好地解释这一问题：1965~1980 年各出生队列表现出了一致的变动规律，即出生队列越晚，在各个年龄段男性未婚比例越高。

（二）农村男性未婚尚存比例严重偏高

2000 年和 2010 年假想队列男性未婚尚存比例显示（见图 3-7），2000 年中国男性在 27 岁仍旧未婚的比例占所有男性的 30% 左右，28 岁时这一比例降至 20%，32 岁为 10%，到 49 岁左右这一比例基本稳定在 4% 左右。对比 2010 年相同年龄的未婚尚存比例的情况，中国男性在 27 岁仍未婚的比例高达 38%，在 28 岁时仍处于 30% 的高位，32 岁为 20%，到 49 岁左右这一比例基本稳定在 8% 左右，为 2000 年同年龄的两倍。

从分城乡男性未婚尚存比例看，2000 年和 2010 年城镇和农村地区男性均存在一个交会点（分别是 24 岁和 26 岁），在交会点以前各年龄的农村男

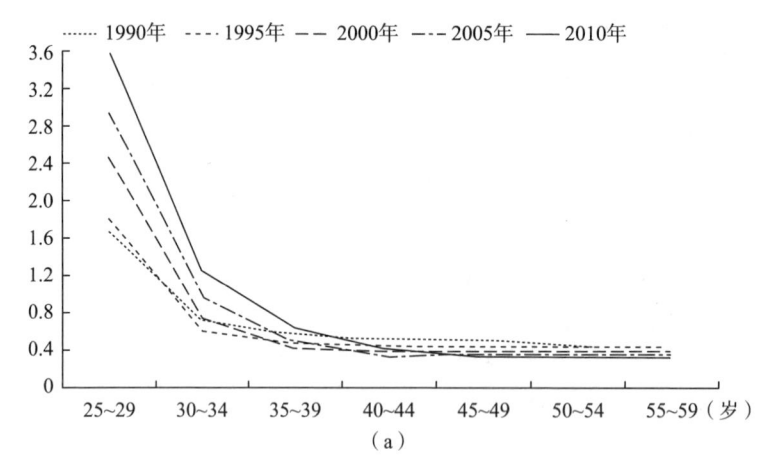

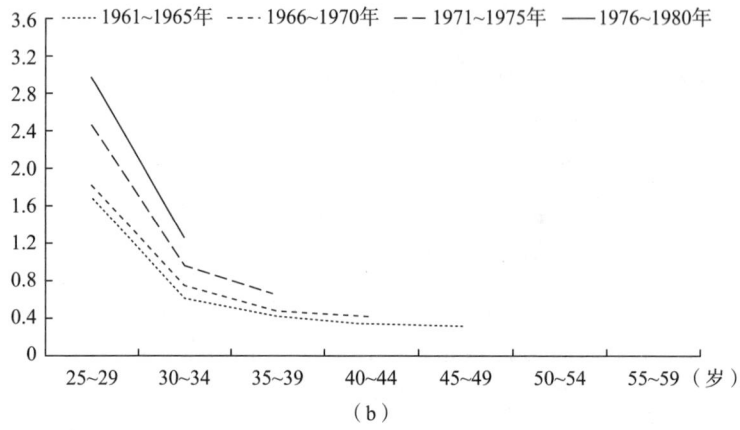

图 3-6 时期和队列视角下的未婚比例

资料来源：根据 1990 年、2000 年和 2010 年全国人口普查数据，以及 1995 年和 2005 年全国 1% 人口抽样调查数据整理制作。

性未婚比例均低于城镇，而在交会点以后则逐步高于城镇，这说明农村地区的婚姻挤压现象在交汇点以后明显加重。在交汇点以前，城镇地区的男性主动推迟结婚的可能性较大，但到了交汇点以后基本都能够结婚，男性未婚尚存比例迅速下降。以 2000 年为例，到 49 岁时，城镇地区的未婚尚存比例接近 0，而农村仍有 10% 的男性无法成婚，这再次验证了中国大龄未婚男性群体集中在农村地区。

（三）农村男性终身结婚期待率在各年龄段均低于城镇男性

终身结婚期待率是多递减初婚表中的重要指标，该指标反映婚姻和死亡两个因素对成婚的影响。从全国范围来看，在 42 岁以前，2010 年的男性终身

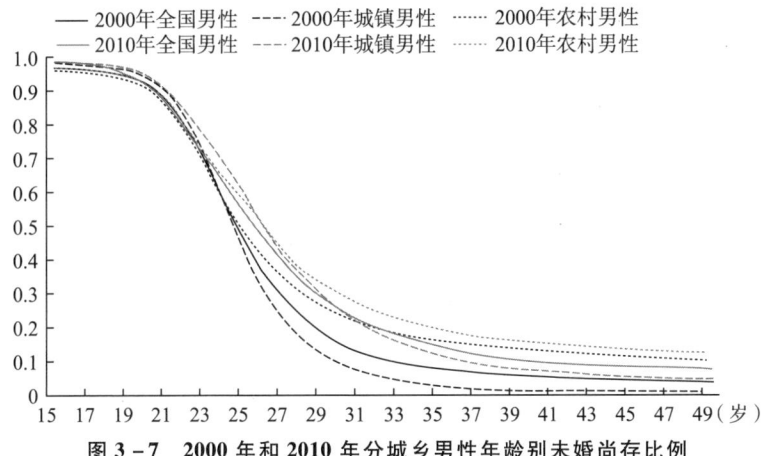

图 3-7　2000 年和 2010 年分城乡男性年龄别未婚尚存比例

结婚期待率均低于 2000 年（见图 3-8），且存在明显差异，尤其是在 30 岁以前，二者的差异均在 3 个百分点以上。总体上，2010 年的终身结婚期待率要低于 2000 年。从分城乡的情况看，2000 年和 2010 年的城镇男性在各个年龄段的终身结婚期待率均高于农村地区的男性，但城乡差距存在一定幅度的减小。2000 年，在 30 岁时，城镇地区男性在未来能够成婚的概率（终身结婚期待率）接近 90%（2010 年为 80%），而农村地区则仅仅接近 50%（2010 年为 55%）；40 岁时，城镇地区的未婚男性中仍有 50%（2010 年为 40%）会在未来成婚，而农村地区的这一比例仅为 20%（2010 年为 21%）。在死亡和初婚概率两个因素的累积作用下，农村地区的大龄未婚男性受到死亡概率偏高和初婚概率偏低的双重挤压，其所有年龄段的终身结婚期待率均低于城镇男性。

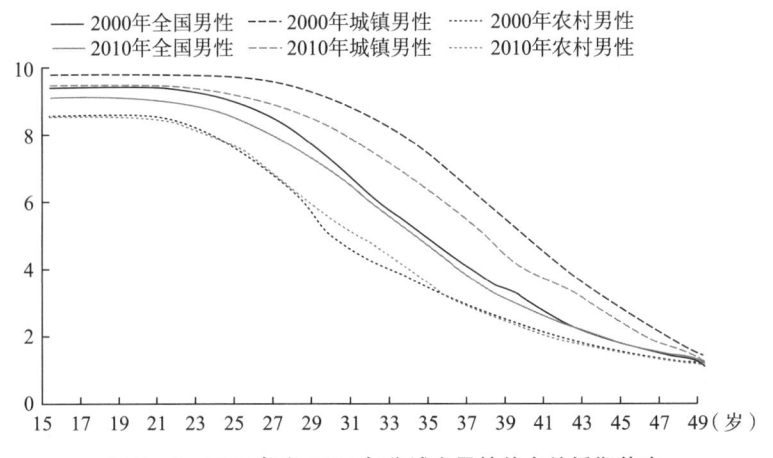

图 3-8　2000 年和 2010 年分城乡男性终身结婚期待率

(四)农村男性成婚期望年数持续推迟

本部分先对成婚期望年数这一指标进行说明,并区分其与另一常用指标——平均初婚年龄的差异。成婚期望年数以队列(或时期假想队列)为分析基础,综合初婚和死亡两种因素随年龄的变动情况,分析不同年龄队列人口平均未婚时间。而平均初婚年龄则是时期内的初婚人口平均年龄,没有考虑未婚人口和人口死亡情况。成婚期望年数可以计算年龄别成婚期望年数,而平均初婚年龄则只有一个数值。根据2010年全国人口普查数据,2000年和2010年男性平均初婚年龄为25.1岁和25.9岁;根据本节计算,2000年我国男性0岁成婚期望年数是26.1岁,2010年增至29岁。对比这两组数据,平均初婚年龄上升说明初婚男性的平均年龄增大;而成婚期望年数的上升则一方面说明未婚男性死亡水平有所下降,另一方面也说明未婚男性成婚难度逐渐增加。

从分城乡情况看,2010年我国城镇未婚男性0岁时的成婚期望年数为28.2岁,农村地区男性则要到31.2岁才能成婚,而2010年全国人口普查显示,城市男性平均初婚年龄为25.9岁,镇为25.5岁,乡村为24.8岁,可见0岁分城乡人口的期望成婚年龄与平均初婚年龄的规律变化正好相反。这正体现了这两个指标之间的差异,即0岁成婚期望年数是考虑了全部男性人口的初婚和死亡因素后的人均成婚年数;而平均初婚年龄只考虑当年初婚的男性人口平均年龄。这一相反的规律表明,从平均初婚年龄看,农村地区能够成婚的男性其初婚年龄较城镇地区小(结婚较早),但平均初婚年龄这一指标并不能从总体上反映这一地区所有男性的结婚水平和模式。总体上农村地区男性的成婚难度要高于城镇地区的男性,农村地区男性平均要比城镇地区男性晚3岁才能成婚。

从15岁及以上分年龄情况看,在全国范围内,2010年的男性成婚期望年数在各年龄均高于2000年,尤其在21~27岁这一年龄区间内,二者差异均在3岁以上,这反映了这十年以来的初婚概率和死亡概率的下降对男性成婚的影响。2000年和2010年城镇和农村的年龄别成婚期望年数均存在明显差异(见图3-9)。总体来看,将农村年龄别成婚期望年数曲线向下再向右移动才能接近城镇年龄别成婚期望年数曲线。这一方面表明农村男性成婚期望年数在各个年龄均大幅度高于城镇,另一方面也表明年龄因素对农村男性成婚的影响更大。

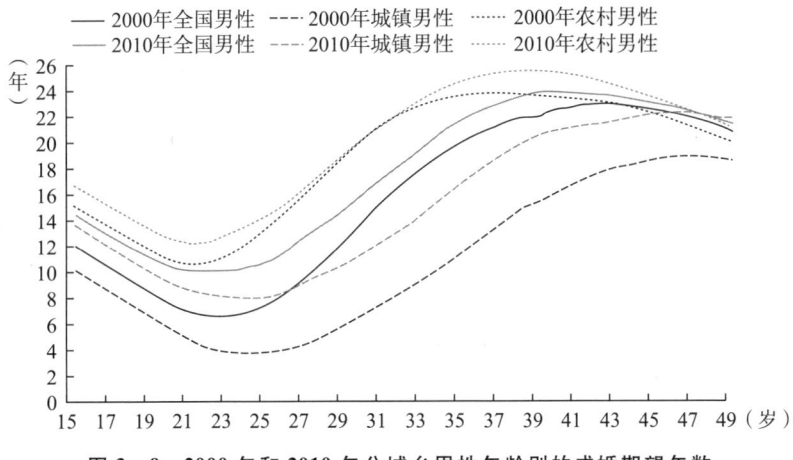

图 3-9 2000 年和 2010 年分城乡男性年龄别的成婚期望年数

根据上述分析，本节尝试总结当前中国男性婚姻挤压模式的变动规律，进一步阐明时期指标在度量婚姻挤压时存在的问题。首先，从人口学时期角度分析，根据初婚概率和平均初婚年龄的变动特征，本节将中国男性婚姻挤压模式变动划分为四个阶段。在理想情况下（见图 3-10），当挤压程度一定时，男性婚姻挤压模式在前期表现为Ⅰ型，初婚年龄偏低；随着挤压程度逐步加重，初婚年龄逐渐推迟，挤压模式由Ⅰ型过渡到Ⅱ型或者Ⅲ型；而当挤压程度严重时，初婚水平显著降低，挤压模式变为Ⅳ型，这时初婚年龄可能不变（如由Ⅱ型变为Ⅳ型），甚至也可能会相对前移（由Ⅲ型变为Ⅳ型）。其中Ⅰ、Ⅱ、Ⅲ型是在初婚水平适度下降时的男性婚姻挤压模式，而Ⅳ是初婚水平发生较大下降时的男性婚姻挤压模式。

在实际数据中，从性别差异看，在男性婚姻挤压严重的情形下，女性各年龄段初婚概率全面高于男性，抽象地看，女性可以视为Ⅰ型，男性为Ⅳ型。从城乡差异看，城镇男性可视为Ⅲ型，农村为Ⅳ型，城镇初婚水平高于农村，农村仅在较低年龄段初婚概率略高于城镇，而后续年龄则全面低于城镇。上述分析也表明，只有在婚姻挤压水平相同或相近的情况下比较平均初婚年龄的大小才可以反映婚姻挤压程度的差异（如在Ⅰ、Ⅱ、Ⅲ型之间比较），而当挤压水平变动较大时，则无法通过平均初婚年龄进行比较（如在Ⅲ、Ⅳ型之间比较）。回到上文提出的农村地区初婚年龄在十年间几乎不变的问题，由于农村地区的男性婚姻挤压程度已经很高，各个年龄段的初婚概率都处在很低的水平上，其挤压模式进一步变动的空间十分有限,最多仅能实现小幅度的整体下降(如从Ⅱ型降至Ⅳ型),此时其初婚年龄发生持续变化的可能性很小。而对于城镇地区男性而言,由于其仍存在进一步挤压的空间,挤压模式可以由Ⅱ型变为Ⅲ型,初婚年龄进一步推迟。

总体上,当前中国男性时期婚姻挤压模式表现为各年龄别初婚概率偏低的特征,农村地区男性婚姻挤压表现为超低初婚水平的挤压模式。因此,与已有婚姻挤压理论关于在挤压水平较低情况下时期初婚模式发生转变(在Ⅰ、Ⅱ、Ⅲ型之间)以及受挤压性别人口的平均初婚年龄会发生推迟不同,当前中国男性婚姻挤压模式是在挤压水平严重的情况(Ⅳ型)下,农村男性时期初婚模式不再发生较大变动,平均初婚年龄的变化也相应地出现了停滞。

从人口学队列角度分析,由图3-8和图3-9可知,对婚姻市场中男性人口来说,终身结婚期待率和成婚期望年数这两个指标综合了男性初婚概率和未婚男性死亡率,能够有效统一男性婚姻挤压的水平和模式,可以真实地反映中国男性婚姻挤压的实际状况。这两个指标结果一致表明:在各个年龄段,农村男性受到初婚概率偏低和死亡概率偏高的双重挤压,成婚难度远高于城镇男性。最后,根据上述分析可以预见,当前中国男性婚姻挤压的城乡差异在一定程度上能够反映当前和未来(2010年与2030～2060年)中国总体男性婚姻挤压状况的差异,即随着20世纪80年代的高出生性别比队列陆续进入婚姻市场,中国的男性婚姻挤压将持续加重,当前农村男性婚姻挤压态势预计将构成未来中国男性整体婚姻挤压的基本状况。

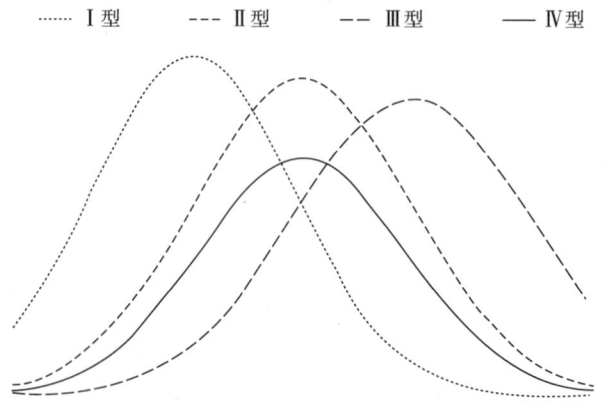

图3-10 男性婚姻挤压模式演变示意

五 结论和讨论

通过对当前中国男性婚姻挤压模式的研究，本节得出以下几点结论。第一，中国正处于男性婚姻挤压日趋严重的上升期，随着20世纪80年代的高出生性别比队列从2010年已进入婚姻市场，中国男性婚姻挤压状况持续加重，由于未婚男性数量在各个年龄段上都远远多于女性数量，年龄别男性初婚概率也都低于女性，因此通过推迟初婚年龄、扩大夫妻年龄差等调节初婚模式的方式很难有效改变男性成婚难的现状。第二，当前中国男性婚姻挤压问题主要发生在农村等欠发达地区，但已经出现向城镇等相对发达地区扩散的趋势。农村地区男性婚姻挤压的形势比时期指标所反映的状况还要严重，在挤压水平严重的情况下，农村地区的平均初婚年龄不再推迟，但这并不代表男性婚姻挤压问题的缓解。相反，从队列角度看，在初婚概率偏低和死亡概率偏高的双重挤压下，农村男性在各个年龄段的终身结婚期待率都低于城镇，成婚期望年数则都高于城镇，挤压形势十分严峻。第三，当前中国男性婚姻挤压模式是在挤压水平发生重大变动情况下的实际反应，而已有关于婚姻挤压的相关理论侧重于对挤压水平较轻下的模式总结，因此，上述研究发现进一步丰富和完善了现有婚姻挤压理论。

当前，日益飞涨的"天价彩礼"和日益增多的"跨国婚姻"正是中国男性婚姻挤压程度不断加深的现实反映，由于女性绝对数量的缺失，男性在婚姻市场中处于弱势地位，面临"娶妻难"的问题。而农村地区的"早婚回潮""相亲低龄化"现象反映了男性婚姻挤压模式的城乡差异：一方面，农村地区的男性不得不通过早婚的方式在婚姻市场中抢夺先机；另一方面，相较于城镇地区而言，年龄因素对农村地区男性成婚的影响与作用较大，并在后期转变为成婚的不利因素。而农村地区不断涌现的"光棍村""新农女""落跑新娘"等现象则是中国婚姻挤压主要集中在农村地区的生动写照，反映出农村地区的男性是婚姻挤压风险的主要承担者。以"新农女"为代表的农村女性的外流，加剧了农村地区的性别失衡程度，农村男性成婚困难，还承担着被骗婚的风险。因此，除了本节关于中国男性婚姻挤压加重对成婚水平和模式的影响外，其对中国人口、社会、经济和文化的广泛影响还有待进一步研究。

近年来，随着打击"两非"等专项工作的深入开展，我国的出生人口性别比治理工作已取得初步成效，出生人口性别比多年连续下降。从2016年5月1日起实施的《关于禁止非医学需要的胎儿性别鉴定和选择性别人工终止妊娠的规定》的出台，意味着我国出生人口性别比治理工作力度的进一步加大。全面二孩政策的落地为出生性别比的进一步降低创造了十分有利的条件。但已有研究也表明，打击"两非"等政策和法规对性别比治理的作用有限，出生性别比偏高问题的最终解决需要基于性别平等理念下更加广泛的综合性政策措施（Guilmoto，2012；Bongaarts，2013）。此外，农村大龄未婚男性群体作为中国人口性别结构失衡的主要后果，具备一定的风险性，但更是中国社会发展进程中的主要弱势群体之一。针对未婚男性生存和发展问题，应该着手制定基于大龄未婚男性生命周期的多维度的公共政策促进建议和措施（李树茁等，2014）。最后，由于数据质量和可获得性的限制，本节对相关数据与指标的评估和校正有待进一步完善。

第三节 中国大龄未婚男性的年龄测度

本节主要基于对中国男性婚姻挤压下大龄未婚男性测度的需求，依据上文两个指标（未婚尚存比例和终身结婚期待率）尝试提出中国大龄未婚男性年龄测度的方法和依据，为相关研究和政策提供参考。

一 研究背景

大龄未婚男性主要指在我国重男轻女的文化背景下，受以往女婴死亡率偏高和出生性别比长期偏高的影响，在当前和未来一段时期内，由于婚龄男女人口数量的失衡而导致的大量"被迫"无法成婚的男性群体，该男性群体在婚姻挤压和婚姻梯度作用下，主要集中于我国农村落后地区（靳小怡等，2010）。为了量化并测度大龄未婚男性，本节使用年龄这一人口学因素（变量）作为大龄未婚男性的测度依据。这是因为年龄因素是择偶标准中最受重视的因素，其次是身高、受教育程度、性别、职业等（李银河，1989）。男性无法成婚往往综合着多种条件和要求，如果考虑到个人性格、相貌、社会经济特征等因素会使本来就复杂的问题更加复杂化。在影响成婚的众多因素中，年龄因素一方面构成婚姻竞争中的重要因素，另一方面也反映家庭和个人条件等综合因素的影响。

从已有研究对大龄未婚男性的年龄界定看，Ebenstein 等人研究发现，在中国农村，30 岁仍未结婚的男性几乎都是被迫单身的（Ebenstein and Leung，2010）。刘利鸽、靳小怡采用安徽省 X 县的调查数据，利用事件史分析进行的男性失婚风险分析发现：在当地农村，22~27 岁是主要的适婚年龄，超过 27 岁仍未结婚的男性，其结婚的概率大大降低；在 28 岁及以上的从未结婚的农村男性中，96% 的人表示是"被迫单身"（刘利鸽、靳小怡，2011，2012）。因此，有类似的实证研究将大龄未婚男性的年龄划定在 28 岁（李艳、李树茁，2008）。此外，也有部分研究将大龄未婚男性的年龄定位为 25 岁或者 26 岁（王跃生，2001；姜全保等，2009；王磊，2012）。总体上，由于缺少对当前我国男性婚姻挤压模式的分析，以往研究中对大龄未婚男性的年龄划分主要依据微观的调查研究或者经验判断，缺乏宏观数据支持和测度依据。

二 方法与数据

本节在大龄未婚男性婚姻挤压模式的研究结果的基础上，参考统计推断的方法提出定量化、动态化的大龄未婚男性群体的年龄测度依据。资料来源同本章第二节，主要使用 2010 年农村男性初婚表中的未婚尚存比例和终身结婚期待率对当前我国大龄未婚男性的年龄测度依据进行分析。

本节将生命表应用研究中的统计推断方法拓展至多递减初婚表，主要使用男性多递减初婚表的方法和指标提出定量化、动态化的大龄未婚男性群体的年龄测度依据。进行该项方法拓展主要基于以下两方面原因：一是将人口婚姻和死亡过程都视为概率事件，考虑多递减初婚表主要指标的随机性；二是本节使用的婚姻和死亡数据均为普查人口抽样数据，亦需从统计推断的角度分析指标真值的置信区间。关于多递减初婚表的构建及其指标的统计推断方法，参见相关文献（Chiang，1967；黄荣清、魏进，1985）。

三 测度结果

本节使用 2010 年农村男性初婚表中的未婚尚存比例和终身结婚期待率对当前我国大龄未婚男性的年龄测度依据进行分析。已有研究对农村大龄未婚男性的年龄选择通常是 28 岁，但从图 3-11 看，28 岁的农村男性中，有 37% 左右的男性未婚，其中这 37% 的未婚男性中又有 34% 左右的人会最终失婚，成婚较困难的男性是该群体的少数部分。根据本节计算，如果将农村大龄未婚男性的年龄划分确定在32岁，那么在这一年龄的农村男性中，有25%是未婚状态，这1/4的未婚男性中，会有超过50%终身失婚。如果按照某一年龄以上的未婚男性群体内会有超过一半的男性终身失婚作为大龄未婚男性群体研究的年龄界定标准，这基本上可以保证该年龄以上的人口能够体现大龄未婚男性的基本特征。

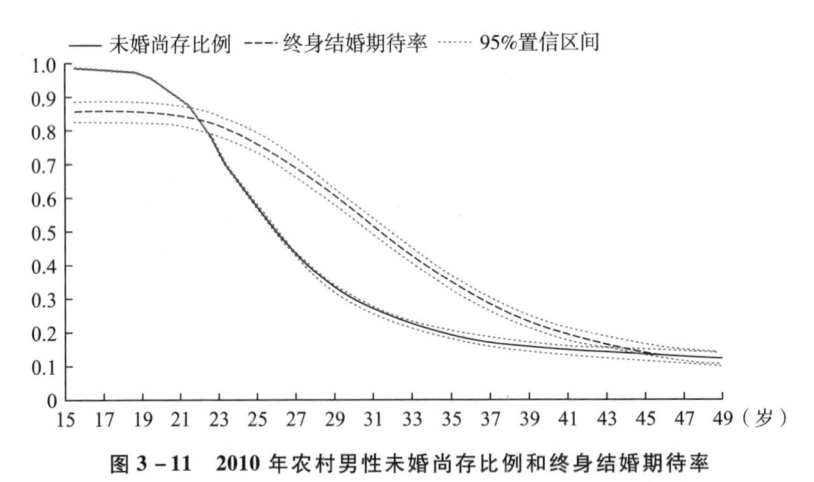

图3-11　2010年农村男性未婚尚存比例和终身结婚期待率

为了使大龄未婚男性的年龄测度依据更加严谨，本节基于人口事件的随机性以及本节所用数据为人口普查抽样数据的原因，在假设未婚男性的初婚概率与死亡概率独立的条件下，分别对未婚尚存比例和终身结婚期待率进行了95%置信区间的计算。计算结果表明，32岁时农村男性未婚比例的95%置信区间为22.7%～24.9%（均值为23.8%），终身结婚期待率的95%置信区间为43.7%～48.5%（均值为46.1%）。需要说明的是，从这两个指标的置信区间范围看，未婚尚存人数的置信区间范围"先窄后宽"，而终身结婚期待率则是"先宽后窄"，这是由两个指标的计算方式不同造成的：未婚尚存人数是依据计算年龄之前的存活率累计计算，其标准差随着年龄的增加而增加；终身结婚期待率则依据计算年龄以后的累计初婚人数计算，其标准差随着年龄的增加而减小。也就是说，随着年龄的增加，未婚尚存人数的不确定性越大，终身结婚期待率的不确定性则越小。

四　结论

综上，在当前中国性别失衡背景下，本节认为针对大龄未婚男性的年龄测度应依据其婚姻水平和模式的变动,充分考虑年龄别成婚期望概率与研究需求,最终得到动态化、定量化的年龄测度依据。

第一,对大龄未婚男性群体的年龄测度依据应该是动态的。由于婚姻测度的各个指标会随着婚姻市场中男女比例以及外界环境因素（社会、经济、自然等因素）的转变而不断变动,特别是随着中国男性婚姻挤压问题的持续加重,指标将会不断变动。因此,大龄未婚男性年龄的划分应该是动态的,可以5年或10年的人口普查为依据来更新。

第二,对大龄未婚男性的年龄测度应该以农村地区为依据。受婚姻梯度作用的影响,我国农村地区的男性婚姻挤压现象要比城镇地区严重得多,被迫失婚的男性主要集中于农村地区,所以应以农村地区的大龄未婚男性的年龄界定为主要依据。

第三,大龄未婚男性年龄测度需要通过成婚期望概率和数量规模共同确定。随着年龄的增大,大龄未婚男性数量减少,但同时体现大龄未婚男性成婚难的特征和属性就越多。因此,对于相关研究和政策制定者而言,对大龄未婚男性年龄的划分需要在不同年龄的未婚人口规模与成婚期望概率之间找到平衡,即不仅要使研究对象规模满足需求,同时又能真实反映大龄未婚男性群体的主要特征。

第四,基于上述两点关于大龄未婚男性界定的标准和方法,本书将当前中国大龄未婚男性的年龄界定在30岁。主要的原因是,从2010年的中国农村地区年龄别终身结婚期待率看,农村男性在32岁时如果仍然未婚,那么其在剩余的生命年份里能够成婚的概率将下降到50%以下,由于本书为宏观人口研究,因此将年龄控制在30岁这样一个常用的整数年龄段上。同时,由于大龄未婚男性主要集中在农村地区,为了尽可能地反映全体大龄未婚男性的总体状况以及便于城乡对比,本书以农村地区大龄未婚男性的年龄界定为基础,将全国的大龄未婚男性的考察范围规定在30岁及以上。

第四节 本章小结

本章首先对中国大龄未婚男性所面对的婚姻挤压态势进行了国际比较研究。研究发现,中国大龄未婚男性的婚姻竞争态势异常严峻,大幅度高于其他国家,婚姻市场中各年龄段的男性人口数量都高于女性人口数量。

当前中国大龄未婚男性群体具有其特殊性——与其他发达国家相比，中国大龄未婚男性的不婚为普婚背景下由于女性绝对数量的缺失而导致的被迫无法成婚，且无论是从比例还是绝对数量上都居于首位。在此基础上，本章从时期和队列角度进一步探究中国大龄未婚男性的婚姻挤压模式。研究发现，从时期角度分析，当前中国男性婚姻挤压主要表现为农村地区的超低初婚水平的挤压模式，农村男性初婚概率的年龄分布受挤压明显且平均初婚年龄的变动出现停滞，男性婚姻挤压区域分布相对集中并已出现扩散趋势。从队列角度分析，农村未婚男性受初婚概率偏低和死亡概率偏高的双重挤压，其终身结婚期待率在各个年龄段均低于城镇男性，成婚期望年数则均高于城镇男性，说明农村地区实际婚姻挤压程度比时期指标所反映的更加严重。当前农村男性婚姻挤压状况可能构成未来中国男性总体的婚姻挤压态势。最后，本章主要依据2010年农村男性初婚表中未婚尚存比例和终身结婚期待率两个指标给出了当前农村大龄未婚男性年龄的测度依据，为后续章节的分析奠定基础。

第四章 中国大龄未婚男性的成因分析：宏观层面与微观层面

本章从宏观和微观两方面，对中国大龄未婚男性群体在宏微观双重作用下的形成因素进行系统研究，进一步论证当前中国大龄未婚男性群体与历史上其他时期大龄未婚男性群体的区别，为这一群体的生存研究提供理论支撑。总体上，大龄未婚男性的成因可以从宏观和微观两个方面来认识。从已有研究看，宏观研究认为，以男性比例偏高为特征的人口性别结构失衡所导致的"女性缺失"是这一群体不能成婚的主因（Tuljapurkar et al. , 1995；Poston and Glover, 2005；韦艳、张力，2011）。从微观研究看，一些小规模的实证研究认为，个人和家庭因素对于能否成婚起着重要的影响，贫穷是男性失婚的主要原因（彭远春，2004；韦艳、张力，2011）。在中国人口性别结构失衡和社会经济转型的背景下，大量大龄未婚男性的形成既受到宏观层面的人口性别结构失衡的影响，同时也受到微观层面的男性个体因素的影响。

第一节 大龄未婚男性的宏观成因分析：人口性别结构的演变

当前有观点认为中国历史上一直存在一定规模的大龄未婚男性，现在和未来所面对的大量男性无法成婚的问题并不是一个新问题。这主要是在认识上对人口性别结构失衡引起的中国大龄未婚男性问题存在一定的偏差。针对这一观点，本节分析中国人口性别结构失衡的驱动因素及其变动情况，进而揭示在当前和未来一段时期内中国大龄未婚男性群体与历史上大龄未婚男性群体的宏观成因差异，指出当前和未来中国大龄未婚男性问题的严重性和相关研究的必要性。

2010年第六次人口普查数据显示，中国总人口性别比为105.2，不仅高于公认的正常水平（100），也远远高于较发达国家（94.7）和欠发达国家（103.3），属于人口性别结构严重失衡的国家之一（United Nations, 2015）。当代中国的性别结构失衡问题引起了研究者、公众、决策者、国际组织和政府部门的广泛关注（李树茁等，2009），已经有很多研究深入分析了中国性别结构失衡的现状、原因、后果及其对社会经济发展的影响。但到目前为止，对当代中国人口性别结构的研究主要集中在出生性别比和青年人口性别比，而对人口性别结构总体发展态势和演变规律的宏观研究还非常少。总人口性别比及其驱动因素一直是国际上关于人口性别结构研究的重点（Coale, 1991；Kundu and Sahu, 1991；Guillot, 2002），只是从20世纪末以来，由于部分亚洲国家出生性别比偏高问题十分突出，相对弱化了对人口性别结构的系统研究。实际上，总人口性别比是反映性别歧视程度的重要指标（Sen, 1990），与诸多社会现象存在联系，包括婚姻市场状况、家庭形成以及劳动力供给（Guttentag and Secord, 1983；Fossett and Kiecolt, 1993；Angrist, 2002）。进一步来说，高总人口性别比可能带来高犯罪率（South et al., 2014），从而危害社会稳定。因此，对人口性别结构进行系统研究，能够更全面地揭示出生性别比偏高及其导致的人口性别结构失衡问题，对于人口与经济社会可持续发展也更有意义。

从人口学的视角分析，在一个封闭的人口环境中，人口性别结构的演变主要受出生性别比、死亡率的性别差异和年龄结构变动这三个内在驱动因素的共同影响。因此，只有对这三个驱动因素进行深入分析才能系统地揭示中国人口性别结构演变的内在规律。从已有研究看，在有男孩偏好的地区，出生性别比一般会高于正常值，其原因主要是产前的性别选择性引产和产后的溺弃女婴（Zeng et al., 1993；李树茁、朱楚珠，1996；原新、胡耀岭，2010），这使人口性别结构在生命历程的起点就出现异常。在经济发展水平相对落后的地区，受性别不平等和医疗条件的影响，女性死亡率特别是婴幼儿阶段和孕产妇死亡率往往较高（赵锦辉，1994；Klasen and Wink, 2002；Gupta et al., 2009），使性别结构失衡在生命历程中持续加重。而在生育水平较低、人口年龄结构老化的地区，总人口性别比则较低（查瑞传，1996；张为民、崔红艳，2003）。这说明三个主要驱动因素对总人口性别比影响的程度和方向都会不同。中国历次人口普查总人口性别比始终处于105~107的偏高水平，虽然数值的变化不大，但驱动人口性别结构演变的因素及其作用程度可能已经发生了显著变化。

基于上述分析，本节的研究目标主要是：第一，在国际背景下，对当代中国人口性别结构的主要特征及其演变过程进行分析和总结；第二，对当代人口性别结构演变的内在驱动因素及其态势分别进行梳理和分析；第三，对中国未来人口性别结构的变动进行分方案的预测；第四，量化分离影响人口性别结构的驱动因素及其在不同时期的交互作用，揭示中国人口性别结构演变的内在规律和特征，为制定人口与社会经济发展政策和战略、改善人口性别结构的失衡状况提供科学依据。

一 人口性别结构的动态演变

中国的人口性别比一直处于偏高且波动的态势。1953年第一次人口普查显示，全国总人口性别比为107.6，比此后历次普查都高，表明旧中国的人口性别比本来就很高，新中国的人口性别比是从这个基础上变化过来的（查瑞传，1996）。1964年，总人口性别比大幅下降，主要和1959~1961年的人口数量波动有关（张海峰、白永平，2008）。1982年、1990年和2000年普查的总人口性别比又持续稳定在106以上的水平，直到2010年普查，总人口性别比略有回落。观察分时期的年龄别人口性别比，可以更为深入地分析中国人口性别结构的发展历程。

图4-1是历次全国人口普查分年龄的人口性别比及其变化，它反映了性别比变动的时期和队列之间的动态关系。如1953年5~19岁年龄区间的波峰依次出现在1964年的15~29岁、1982年的35~49岁，以及该队列人口在后续普查年份中相应的年龄组里。从生命历程的各个时期分析，图4-1主要表现出以下特征。第一，婴幼儿时期性别比从20世纪80年代开始上升并持续偏高，在不同时期的曲线中，0~4岁婴幼儿阶段性别比不断升高。从历史的累积效应看，2010年的曲线中，0~19岁性别比明显偏高，这表明出生性别比长期持续偏高对人口性别结构失衡的累积影响已经延伸到了人口的少年时期。第二，青年和中年时期人口性别比下降明显，说明该年龄段两性死亡率下降显著且女性死亡率下降幅度大于男性。第三，性别比下降至低于100时的年龄不断提高，已经推迟至老年时期，这主要是男女期望寿命的

持续上升使这一时间点不断推迟所导致的。总的来看，人口性别结构虽然在总人口性别比这一指标上变动不大，一直处于偏高的态势，但从性别结构的模式上看已经发生了显著的变化，部分年龄段的性别比分别出现了一定程度的转变。其一，当前低龄组性别比严重偏高，构成了中国性别失衡的主要特征，可以预见在未来的人口普查中，我们都将观测到该波峰出现在后续的相应年龄段。其二，女性死亡率的显著下降使原本性别比偏高的青中年段在近三次普查中都出现了波谷，这对降低人口性别比起到了显著的作用。其三，婴幼儿、少年、中青年和老年时期人口性别比在历次普查年份的变动情况能够初步揭示当代中国人口性别结构的演变历程，即中国人口性别结构失衡由以往的中青年段性别比偏高转变为当前的低龄人口性别比严重偏高。为了进一步研究中国人口性别结构演变的内在规律，本节对驱动人口性别结构演变的3个因素进行逐一分析。

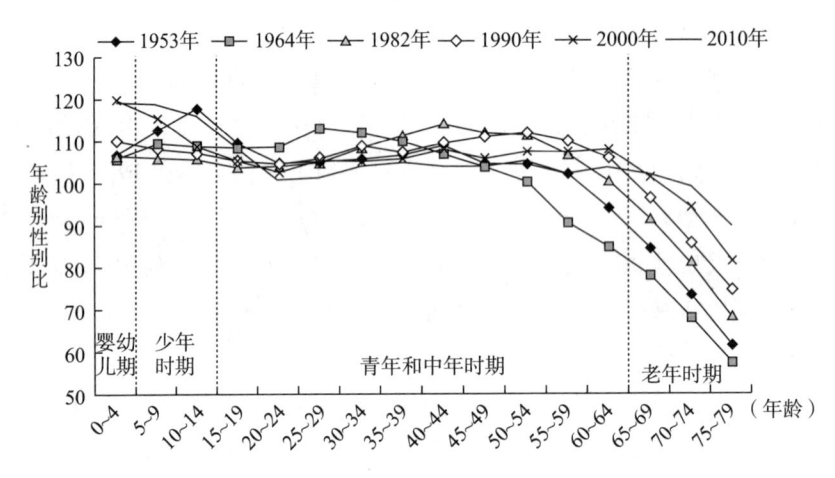

图4-1 历次全国人口普查分年龄段人口性别比

资料来源：根据历次全国人口普查资料整理制作。

二 人口性别结构变动的驱动因素

（一）死亡率的性别差异

人口的死亡是影响两性人口数量和比例的重要因素，中国人口的期望寿命和婴幼儿死亡率能够反映两性死亡差异的基本情况（见表4-1）。新中国成立后，中国人口的期望寿命持续上升，两性的期望寿命差值不断增加，表明随着社会经济发展和医疗保障水平的提高，人口死亡率持续下降，特别是女性死亡水平较男性有更大幅度的下降,女性的生存状况得到了很大改善。婴幼儿死亡率在 20 世纪 50~70 年代快速下降（Banister，1992），到 2016 年已经下降到 7.5‰（国家卫生计生委，2017）。但中国的婴幼儿死亡率性别模式明显偏离了国际正常水平，偏高的女婴死亡率自 20 世纪 80 年代后期开始出现；而偏高的女童死亡率自 20 世纪 60 年代开始出现（李树茁、朱楚珠，1996；李树茁、费尔德曼，1996）。当前，中国的女婴死亡率仍表现出略高于男婴的非正常状态，女婴死亡率仍有进一步下降的空间。

表 4-1 中国人口期望寿命、婴儿和儿童（1~4 岁）死亡率变动情况

年份	平均期望寿命			婴儿死亡率			儿童死亡率		
	男（岁）	女（岁）	男女之差（岁）	男（‰）	女（‰）	比值	男（‰）	女（‰）	比值
1973~1975	63.62	66.31	-2.69	48.93	42.79	1.14	35.43	36.26	0.98
1981	66.28	69.27	-2.99	38.73	36.66	1.06	16.00	17.77	0.90
1990	66.84	70.47	-3.63	32.36	33.48	0.97	12.02	15.13	0.79
2000	69.63	73.33	-3.70	23.92	33.75	0.71	6.06	6.19	0.98
2010	72.38	77.37	-4.99	13.62	14.30	0.95	2.75	2.34	1.18

资料来源：戎寿德等（1981）；李树茁、M.W. 费尔德曼（1996）；国家统计局（2012）。

从 1982 年"三普"以来的男女死亡率性别比来看（见图 4-2），尽管在婴幼儿阶段仍然存在女性死亡率高于男性的现象，但从 20 世纪 80 年代开始，由于婴幼儿死亡率已经下降到较低水平，其对总人口性别比的影响已经很小。15~49 岁组，由于青壮年男性死亡率和孕产妇死亡率的下降，且受生育率下降和孕产妇死亡率下降的影响，女性死亡水平相对男性有了更大程度的下降，该年龄组的死亡率性别比显著上升，2010 年超过 2.0。老龄段死亡率性别比也基本维持在 1.3 以上的正常水平。男女在各个年龄段上的死亡率比值呈现不断增大的趋势，在年龄别死亡率快速下降的同时，女性较男性的死亡水平有了更大幅度的降低。中国人口年龄别死亡率的性别比模式已经接近发达国家的死亡率性别比模式（任强等，2005）。

（二）出生性别比

中国的出生性别比在过去三十多年中呈持续升高、偏高的态势（见图 4-3）。20 世纪 70 年代以前出生性别比基本处于正常值范围（103~

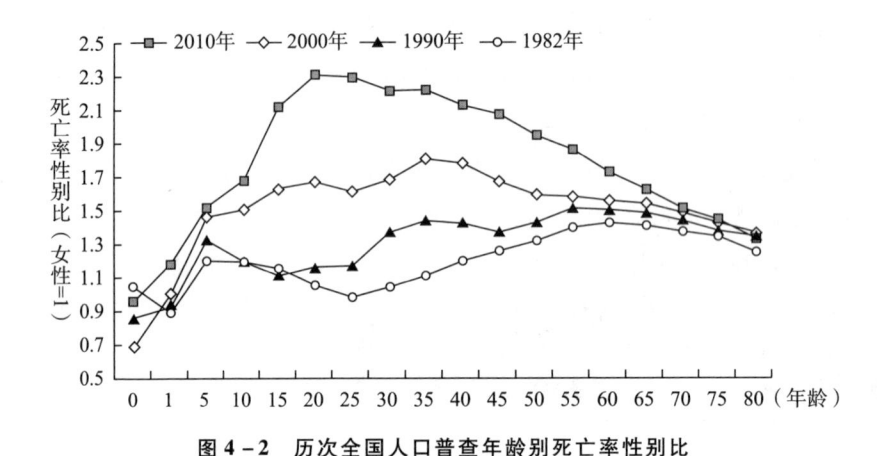

图 4-2 历次全国人口普查年龄别死亡率性别比

资料来源：根据历次全国人口普查资料整理制作。

107）；20世纪80年代以后中国出生性别比持续偏高，2005年达到120.22，此后略微下降，到2010年出生性别比仍为117.94，2015年则降至113.51。[①] 根据第六次人口普查数据，分城乡和孩次出生性别比表现出了与以往不同的发展态势。需要说明的是，此处分析的均为统计上的出生性别比，对于女婴漏报现象暂未考虑。

从城乡差异看，总体上县的出生性别比最高，其次是镇，城市的最低（石人炳，2013）。1987年的数据显示，分城乡出生性别比开始分离，并且差距随时间逐渐加大，到2005年城市和县的差异最大。2010年城镇出生性别比的加速上升，使三者的差距相对缩小，出生性别比偏高形势有所加剧。当前分城乡出生性别比的变动表现出和以往不同的新特征：城乡差异缩小，城市出生性别比迅速上升，城镇和农村出生性别比都严重偏高。

从分孩次的出生性别比看（见图4-4），1982年一孩和二孩的出生性别比正常，三孩及以上孩次的出生性别比略有偏高；1990年一孩的出生性别比接近正常值，二孩及以上出生性别比显著上升；2000年二孩出生性别比达到151.9，三孩及以上出生性别比接近160；2010年人口普查数据显示，全国一孩出生性别比为113.7，首次显著高于正常水平，二孩和三孩及以上出生性别比仍处高位，但较2000年略有下降。其中，一孩性别比的上

---

① 资料来源于全国人口普查的短表数据，与图4-3基于全国人口普查长表数据的计算结果略有不同。

升和二孩性别比的下降表明胎儿的性别选择由以往一般在二孩及以上才发生，已经转变为从一孩就开始进行性别选择，这是当前出生性别比偏高问题的新动态。

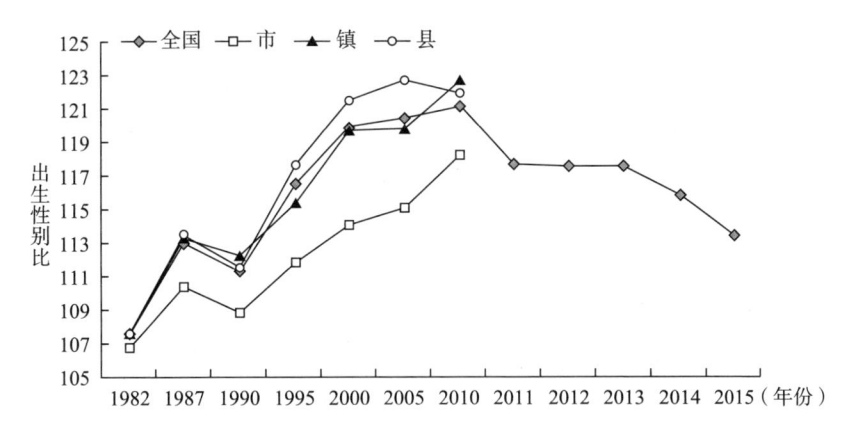

图 4-3　1982~2015 年全国分市镇县的出生性别比

资料来源：根据历次全国人口普查资料、国家统计局统计资料整理制作。后者包括：2011 年出生性别比，http://www.stats.gov.cn/tjsj/tjgb/ndtjgb/qgndtjgb/201202/t20120222_30026.html；2012 年出生性别比，http://www.stats.gov.cn/tjsj/tjgb/ndtjgb/qgndtjgb/201302/t20130221_30027.html；2013 年出生性别比，http://www.stats.gov.cn/tjsj/zxfb/201401/t20140120_502082.html；2014 年出生性别比，http://www.stats.gov.cn/tjsj/zxfb/201502/t20150211_682459.html；2015 年出生性别比，http://www.stats.gov.cn/tjsj/zxfb/201601/t20160119_1306083.html。

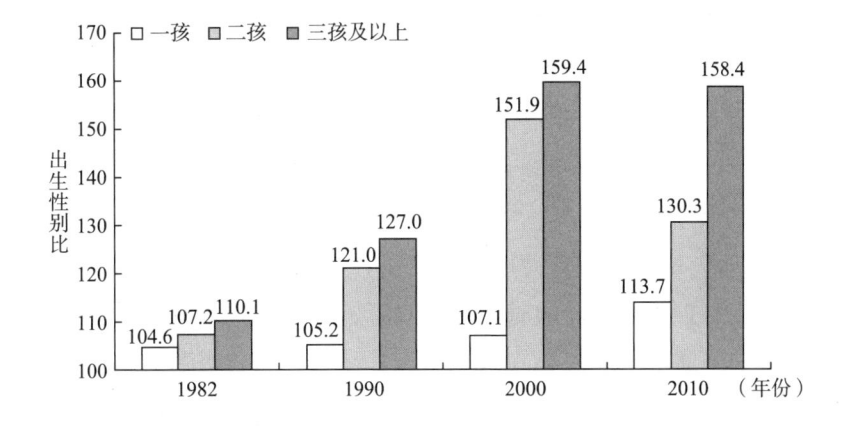

图 4-4　1982 年、1990 年、2000 年、2010 年全国人口普查分孩次出生人口性别比

资料来源：根据历次全国人口普查资料整理制作。

（三）人口年龄结构

中国在20世纪90年代超前完成人口转型，生育率的快速下降和人均预期寿命的不断上升使低龄人口比重迅速下降，老龄人口比重快速上升（王丰，2010）。在此背景下，人口的年龄结构对总人口性别比的影响日益显著。

图4-5是历次全国人口普查各年龄段人口的比例变动图，形象地反映了中国人口年龄结构加速老化的发展态势。结合各年龄段的性别比，本节计算了2010年各年龄组人口对总人口性别比的贡献率，特定年龄组人口比重越大，性别比越高，其对总人口性别比的贡献率越大。结果表明，0～19岁的低年龄组对当前总人口性别比偏高有显著的影响，贡献率达到70％，说明了三十多年来高出生人口性别比对总人口性别比的巨大影响。20～69岁的各年龄组的贡献率为45％，历史上人口性别比偏高对当前总人口性别比的影响也不容忽视。70岁以上年龄组，贡献率之和为-15％，表明其对总人口性别比起着降低的作用。

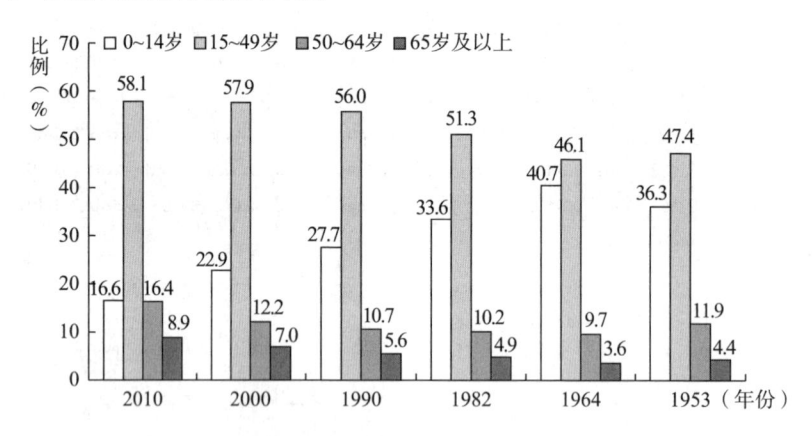

图4-5 历次全国普查人口年龄结构的比例变动

资料来源：根据历次全国人口普查资料整理制作。

综上所述，人口性别结构同时受上述3个人口驱动因素的交互影响，但就每个因素而言，在不同的时期内其对总人口性别比影响的方向和程度均有所差异。下面本节运用数理人口学因素分解的方法，将各因素对总人口性别比的影响分离出来，探索中国人口性别结构的形成和演化机制。

三 人口性别结构的驱动因素分解

从人口的队列和时期的视角来看，出生性别比直接决定队列人口性别结构的初始状态；出生后分性别的死亡率差异直接决定队列留存人口的性别比；不同队列间的人口规模及其年龄结构对时期人口性别比指标的影响也较大。

本节在 Guillot（2002）对总人口性别比构建的数理模型基础上进行了完善和拓展，在不考虑迁移的封闭人口情况下，t 时间的总人口性别比可以表示为以下公式：

$$SR(\cdot, t) = \sum_x [SR(x,t) \times C^F(x,t)]$$
$$= \sum_x \left[SRB_{t-x} \times C^F(x,t) \times \frac{P_C^M(x,t-x)}{P_C^F(x,t-x)} \times BM_{t-x} \right] \quad (4-1)$$

其中 $SR(\cdot, t)$ 是 t 时间总人口性别比；$C^F(x, t)$ 是 t 时间 x 岁女性人口占全部女性人口的比重；$SR(x, t)$ 是 x 岁人口的性别比；SRB_{t-x} 是 $t-x$ 时间的出生队列人口性别比；$P_C^M(x, t-x)$ 和 $P_C^F(x, t-x)$ 是男性和女性从出生到 x 岁不同出生队列（$t-x$ 时间的出生人口队列）的存活概率，即出生队列为 $t-x$，x 岁时 t 时间的存活概率；BM_{t-x} 是 $t-x$ 时间的性别选择性出生人口漏报系数，$0 < BM_{t-x} < 1$ 表示存在女婴漏报现象。这样，总人口性别比就可以用队列出生人口性别比、年龄别女性人口占全部女性的比重、男女存活概率之比和性别选择性出生人口漏报系数来表示。在公式（4-1）中加入了性别选择性出生人口漏报系数，主要原因是在历次人口普查中均存在不同程度的人口漏报，特别是对出生人口和低龄人口的性别选择性漏报（李树茁、姜全保、孙福滨，2006；陈卫、翟振武，2007；翟振武、杨凡，2009），而这将直接影响到人口性别比的准确性，进而影响到其他因素对总人口性别比的影响程度。因此，本节在公式中加入了漏报调整系数，并在后续的分析中分别考察了不加入漏报系数和加入漏报系数后的结果。

为了计算上述各因素在不同时期对总人口性别比的影响规律，本节采用因素分解法[①]对总人口性别比在时期间的变动进行分解，分别考察公式（4-1）中的各因素在时期内对总人口性别比变化的影响程度。为了简化公式，我们将其分别用字母表示：

$$A = SRB_{t-x}; B = C^F(x,t); C = \frac{P_C^M(x,t-x)}{P_C^F(x,t-x)}; D = BM_{t-x}$$

---

① 因素分解的详细方法和步骤请参阅 Gupta（1991）。

这样，在 t_1 和 t_2 时期内，总人口性别比的变动就可以分解为 4 个因素的变动之和，下面公式（4-2）等号右边分别为出生性别比（A）、人口年龄结构（B）、男女死亡率性别差异（C）和女婴漏报（D）4 个因素的变动对总人口性别比的影响。其中，ΔA 表示 $A(t_2)-A(t_1)$，$\overline{B}$ 表示 $\dfrac{B(t_1)+B(t_2)}{2}$，$\overline{CD}$ 表示 $\dfrac{C(t_1)\times D(t_1)+C(t_2)\times D(t_2)}{2}$，以此类推。

$$\Delta SR(\cdot,t) = SR(\cdot,t_1) - SR(\cdot,t_2) = \sum_x \left[\frac{\Delta A}{3}\times(\overline{B}\times\overline{CD}+\overline{C}\times\overline{BD}+\overline{D}\times\overline{BC})\right]+ \\ \sum_x\left[\frac{\Delta B}{3}\times(\overline{A}\times\overline{CD}+\overline{C}\times\overline{AD}+\overline{D}\times\overline{AC})\right]+ \\ \sum_x\left[\frac{\Delta C}{3}\times(\overline{A}\times\overline{BD}+\overline{B}\times\overline{AD}+\overline{D}\times\overline{AB})\right]+ \\ \sum_x\left[\frac{\Delta D}{3}\times(\overline{A}\times\overline{BC}+\overline{B}\times\overline{AC}+\overline{C}\times\overline{AB})\right]$$

(4-2)

表 4-2 是不考虑出生人口性别选择性漏报（女婴漏报）情况下的总人口性别比变动的因素分解结果。具体方案设计及资料来源见附注。

首先，受前期队列出生性别比偏高的影响，1970 年后总人口性别比的数值不断攀升，从 104.27 上升到 2010 年的 105.2。其次，尽管每十年间总人口性别比的变动值在 -1.91~0.75，但其内部各因素的影响却存在巨大的差异。如 2000~2010 年，总人口性别比升高了 0.75，但年龄结构变动因素实际上使总人口性别比降低了 1.14，死亡率的性别差异转变使总人口性别比升高了 0.29，而持续偏高的出生人口性别比则使总人口性别比升高了 1.60。这样各因素累加后，2010 年总人口性别比较 2000 年升高了 0.75。最后，从各因素自身的变化情况看，出生性别比持续偏高和人口年龄结构转变对总人口性别比的影响均随着时期不断加强，只是影响的方向不同。年龄结构老化在 1970 年后不断降低总人口性别比，而出生性别比持续偏高的累积效应则使总人口性别比快速上升。死亡率性别差异对总人口性别比的作用从降低逐渐转为上升，其在 1950~2010 年共使总人口性别比降低了 2.03。总的来看，在不考虑女婴漏报的情况下，出生性别比持续偏高对 1950~2010 年总人口性别比的偏高影响最大，人口年龄结构的老化则对总人口性别比的降低起着重要作用，死亡率性别差异对总人口性别比的作用发生了方向性改变,但总体上看仍是降低作用。

表4-2 不同时期总人口性别比变动的因素分解(不考虑女婴漏报)

时期	总人口性别比 (1/100)			各因素变动 (1/100)			
	起始值	结束值	变动值	出生人口性别比	年龄结构	死亡率性别差异	女婴漏报
1950~1960	106.41	104.50	-1.91	0.06	0.47	-2.44	0.00
1960~1970	104.50	104.27	-0.22	0.20	0.06	-0.48	0.00
1970~1980	104.27	104.60	0.32	0.25	-0.39	0.46	0.00
1980~1990	104.60	104.90	0.30	0.42	-0.34	0.22	0.00
1990~2000	104.90	105.35	0.45	1.25	-0.71	-0.09	0.00
2000~2010	105.35	106.10	0.75	1.60	-1.14	0.29	0.00
1950~2010	106.41	106.10	-0.31	3.78	-2.06	-2.03	0.00

注:本节中的因素分解结果均经过了标准化处理。

表4-3是将出生人口性别选择性漏报因素(女婴漏报)加入总人口性别比的公式后所得结果。与上述三个因素不同的是,女婴漏报因素仅影响总人口性别比的统计值(人口调查资料中的性别比及本节所构建的性别比),而其真实值(实际人口中客观存在的男女性别比)不受该因素的影响。相应地,在后文中有关女婴漏报系数对总人口性别比影响的讨论都基于统计值。

进一步来看,表4-3中各时期总人口性别比均等于或低于未考虑女婴漏报时的计算结果。这主要是因为中国女婴漏报情况一直存在,表4-2不考虑女婴漏报时的总人口性别比应高于真实值。而此处通过考虑这一情况对总人口性别比的统计值进行调整,将被漏报、瞒报的女婴重新计算在内,使其进一步降低,更加接近真实值。从4个因素变动分别对总人口性别比变动的影响规律看,年龄结构、死亡率性别差异和出生性别比对总人口性别比变动的作用规律与表4-2得到的结论基本一致。出生人口的性别选择性漏报因素对总人口性别比变动起着明显的降低作用,1950~2010年,共降低总人口性别比0.66。具体来说,随着时间增加,存在漏报情况的年龄组累计增加,不考虑女婴漏报下总人口性别比的统计值与真实值的差距逐渐拉大,那么在考虑女婴漏报因素后对统计值的调整幅度(使统计值降低的幅度)也逐步增加,最终呈现女婴漏报因素对不同时期内总人口性别比的变动起到降低作用。

表 4-3　不同时期总人口性别比变动的因素分解（考虑女婴漏报）

时期	总人口性别比（1/100）			各因素变动（1/100）			
	起始值	结束值	变动值	出生性别比	年龄结构	死亡率性别差异	女婴漏报
1950~1960 年	106.41	104.50	-1.91	0.06	0.45	-2.44	0.01
1960~1970 年	104.50	104.27	-0.22	0.20	0.05	-0.48	0.01
1970~1980 年	104.27	104.60	0.32	0.25	-0.38	0.46	-0.02
1980~1990 年	104.60	104.81	0.21	0.42	-0.33	0.22	-0.10
1990~2000 年	104.81	105.07	0.26	1.24	-0.64	-0.09	-0.25
2000~2010 年	105.07	105.61	0.54	1.59	-1.03	0.29	-0.31
1950~2010 年	106.41	105.61	-0.79	3.76	-1.87	-2.03	-0.66

表 4-4 展示了中国 1950~2010 年各资料来源中记录的以及本节构建的总人口性别比。总体来看，本节构建的总人口性别比在大多数时期都略低于中国人口普查和联合国世界人口展望报告中所记录的数值，这主要有以下几点原因。第一点也是最重要的一点原因是中国人口普查中存在一定规模的人口漏报问题，并且本节认为女性漏报比男性更严重，这使普查中的总人口性别比在统计上偏高。此外，我们运用间接的方法和不同来源的数据对总人口性别比进行重构本身就可能导致一定误差。例如，计算死亡率性别差异时需要构建队列生命表，这对数据要求较高，所得结果会存在一定误差。但这些误差仅仅是降低了本节构建的总人口性别比的精确度，不会影响其总体变动趋势以及相关影响因素的作用趋势。

表 4-4　不同方案下中国总人口性别比的变动（1950~2010 年）

	1950 年	1960 年	1970 年	1980 年	1990 年	2000 年	2010 年
普查	107.6	105.5	/	106.3	106.6	106.7	105.2
世界人口展望报告	107.6	106.1	105.3	105.3	105.4	105.6	106.1
本节构建（不考虑女婴漏报）	106.4	104.5	104.3	104.6	104.9	105.3	106.1
本节构建（考虑女婴漏报）	106.4	104.5	104.3	104.6	104.8	105.1	105.6

注：此处普查数据分别为 1953 年、1964 年、1982 年、1990 年、2000 年和 2010 年普查统计。
资料来源：整理自历年全国人口普查数据和 United Nations (2015)。

四　未来人口性别结构的演变及其驱动因素分解

本节依据当前的生育政策及其相关政策的调整和完善，结合上述影响总人口性别比的4个驱动性因素，对未来中国人口性别的变动趋势进行分析和展望。自2016年后，中国通过实行全面二孩政策和出台《国务院办公厅关于解决无户口人员登记户口问题的意见》①对生育政策和户籍登记制度进行了调整。具体来说，全面二孩政策自2016年1月1日正式实施，提倡一对夫妻生育两个子女。而此次户籍登记制度改革的主要目标在于加强户口登记管理，禁止设立不符合户口登记规定的任何前置条件；全面解决无户口人员登记户口问题，切实保障每个公民依法登记一个常住户口，努力实现全国户口和公民身份号码准确性、唯一性、权威性。它的出台，对全面解决无户口人员登记户口问题，切实保障每个公民依法登记户口的基本权利作出了明确规定；对不同原因造成的无户口问题分别提出了具体政策，并要求统筹配套、协同推进相关领域政策；对加强户口登记管理作出了部署，要求建立完善新型的户籍制度。此外，中国一直大力发展公共卫生事业，并取得了一定效果。据国家卫生计生委统计，2016年全国婴儿死亡率和5岁以下儿童死亡率分别下降到7.5‰和10.2‰，位居发展中国家前列（国家卫生计生委，2017）。这些政策制度的调整和完善会通过改变总人口性别比驱动因素的作用规律来对中国未来人口性别结构产生深远影响。

为了比较不同总和生育率（total fertility rate，TFR）下未来总人口性别比的演变，并探究期望寿命差值对总人口性别比的影响，本节分别构建了联合国方案和高TFR方案对中国未来人口性别结构的变动进行了预测。其中，联合国方案作为参考方案，其出生性别比、年龄结构、死亡率性别差异等数据均来自2015年联合国人口司的世界人口展望报告预测数据（United Nations，2015），女婴漏报采用未进行户籍登记制度改革时的数据，即女婴漏报现象持续存在，并能解释出生性别比偏高部分的20%。而高TFR方案中的四个影响因素均根据上述生育和户籍政策及公共卫生事业的发展进行了相应调整。以上两个方案的具体方案设计及资料来源见附注。

---

① 《国务院办公厅关于解决无户口人员登记户口问题的意见》，http://www.gov.cn/zhengce/content/2016-01/14/content_10595.htm。

表4-5是联合国世界人口报告展望中预测的以及本节各预测方案下中国未来总人口性别比的变动趋势。总体上来看,两个方案下未来总人口性别比均在104以上,仍呈偏高态势,但变动方向和程度在方案间存在差异。在高TFR方案中,2010~2050年中国总人口性别比从105.6下降至104.2,变动值为1.4;在联合国方案中,总人口性别比从105.6上升至106.1,变动值为0.5。此外,本节两个预测方案中总人口性别比的值在各个时期均略低于世界人口展望报告中的预测值,其原因与前文对表4-4的解释类似。总的来说,中国未来性别失衡问题依旧存在,但受政策制度和公共卫生事业的影响,性别失衡的程度有所不同。在这样的情况下,通过因素分解法进一步研究未来总人口性别比的驱动因素显得尤为必要。

表4-5 不同方案下中国未来总人口性别比(2010~2050年)

方案	2010年	2020年	2030年	2040年	2050年
世界人口展望报告	106.1	106.3	106.2	106.2	106.7
联合国方案	105.6	106.0	105.9	105.7	106.1
高TFR方案	105.6	106.3	105.6	104.3	104.2

资料来源:整理自United Nations (2015)。

表4-6和表4-7分别是联合国方案和高TFR方案下2010~2050年总人口性别比变动及其因素分解结果。接下来本节将逐个分析4个因素在不同方案下的作用规律,并深入探究因素变动背后包括政策制度调整和公共卫生事业发展在内的宏观驱动力。

表4-6 联合国方案下2010~2050年总人口性别比及影响因素的变动

时期	总人口性别比(1/100)			各因素变动(1/100)			
	起始值	结束值	变动值	出生性别比	年龄结构	死亡率性别差异	女婴漏报
2010~2020年	105.61	105.95	0.34	1.26	-1.05	0.38	-0.25
2020~2030年	105.95	105.86	-0.09	1.03	-1.46	0.55	-0.21
2030~2040年	105.86	105.71	-0.15	0.81	-1.62	0.84	-0.17
2040~2050年	105.71	106.06	0.36	0.54	-1.28	1.22	-0.12
2010~2050年	105.61	106.06	0.45	3.63	-5.41	2.99	-0.76

表 4-7 高 TFR 方案下 2010~2050 年总人口性别比及影响因素的变动

时期	总人口性别比（1/100）			各因素变动（1/100）			
	起始值	结束值	变动值	出生性别比	年龄结构	死亡率性别差异	女婴漏报
2010~2020 年	105.61	106.33	0.72	1.19	-1.25	0.34	0.45
2020~2030 年	106.33	105.64	-0.70	0.73	-1.65	0.23	-0.01
2030~2040 年	105.64	104.31	-1.33	0.52	-1.99	0.14	-0.01
2040~2050 年	104.31	104.18	-0.13	0.24	-1.50	1.13	0.00
2010~2050 年	105.61	104.18	-1.43	2.68	-6.39	1.84	0.44

（一）出生性别比

在历史上，由于高出生性别比的累积作用，出生性别比对总人口性别比的升高影响逐年增强。然而在对未来的两个预测方案中，出生性别比对未来总人口性别比的升高影响均随着时期不断减弱。结合表 4-6、表 4-7 可知，联合国方案下 2010~2020 年出生性别比使总人口性别比升高 1.26，到 2040~2050 年时升高作用已下降至 0.54；而高 TFR 方案下则从 1.19 下降至 0.24。出生性别比在过去和未来对总人口性别比作用的差异主要是由"男孩偏好"这一传统生育观念的变化及总和生育率的差异造成的。

在传统生育观念的背景下，历史上中国实行计划生育政策，总和生育率较低，非法性别选择现象严重，因此出生性别比持续偏高，其对总人口性别比的升高作用随时期不断加强。反观未来，两个方案均假设中国未来"男孩偏好"观念将逐渐淡化，性别选择现象有所缓解，出生性别比将呈现下降趋势。并且本节认为生育政策的陆续调整将通过提高总和生育率，增加家庭生育数量，减少非法性别选择现象，进一步加快出生性别比的降低，因此高 TFR 方案中出生性别比对总人口性别比的升高作用减弱速度更快。综上，在当前中国高出生性别比的背景下，除了扭转人们传统的生育观念，促进性别平等观念的发展，通过调整生育政策来提高总和生育率、降低出生性别比同样是改善中国未来人口性别结构失衡的可行途径。

（二）年龄结构

在出生率和死亡率持续降低的背景下，中国人口老龄化问题日益显著，年龄结构老化对总人口性别比的影响不容忽视。在两个方案下，年龄结构对总人口性别比的降低作用均随着时期呈现增强趋势，这与历史上的作用规律相似。并且在未来,年龄结构的作用程度远大于其他三个因素。具体来说,2010~2050 年,联合国方案下年龄结构对总人口性别比的降低作用从 1.05 增加至 1.28,而高 TFR 方案下则从 1.25 增加至 1.50。

联系因素分解公式可知,总人口性别比等于年龄结构乘以年龄别性别比,此处年龄结构是指女性年龄别人口比例。一方面,由于女性预期寿命高于男性,并且较早出生队列人口的出生性别比也低于较晚出生队列人口,因此较高年龄段中的年龄别性别比较低。另一方面,1950~2050 年,中国经历了快速的人口转型,人口年龄结构转变的大趋势是低龄人口比重持续下降,老龄人口比重不断上升。因此,结合年龄别性别比和年龄结构可知,低龄人口中较高的年龄别性别比对总人口性别比的升高作用逐渐减弱,而高龄人口中较低的年龄别性别比对总人口性别比的降低作用逐渐增强,总的来看,年龄结构老化对总人口性别比变动起着降低作用。具体对比联合国方案和高 TFR 方案,由于高 TFR 方案中考虑到中国公共卫生事业的发展,其女性预期寿命绝对值和增幅均较大,因此较高年龄段的女性人口比例更高,再加上该方案中男女期望寿命差值较大,导致较高年龄段的年龄别性别比也较低。以上因素使高 TFR 方案中较高年龄段对总人口性别比的降低作用更大,即高 TFR 方案中年龄结构对总人口性别比的降低作用较联合国方案更为明显。

上述分析是结合年龄别性别比分析年龄结构对总人口性别比的影响。进一步剥离年龄别性别比,仅从因素分解公式分析年龄结构可以发现,低龄人口和高龄人口年龄结构的变动对总人口性别比存在影响,而这一变动可以进一步分解为各年龄人口比重的变动。具体来说,如果 t 时间的出生队列占总人口的比重大于 $t+a$ $(a>0)$ 时间的出生队列,那么在 m 到 $m+a$ $(m \geq t)$ 时期内,这两个出生队列所对应的年龄将对总人口性别比起到降低作用。例如,在中国经历了三年(1959~1961 年)自然灾害之后,TFR 于 1962~1970 年迅速上升,1966~1970 年出生队列人口远多于 1976~1980 年的出生队列人口。而 2010~2020 年、1966~1970 年和 1976~1980 年的出生队列分别对应 2010 年和 2020 年的 40~44 岁年龄组人口,因此 40~44 岁年龄组的人口比重在 2010~2020 年呈现下降趋势。再加上该年龄组对应的年龄别性别比在十年间变动不大,两者共同导致这一年龄组在两个方案下均对 2010~2020 年的总人口性别比起到了降低作用。此外,全面二孩政策实施所带来的 TFR 大幅增加也会影响年龄结构，进而对总人口性别比产生作用。例如，高 TFR 方案中假设全面二孩政策实施后 TFR 将在 2018 年达到峰值 3，然后持续下降至 1.8。因此，高 TFR 方案中 2016~2020 年出生队列人口多于 2006~2010 年的出生队列人口，2010~2020 年 0~4 岁年龄组的人口比重对这一时期的总人口性别比起到了增加作用。

（三）死亡率性别差异

在未来人口期望寿命绝对值持续上升的情况下，男女期望寿命的差异将影响总人口性别比的变化方向。在本节中，死亡率性别差异是指男性和女性从出生到 x 岁的年龄别存活概率之比。正常情况下，男性死亡概率高于女性，存活概率则低于女性，因此在各个年龄段这一指标都应小于 1。并且根据发达国家的死亡率变化规律，在当前和未来一段时期内，中国男女期望寿命将继续上升，男女期望寿命差值（书中均指绝对值）也将进一步加大。这意味着女性期望寿命与存活率的上升幅度均大于男性，即年龄别存活概率性别比将随着时期年份的增加而进一步下降。

根据上述说明，在男女期望寿命均持续上升的情况下，时期内死亡率性别差异对总人口性别比的作用主要受男女存活概率上升幅度的影响。即使男女期望寿命同时上升，当女性存活率上升幅度较男性偏小时，那么本节计算的死亡率性别差异因素也会对总人口性别比的变化产生升高作用。在两个方案下，男女期望寿命差值减少、不变或增幅较小均会使女性存活率上升幅度小于男性。如联合国方案下 2030~2040 年男女期望寿命差值从 2.80 岁降低至 2.38 岁，女性存活概率的上升幅度显著低于男性，死亡率性别差异使总人口性别比增加了 0.84。而同时期高 TFR 方案下男女期望寿命差值从 4.18 岁增加至 4.46 岁，增加幅度较小，死亡率性别差异对总人口性别比仍呈现增加作用，但仅增加了 0.14，远小于联合国方案中的增值。可以推断，当男女期望寿命差值的增幅进一步加大时，死亡率性别差异将对总人口性别比产生降低作用。

上述结果显示，在未来男女期望寿命持续上升的情况下，当男女期望寿命差值大幅增加，女性存活率的上升幅度大于男性时，死亡率性别差异将对总人口性别比起到降低作用。并且根据国际经验，在当今中国人口发展阶段，男女期望寿命的差异应持续加大，但目前中国并没有表现出这一规律。可能的解释是，随着女性婴幼儿死亡率的快速降低，女性老年人口的死亡率相对其他发达国家仍旧偏高,存在进一步的下降空间。从图4-6可以看出,中国老年女性的死亡率与联合国数据中较发达国家和地区相比明显偏高,这也在一定程度上佐证了上述解释。因此,在中国人口老龄化背景下,改善老年妇女的生存状况,提高老年妇女应对各类疾病的防御力,加大男女期望寿命差值,使女性期望寿命按照正常的人口发展规律得到进一步提升,是降低总人口性别比的重要途径。

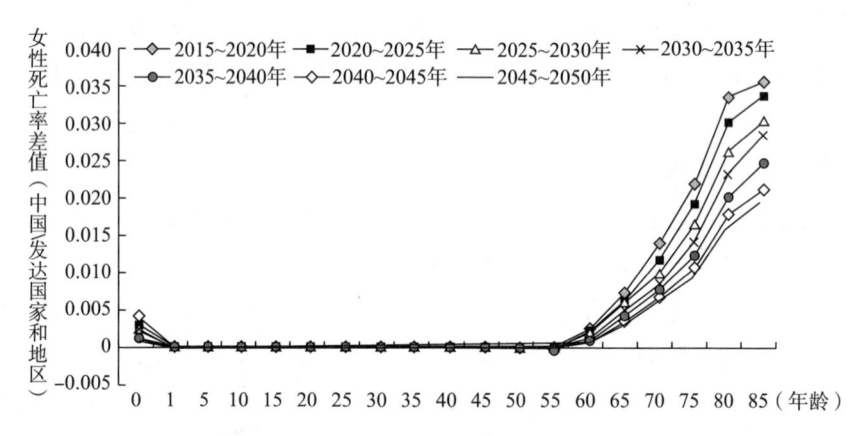

图4-6 中国与较发达国家和地区女性死亡率的差距变动(2015~2050年)
资料来源:整理自United Nations (2015)。

(四)女婴漏报

计划生育政策所引起的女婴漏报问题在中国已存在数十年,它所带来的统计误差会使总人口性别比在统计上偏高,因此两个方案均考虑了历史上的女婴漏报情况。中国在2016年1月开始实行的全面二孩政策和《国务院办公厅关于解决无户口人员登记户口问题的意见》有望在未来逐步解决女婴漏报问题,使总人口性别比的统计误差得以消除。一方面,生育政策的放开能够通过增加家庭合法生育数量来减少未来女婴漏报、瞒报现象。另一方面,户籍登记制度的改革能通过户口补登来有效解决此前包括女婴在内的人口漏报、瞒报现象。

总的来看,生育政策的放开加上户籍登记制度的改革不仅可以在未来逐渐减少新出生女婴的漏报现象,还可以将此前被漏报、瞒报的女婴录入户籍登记系统,从而提高此后人口数据的质量,进而在未来真正消除女婴漏报对总人口性别比的影响。由于女婴漏报系数的设置差异,两个方案中女婴漏报因素对总人口性别比的作用规律存在差异。其中,联合国方案中未考虑户籍登记制度改革，女婴漏报情况一直存在，因此女婴漏报因素在每个时期均能使总人口性别比降低0.2左右。而高TFR方案中考虑了户籍登记制度改革，假设女婴漏报现象在2020年完全消失，那么在考虑漏报因素的情况下对总人口性别比统计值的调整过程也由此前的使统计值下降变为无任何调整，因此高TFR方案中女婴漏报因素对2010~2020年总人口性别比具有升高作用，且这一作用在此后迅速降至0。

（五）反事实分析

最后，本节通过采用"反事实"的方法，即假设某一因素保持不变（或去掉某一因素）时考察总人口性别比会是多少。图4-7和图4-8直观地考察了在不同方案下去掉某个因素对总人口性别比变动的影响情况：其中，1950~2010年均采用的是考虑女婴漏报的因素分解结果，而2010~2050年分别采取了联合国方案和高TFR方案的结果。

1950~2050年，如果不考虑人口的年龄结构和出生性别比，两个方案中的总人口性别比都将发生显著变化。一方面，如果人口年龄结构一直保持1950年的状态不变，1950~2050年两个方案下的总人口性别比在大部分时期均高于实际统计值。其中，高TFR方案中女性预期寿命较长，年龄结构老化更加严重，对总人口性别比的降低作用更大。因此与联合国方案相比，高TFR方案中不考虑年龄结构因素下的总人口性别比将比实际统计值更高，在2050年时高出实际统计值7.51，同期联合国方案仅高出6.55。另一方面，如果出生性别比一直维持在1950年的水平，那么总人口性别比在1950~2050年的各个时期均低于实际统计值，不同方案下两者的差值在2050年均在5以上。其中，联合国方案中出生性别比的下降幅度较缓，其对总人口性别比的增加作用更为显著。因此不考虑出生性别比因素时，与高TFR方案相比，联合国方案中的总人口性别比将比实际统计值更低，在2050年低出实际统计值6.17。

此外，如果不考虑因素，1950~2050年两个方案下的总人口性别比均略高于实际统计值。其中，由于高TFR方案考虑了户籍登记制度改革，性别选择性漏报因素对总人口性别比的作用在后期将会消失，因此该方案中去女婴漏报的总人口性别比与实际统计值的差值小于联合国方案。同样，在不考虑死亡率性别差异的情况下，1950~2050年两个方案下总人口性别比在2040年以前均高于实际统计值。其中，高TFR方案中男女期望寿命的差值较大,死亡率性别差异对总人口性别比的降低作用更为显著,因此去死亡率性别差异的总人口性别比高出实际统计值的部分大于联合国方案。

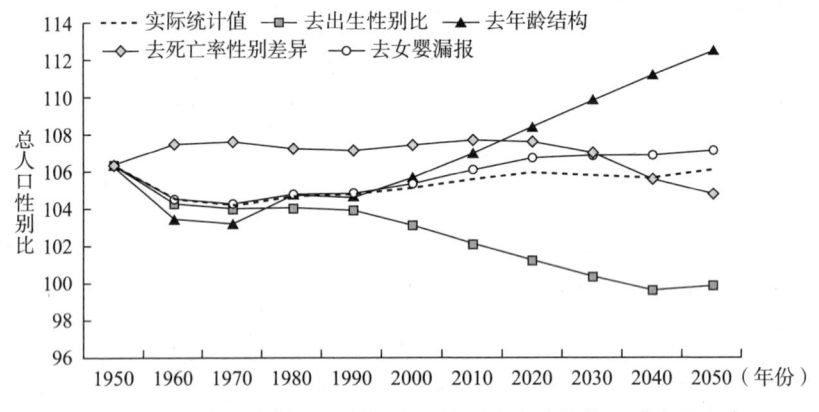

图 4-7 "反事实"情况下的总人口性别比变动趋势(联合国方案)

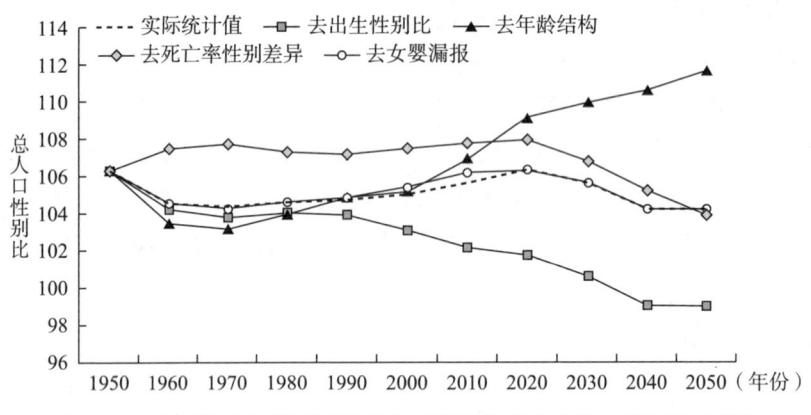

图 4-8 "反事实"情况下的总人口性别比变动趋势(高 TFR 方案)

五 讨论

中国人口性别结构的演变是伴随中国人口的转型而变动的。而总人口性别比的变动及其影响因素的作用在过去与未来呈现不相同的规律。根据本节结果,中国人口性别结构的变动可以大致分为以下三个阶段。

(一) 1950~1970 年,总人口性别比呈现以死亡率性别差异为主导的下降趋势

在中华人民共和国成立以后,中国的死亡率迅速下降,高出生率和急速下降的死亡率成了中国在 20 世纪 70 年代前最为突出的人口学特征。在这

一时期内，中国仍然是世界上最贫穷的国家之一，死亡率的迅速下降主要是由于经济的发展和教育、保健服务的进步，尤其是公共卫生运动的改善使传染病死亡率急剧下降（Peng，2011）。其中，受到孕产妇死亡率降低的影响，女性死亡率呈现更快的下降速度，此时男女死亡率性别差异导致总人口性别比降低。与此同时，在中国此阶段的高出生率下，出生性别比偏高和年龄结构老化现象尚不明显，因此上述两个因素对这一阶段内总人口性别比变动的影响较小。

（二）1970～2010年，总人口性别比呈上升趋势，出生性别比和年龄结构逐渐成为影响总人口性别比的主要因素

在1978年开始实行改革开放后，死亡率虽然仍持续下降，但进展缓慢且女性死亡率下降的速度减弱，男女死亡率性别差异缩小，因此该因素对总人口性别比变动的影响逐渐转为上升作用。

1970～2010年，总人口性别比变动的主要影响因素为出生性别比和年龄结构。其中，长期偏高的出生性别比对总人口性别比变动起到增加作用，且这一作用逐渐增强，在90年代后起主导作用。具体来说，此时中国出生性别比偏高的原因十分复杂，性别选择性流产是造成这一现象的直接原因。而追其根源，中国的婚育文化相对传统且性别平等意识较为薄弱，"多子多福"的男孩偏好是出生性别比偏高的根本性原因（李树茁、朱楚珠，1996）。在中国父系制和从夫居的背景下，相对女儿来说，儿子在社会生活的很多方面都有更大的价值，因此性别选择行为的背后也不乏经济及社会文化方面的原因。同时，随着70年代初政府主持的计划生育制度的不断推进，中国生育率发生显著改变，总和生育率从1970年的5.8降至1979年的2.8，到90年代初更是降至更替水平以下（Peng，2011）。毫无疑问，政府的投入，以及有效地、强制性地执行计划生育政策，是中国生育率快速下降的主要决定因素。而生育率的急速下降将加剧男孩偏好，从而进一步促使出生性别比偏高。因此这一时期内的高出生性别比不仅使总人口性别比升高，而且作用逐步加强，90年代后，出生人口性别结构失衡成为当前总人口性别结构失衡的主要原因。

除出生性别比外，年龄结构对总人口性别比也有着重要影响，但作用方向与出生性别比相反，这与中国人口转型息息相关。随着死亡水平和生育水平的降低，中国年龄结构逐渐呈现老化趋势，低龄人口比重迅速下降，

老龄人口比重相应增加。同时老年段人口中女性存活优势比男性更为明显，即老年段性别比较低，因此年龄结构的老化起到了降低总人口性别比的作用，且作用逐渐显著。

（三）2010~2050年，总人口性别比可能出现下降趋势，年龄结构仍对其有着重要的降低影响

在2010年后，中国的总人口性别比可能出现下降趋势，主要是因为出生性别比不断下降，其对总人口性别比的增加影响不断减弱，而年龄结构仍起到显著的降低作用。

其中，出生性别比的降低是传统婚育观念变化和社会经济发展双重作用下的结果。一方面，人们逐渐接受并内化了"生男生女一样好"的政策号召，同时外来"性别平等"的现代婚育文化通过大众传媒对传统婚育文化造成强烈冲击（陈友华，2010），从而使中国传统婚育文化中的"男孩偏好"观念逐渐淡化，出生性别比随之降低。另一方面，随着现代化进程的不断推进，妇女受教育程度和劳动参与率显著提高，这一改变不仅提高了妇女的社会经济地位，同时也弱化了性别歧视观念，使产前性别选择性流产及产后弃溺女婴现象不断减少。而全面二孩政策的实施有望通过增加合法生育子女数而加速出生性别比降低的这一过程，因此高TFR方案中出生性别比对总人口性别比的升高作用迅速减弱，总人口性别比有望在未来出现下降趋势。

虽然中国长期偏低的总和生育率在全面二孩政策实施的影响下有望提高，但由于人口问题的滞后性，老年人口比重在未来几十年内仍旧偏高，老龄化问题难以在短时间内解决。因此在对中国未来人口结构的预测中，年龄结构仍对总人口性别比有着显著的降低作用。而随着公共卫生事业的发展，虽然男女期望寿命有显著提高，但女性存活率的上升幅度小于男性，因此死亡率性别差异仍对总人口性别比起到升高作用。

除了上述三个影响因素外，人口普查中的性别选择性漏报、瞒报现象，特别是低龄段人口的漏报、瞒报现象在近三次人口普查中越来越明显，这也对人口性别结构的统计指标产生了一定影响。具体来看，女婴漏报对总人口性别比的作用反映在统计值上，它会使总人口性别比的统计值产生偏差并大于实际值。这一问题的解决途径可分为内部和外部两个方面：从内部看，随着生育观念的改变，性别平等意识不断加强，女婴漏报问题将从

文化这一根本因素上得到解决；从外部来看，我国所实行的相关户籍政策和全面二孩政策均将有助于这一问题的解决。此前，党中央、国务院已经高度重视户口登记管理工作，并取得明显成效。截至2016年初，全国公安机关共为1000余万名无户口人员办理了户口登记。由于一些地方和部门还存在政策性障碍等因素，为从根本上解决这一问题并形成制度，中国在2016年1月提出《国务院办公厅关于解决无户口人员登记户口问题的意见》（下称《意见》），并由习近平总书记亲自确定了相关指导思想、目标任务、基本原则和具体政策措施。① 可以说，《意见》的提出有望通过解决无户口人员的登记问题，从而促进女婴漏报问题的解决。而全面二孩政策的实施同样能通过扩大家庭生育数量，减少性别选择性漏报现象。

从国际和历史的角度来看，中国的人口性别结构失衡问题已经十分严重，无论是总人口性别比还是出生性别比，在其数值持续偏高背后，各种驱动因素在不断地发生变化。第六次全国人口普查数据表明，出生性别比对人口性别结构的全程性影响已经开始显现，其影响将贯穿相应人口队列的整个生命周期。因此，相应的社会保障和政策需要对三十多年来的出生队列人口予以全方位的支持和保障。

最后，需要指出的是本节所使用的计算方法对基础数据的需求较多，不仅需要1860~2050年的出生性别比作为历年出生人口队列的年龄别出生性别比初始值，还需要1865~2050年的男女期望寿命来构建队列存活概率，而这些数据的资料来源有所不同并且早期数据主要基于本节假设，进而会产生一定的误差。

附注：

在中国过去和联合国方案中未来总人口性别比的因素分解中，本节各因素计算的基础资料来源如下。

（1）年龄别女性人口占全部女性人口的比重由1950~2050年世界人口展望报告的数据得出（United Nations，2015），其中2020~2050年采用的是生育水平中等变动方案下的预测数据（medium fertility variant）。

---

① 《切实保障每个公民依法登记户口——公安部等五部门有关负责人就无户口人员登记户口答记者问》，http://www.gov.cn/xinwen/2016-01/14/content_5032842.htm。

(2) 1950~2050 年出生队列分年龄别的出生性别比需要从 1865~2050 年 (1865=1950-85) 出生人口性别比中生成。其中，1950~2050 年的出生性别比来源于世界人口展望报告，2020~2050 年同样采用的是生育水平中等变动方案下的预测数据。1950 年之前的出生人口性别比则均假设为 106。

(3) 男性和女性从出生到 x 岁不同出生队列（$t-x$ 时间的出生队列）的存活概率来自相应分性别队列生命表中的年龄别存活概率。本节利用 1865~1950 年 (1865=1950-85) 的男女期望寿命数据和世界人口展望报告中 "UN general" 类型的模型生命表生成了中国 1865~1950 年分性别的时期生命表，再加上世界人口展望报告中中国 1955~2010 年的时期生命表数据，共同生成了中国 1950~2010 年分性别的队列生命表。表 4-8 和表 4-9 分别展示了 1865~2010 年以及 2010 年之后男女期望寿命的变动。

(4) 本节假定女婴漏报现象从 1980 年出现并在此后一直存在，它能解释高出生性别比和正常出生性别比（106）之间差值的 20%。基于上述假定，本节计算出了各年的性别选择性出生人口漏报系数，并根据该系数对总人口性别比统计值进行调整。

在预测中国未来人口性别结构的变动时，本节除了联合国方案外，还构建了高 TFR 方案。其中，高 TFR 方案作为政策调整后方案，各因素均根据相关政策进行了相应调整。本节假设，全面二孩政策主要会带来时期总和生育率的提高与出生性别比的降低，进而影响年龄结构，同时也会在一定程度上减少女婴漏报情况；而户籍登记制度改革则对女婴漏报情况有着较大影响；公共卫生事业的进步将通过期望寿命影响死亡率性别差异。各因素具体的调整方案如下。

本节假设高 TFR 方案下出生性别比在 2010~2050 年与联合国方案相同，均呈下降趋势，但下降速度快于联合国方案。这主要是因为高 TFR 方案中考虑了全面二孩政策的调整，因此与联合国方案相比，高 TFR 方案中 TFR 更高，其对非法性别选择现象的缓解作用更为明显，出生性别比下降更快。此外，考虑到中国公共卫生事业的发展，死亡率性别差异也进行新的设定：主要通过参考发达国家历史变化进程对中国未来期望寿命的变动进行设计（见表 4-9），其中男性预期寿命与联合国方案相同，女性预期寿命在 2010~2050 年的增幅则较联合国方案更高，因此高 TFR 方案下男女预期寿命差值较大,从 2010 年相差 3.48 岁扩大至 2050 年的 4.59 岁,而联合国方案中则从 3.05 岁减少至 1.71 岁。女婴漏报采用实行户籍登记制度改革后的数据,即假设女婴漏报现象从 1980 年出现并在此后一直存在,它能解释高出生性别比和正常出生性别比(106)之间差值的 20%,但在 2015 年户籍登记制度改革意见出台后,该现象逐渐减弱并在 2020 年完全消失。

对于年龄结构这一因素而言,本节在中国全面放开二孩背景下,以 2015 年联合国人口司世界人口展望报告数据为基础,采用其中记载的中国 2010 年人口年龄和性别结构以及未来育龄妇女的生育模式对 2010~2050 年中国人口年龄结构的变动进行了预测。具体来说,结合已有研究结论,并参考 2015 年联合国人口司世界人口展望报告数据报告与已有对"六普"数据质量分析和校正的文献数据,本节对 2010~2050 年人口的生育水平、死亡水平、出生性别比进行设定,从而得出中国未来人口年龄结构的变动。其中,生育水平根据全面二孩政策进行设定。本次预测假设 2016 年全面放开二孩后,时期总和生育率将大幅升高,2016~2020 年平均值达到 2.2,其中在 2018 年达到最高值 3,随后持续下降,最终 2020~2050 年保持在 1.8 不变。而在联合国方案中,中国 2010~2050 年时期总和生育率从 1.55 稳步增长至 1.74,并未出现大幅波动。死亡水平则参考发达国家的人口预期寿命发展历程重新设计,出生性别比的下降速度也较联合国方案更快(详见上文)。基于上述数据,本节运用分要素人口预测法对高 TFR 方案下 2010~2050 年的女性年龄结构进行了预测。

表 4-8 中国 1865~2010 年男性和女性预期寿命的变动(e_0)

年份	e_0^M	e_0^F	$e_0^M - e_0^F$	e_0^M / e_0^F
1865	23.00	25.00	-2.00	0.92
1870	23.00	25.00	-2.00	0.92
1875	23.00	25.00	-2.00	0.92
1880	23.00	25.00	-2.00	0.92
1885	23.00	25.00	-2.00	0.92
1890	23.00	25.00	-2.00	0.92
1895	23.00	25.00	-2.00	0.92
1900	23.00	25.00	-2.00	0.92
1905	23.00	25.00	-2.00	0.92

续表

年份	e_0^M	e_0^F	$e_0^M - e_0^F$	e_0^M / e_0^F
1910	23.00	25.00	-2.00	0.92
1915	23.00	25.00	-2.00	0.92
1920	23.00	25.00	-2.00	0.92
1925	23.00	25.00	-2.00	0.92
1930	23.00	25.00	-2.00	0.92
1935	23.00	25.00	-2.00	0.92
1940	26.75	28.75	-2.00	0.93
1945	30.50	32.50	-2.00	0.94
1950	36.31	38.67	-2.37	0.94
1955	42.11	44.84	-2.73	0.94
1960	42.62	45.67	-3.05	0.93
1965	42.90	45.49	-2.59	0.94
1970	53.13	57.06	-3.93	0.93
1975	59.83	62.84	-3.01	0.95
1980	63.81	66.60	-2.79	0.96
1985	65.94	69.02	-3.08	0.96
1990	67.10	70.25	-3.15	0.96
1995	67.72	71.22	-3.50	0.95
2000	68.85	72.52	-3.67	0.95
2005	71.39	74.44	-3.05	0.96
2010	72.92	76.10	-3.18	0.96

注：e_0^M代表男性期望寿命，e_0^F代表女性期望寿命，下同。

资料来源：1955~2010年资料来源于世界人口展望报告（United Nations，2015）；1940~1950年女性资料来源于Coale and Banister（1994）；1900~1930年女性资料来源于Das Gupta and Li（1999）；根据上述女性数据，本节假设男女期望寿命差值保持-2岁不变，从而得出1900~1950年男性数据；1865~1895年数据与1900年保持一致。

表4-9　中国2015~2050年男性和女性预期寿命的变动（e_0）

年份	联合国方案				高TFR方案			
	e_0^M	e_0^F	$e_0^M - e_0^F$	e_0^M / e_0^F	e_0^M	e_0^F	$e_0^M - e_0^F$	e_0^M / e_0^F
2015	73.97	77.02	-3.05	0.96	73.97	77.45	-3.48	0.96
2020	75.03	78.08	-3.05	0.96	75.03	78.78	-3.75	0.95
2025	76.10	79.07	-2.97	0.96	76.10	80.08	-3.98	0.95

续表

年份	联合国方案				高 TFR 方案			
	e_0^M	e_0^F	$e_0^M - e_0^F$	e_0^M / e_0^F	e_0^M	e_0^F	$e_0^M - e_0^F$	e_0^M / e_0^F
2030	77.23	80.03	-2.80	0.97	77.23	81.41	-4.18	0.95
2035	78.27	80.88	-2.61	0.97	78.27	82.61	-4.34	0.95
2040	79.37	81.75	-2.38	0.97	79.37	83.83	-4.46	0.95
2045	80.51	82.55	-2.04	0.98	80.51	85.05	-4.54	0.95
2050	81.66	83.37	-1.71	0.98	81.66	86.25	-4.59	0.95

资料来源：联合国方案下的资料来源于世界人口展望报告（United Nations, 2015），2015~2050 年高 TFR 方案下男女期望寿命差值根据较为发达的亚洲国家和地区在 1950~2010 年差值的变动推断得出，包括日本、新加坡、中国香港、中国澳门和韩国。在确定男女期望寿命的差值后，本节保持男性期望寿命与联合国方案相同，进而计算得出高 TFR 方案下 2015~2050 年女性期望寿命的变动。

第二节 大龄未婚男性的微观成因分析：个体特征和居住状况

上述宏观研究表明，在中国人口性别结构失衡的背景下，特别是随着出生性别比的长期偏高，男性在生命历程的各个时期都将面临性别失衡带来的影响，男性在婚姻市场中将长期处于婚姻挤压的情景，处于弱势地位。那么在这种情况下，对于微观层面的男性个体而言，有哪些因素在现实中会直接影响其成婚的可能性？本节通过对男性个体特征和居住状况的分析，考察大龄未婚男性的微观成因，同时验证相关的婚姻理论在中国的适用情况。

一 研究设计

从婚姻研究的理论看，婚姻交换理论和婚姻市场理论是目前西方学术界进行择偶和婚姻研究的主要社会学理论。其中婚姻交换理论是社会交换理论观点在择偶和婚姻领域的应用，该理论将婚姻缔结视为一种等价交换，强调个人自身特征和资源同自身择偶偏好之间的匹配关系，认为择偶遵循着等价交换的原则。婚姻市场理论认为影响婚姻行为的因素包括个人层次（个人素质和经济状况）以及婚姻市场层次。在婚姻市场供需不平衡的背景下，个人特征状况往往决定其在婚姻市场中的地位，特别是经济特征对增加结婚机会具有积极作用。婚姻市场中处于劣势的一方常常表现出较差的经济资源和个人特征，如较差的经济状况、偏低的受教育水平、偏大的年龄、内向和不善言谈的性格等。

婚姻市场理论的观点考虑到了婚姻市场结构不平衡的情况下，婚姻市场往往表现出不利于过剩方的特征，过剩一方的结婚机会下降，较难实现同自己相匹配的异性结婚，因此往往降低择偶标准（Harknett，2008），同时也强调个人自身特征的影响，认为人们不能在短期内改变婚姻市场供需结构，因此只能降低自己的成婚期望以适应婚姻市场。从已有研究看，目前对中国性别失衡背景下的大龄未婚男性成因的微观影响因素研究还很少，刘利鸽和靳小怡（2011）利用微观调查数据，从社会网络的角度进行了研究，研究表明男性自身的特征和资源拥有状况，包括婚前社会网络、个人经济和非经济特征、家庭和社区因素，往往决定着个人的初婚风险水平。一般来说，男性自身特征和资源拥有状况越差，结婚的可能性越小（Harknett，2008）。

综上，目前对于婚姻市场理论在中国的适用性问题仍需要探讨。第一，在宏观背景下中国的男性婚姻挤压形势要比西方国家经历过的婚姻挤压问题严峻得多，当前和未来相当长的时期内，中国被迫失婚的男性从数量到结构上都要比其他国家更加严重。运用该理论解释中国问题时应充分考虑中西方宏观人口背景的区别。第二，西方学术界对个人非经济特征的研究比较少。在有限的研究中大多关注年龄因素，而其他个人特征较少引起关注。在中国当前的人口、社会、经济和文化背景下，个体素质和特征虽然是婚姻竞争中的基础性因素，但除了个体特征，居住状况作为一种资源形式同样在婚姻决策中起着重要作用。特别是当前中国处于社会转型期，人们的婚姻观念可能会变得更加"现实"，"裸婚"问题也成为当前关于婚姻议题的焦点。因此，在中国男性婚姻挤压以及社会经济发展的现实背景下，除了个体特征以外，男性的居住状况也能够在一定程度上反映男性在婚姻市场中所拥有的资源，进而决定其在婚姻市场中的地位。

基于上述分析，在中国性别失衡的背景下，即婚姻市场的不均衡情况下，本节在考察男性个体特征对男性失婚的影响的同时，将男性的居住状况纳入微观分析中来，综合个体特征和居住状况这两个重要的因素对大龄未婚男性的成因进行分析，并对婚姻市场理论在中国情景下的适用性进行验证。

此外，限于对大龄未婚男性微观样本获取难度，采用大范围微观数据进行的实证研究还十分缺乏，从全国层面采用统计模型来分析当前中国性别失衡背景下大龄未婚男性成因的影响因素还不多见。第六次全国人口普查的千分之一样本数据虽然不是针对本节的研究问题而设计的，且相关变量的数量有限，但仍为当前中国大龄未婚男性成因的微观研究提供了较为系统和科学的数据支持。本节以第六次全国人口普查的千分之一样本数据为基础，通过建立统计模型来揭示当前中国大龄未婚男性成因的微观影响因素，同时为后文的大龄未婚男性的生存分析提供现实依据，也为相关措施和政策建议提供参考。

二 数据与方法

（一）数据

基于大龄未婚男性与2010年全国人口普查当年（普查时点的一年以内）初婚男性的基本生存状况比较，本节主要考察中国男性的生存状况与婚姻状况的关系，特别是对能否成婚的影响。之所以选择2010年的初婚男性和大龄未婚男性作为样本，主要是因为考虑到人口普查数据为截面数据，对2010年以前结婚的男性无法得知其初婚年份的生活状况，而只知道其婚后、当前的生活状况；同时由于已婚男性群体既包括刚结婚不久的初婚男性也包含结婚时间较长的已婚男性，仅通过与已婚男性的比较无法考证大龄未婚男性与已婚男性当前的生存状况是否由其婚姻因素所引起，即无法判断大龄未婚男性与已婚男性在生存状况的差异是在其婚前就已经存在，还是在婚后才形成。基于此，本节将已婚男性样本进一步限制在普查前一年内刚结婚的初婚男性，这样能在一定程度上剥离婚姻对男性生存状态的影响，进而能够探究不同年龄别的大龄未婚男性与能够成婚的初婚男性在生存状况上的区别以及男性失婚的影响因素。

本节使用数据来自2010年人口普查长表中抽取的1%样本库，即全部数据的1‰样本。表4-10是样本库中样本的年龄构成情况，根据婚姻状态划分的样本总量为13.5万人，其中未婚男性有12.9万人，2009年11月1日至2010年10月31日结婚的初婚男性有0.63万人。其中，依据本节界定的大龄未婚男性（30岁及以上）样本占未婚男性的14.3%。

表 4-10　样本的年龄构成

单位：人，岁

年龄组	未婚男性	初婚男性
15~24	94141	2903
25~29	16531	2426
30~34	5716	652
35~39	3482	205
40~44	2432	58
45~49	1552	29
50~59	2590	19
60及以上	2685	1
合计	129129	6293

（二）变量选择

本节是对大龄未婚男性成因的微观层面（个人特征和居住状况）进行研究，主要通过对比大龄未婚男性和初婚男性来分析男性失婚的微观影响因素。因此，本节的因变量依据婚姻状态划分为是否为初婚（0 = 初婚男性，1 = 大龄未婚男性）。

对于自变量的选取，本节将自变量归纳为以下两类：一是个人特征，包括年龄、受教育程度、主要生活来源、是否工作和流动时间；二是居住状况，包括现住地（城镇/农村），住房的面积、结构和修建年代，房屋是否为自有，使用生活燃料和自来水情况。变量的具体情况见表 4-11。

对于个人特征变量的选取，由于全国人口普查数据中包含的变量相对有限，因此本节在对个人特征变量的选取过程中尽量选择具有代表性的相关变量。其中，除了纳入年龄这个在婚姻理论中的关键变量以外，受教育程度被认为能可靠地反映个人社会经济状况和经济潜能；而是否工作和流动时间的长短在一定程度上反映男性的个体素质，包括身体和心理的健康状况以及个人独立生存等综合能力。由于全国人口普查数据中没有个人的经济收入情况变量，本节使用主要生活来源情况来反映男性个体的经济情况。主要的考虑是一般情况下，劳动年龄段的男性个体在经济条件好的情况下主要依靠个人的劳动收入，而只有在经济能力较差的情况下才会依靠相关的最低生活保障以及家人的供养。这样通过对比个体之间的生活来源情况能够在一定程度上判断男性个体的经济状况。

对于居住状况变量的选取，首先，在当前中国的城乡二元社会体系中，个体的现住地在城镇或农村对其居住状况的考察有着重要的决定性因素。其次，房屋是否为自有以及住房的面积、结构和年代的基本信息能够反映个体居住条件的优劣；最后，房屋中是否有自来水和生活燃料的使用能够进一步反映居住的基本条件状况和生活水平。总体上看，在当前中国社会经济转型以及人口性别结构失衡的宏观背景下，上述关于男性个体特征和居住状况的变量选择基本可以测度男性个体在婚姻市场上的主要竞争力和婚姻匹配特征。

（三）模型设计

本节主要通过对统计回归模型的分析和对比来研究当前中国大龄未婚男性成因的微观因素。其中，全部样本数据构建的回归模型（模型1）包括15岁以上所有普查统计了婚姻状况的初婚男性和未婚男性人口；模型2包括25~29岁这一结婚黄金年龄段的初婚男性和未婚男性人口。

依照本书对大龄未婚男性年龄的界定，模型3、模型4和模型5包括了30岁以上男性。结合第三章大龄未婚男性的初婚表分析，30岁时未婚尚存男性占其出生队列的24%，35岁时为14%，而到了40岁时未婚尚存男性仅占其出生队列的10%，40岁以后稳定下降，但下降的幅度很小。同时由于本节数据中40岁以后的大龄未婚男性样本量偏低，因此本节选取大龄未婚男性年龄段为30~34岁和35~39岁的模型3和模型4作为分析的主体研究模型。模型5则对30岁以上大龄未婚男性整体状况进行分析。

在上述四个模型中，模型1和模型2并不是本节严格的研究对象，将其纳入研究主要是用于对比不同年龄段的男性人口之间相关影响因素的变动情况。因此，模型1和模型2的未婚男性模型主要用于与模型3、模型4和模型5的大龄未婚男性模型进行对比分析。

（四）回归方法

本节使用基于分类变量的多元 Logistic 回归模型来比较大龄未婚男性与初婚男性的生存状况差异。Logistic 回归模型函数为：

$$\text{logit}(P) = \ln\left(\frac{P}{1-P}\right) = b_0 + b_1 x_1 + b_2 x_2 + \cdots + b_n x_n \quad (4-3)$$

其中，P 为潜变量，即大龄未婚男性成婚概率，$P(Y=1)$；$P/(1-$

P) 为发生比，$\ln[P/(1-P)]$ 为发生比的对数。

根据式（4-3）我们可以推导出二分 Logistic 回归模型中概率 P 的表达式为：

$$\frac{P}{1-P} = \exp(b_0 + b_1x_1 + b_2x_2 + \cdots + b_nx_n) \quad (4-4)$$

$$P = \frac{1}{1 + e^{-(b_0 + b_1x_1 + b_2x_2 + \cdots + b_nx_n)}} \quad (4-5)$$

公式（4-4）中的比率为男性成婚的发生比，即为 2010 年全国人口普查前一年内男性成婚与否的概率之比。

表 4-11 主要变量描述性统计

变量	描述	全部样本和多年龄段的模型比较									
		模型1		模型2		模型3		模型4		模型5	
		全体样本		25~29岁		30~34岁		35~39岁		30岁以上	
		均值	标准差	均值	标准差	均值	标准差	均值	标准差	均值	标准差
结婚情况	0=是，1=否	0.95	0.21	0.87	0.33	0.90	0.30	0.94	0.23	0.95	0.22
居住情况											
住房建筑面积		96.20	71.20	94.80	70.50	93.10	65.50	87.70	61.40	85.30	62.50
现住地	0=乡村，1=城镇	0.54	0.50	0.63	0.48	0.56	0.50	0.43	0.49	0.40	0.24
住房结构	承重类型，0=钢筋，1=砖木或其他	0.73	0.44	0.69	0.46	0.73	0.44	0.81	0.39	0.83	0.38
住房建成年代	0=1970年以前，1=1970年以后	0.96	0.21	0.96	0.19	0.94	0.24	0.92	0.27	0.89	0.31
住房来源	0=租住房，1=自有房	0.83	0.38	0.77	0.42	0.82	0.39	0.87	0.34	0.89	0.32
生活燃料	0=煤气/电，1=煤炭，2=柴和其他	1.93	0.93	1.68	0.89	1.84	0.93	2.08	0.93	2.14	0.93
自来水管道	1=有自来水管道，0=无	0.62	0.48	0.71	0.45	0.65	0.48	0.54	0.50	0.52	0.50
个体特征											
年龄	实际值	23.50	9.72	26.6	1.37	31.60	1.40	36.9	1.40	43.30	12.90

续表

变量	描述	全部样本和多年龄段的模型比较									
		模型1		模型2		模型3		模型4		模型5	
		全体样本		25~29岁		30~34岁		35~39岁		30岁以上	
		均值	标准差	均值	标准差	均值	标准差	均值	标准差	均值	标准差
受教育程度	0=未上过学，1=小学，2=初中和高中，3=大学及以上	2.08	0.59	2.24	0.60	2.00	0.68	1.69	0.71	1.51	0.83
主要生活来源	0=劳动收入，1=离退休养老金，2=失业保险金，3=最低生活保障，4=财产性收入，5=家庭成员供养	2.10	2.45	0.60	1.61	0.58	1.56	0.67	1.62	0.92	1.77
工作情况	0=未工作，1=有工作	0.57	0.49	0.88	0.33	0.88	0.33	0.85	0.36	0.78	0.42
流动时间	离开户口登记地时间，0=没离开，1=半年以内，2=半年以上五年以下，3=五年以上	0.78	1.03	0.94	1.10	0.80	1.09	0.60	1.00	0.53	0.96
样本量		133683		19019		6389		3693		19421	

三 结果分析

表4-12给出了生存状况对中国男性失婚的影响因素分析结果，下面对模型的结果进行具体分析。

（一）个体特征

第一，年龄因素。对于30岁以上的男性个体而言，年龄因素对成婚的影响并不显著。具体来看，从模型1的全部男性和模型2中25~29岁男性年龄变量的回归系数看，年龄越大越有利于成婚。但对于30岁以上的大龄未婚男性而言，年龄对成婚的影响并不显著，但在35~39岁时对于男性而言年龄越大成婚越难，此时年龄成为成婚的不利因素。

第二，教育因素。初中及以上的受教育程度是30岁以上男性能否成婚的关键因素。总体上受教育程度对成婚的影响较为明显，受教育水平越高，成婚概率越高。但从各个年龄段内的受教育程度差异来看，受教育程度为小学和未上过学二者的差异不显著，也就是说只有初中及以上的受教育程度才会显著影响男性的成婚概率。而对于35~39岁年龄段的男性来说，只有大学及以上的受教育程度才会显著影响成婚概率。但总的来看，受教育程度作为反映男性个体综合能力和发展潜力的变量，其对男性能否成婚起着重要的作用，特别是对于30~34岁的大龄未婚男性来说，具备初中及以上的文化程度对于成婚的影响更加明显。

第三，主要生活来源。相比于劳动收入这一生活来源，男性如果更多地依靠低保和家庭其他成员的供养生活，那么将十分不利于成婚。这特别体现在35~39岁的大龄未婚男性中，如果其生活依靠家庭成员的供养，那么其成婚的可能性将显著低于依靠个人劳动收入的男性；而财产性收入有助于提高25~29岁男性的成婚概率。从收入来源的构成上看，由于低保和家庭成员供养的经济保障有限，同时一般情况下劳动收入较低的人才会依靠这些收入，因此总体上看，经济水平越低，越不利于成婚。

第四，是否工作和流动时间。总体上有工作的男性更加容易成婚，对于30岁以上的男性，流动时间超过半年的男性成婚概率显著偏高。从工作情况看，总体上男性有工作对成婚影响显著，特别是在25~29岁这个年龄段上工作对成婚的影响显著，但对于30~34岁和35~39岁的大龄未婚男性影响并不显著，这可能和这两个年龄段样本中85%以上的男性都有工作有关（该年龄段内没有工作的大龄未婚男性样本量过少）；从流动情况看，流动时间超过半年的男性成婚概率显著偏高。大龄未婚男性的迁移经历大多表现为短期迁移（半年以内），而能够成婚的男性则更多地拥有半年以上的迁移经历。上述结果也和大龄未婚男性一般分布在偏远地区以及个人能力相对较弱等特征有密切关系。

（二）居住状况

第一，现居地的城乡差异。总体上居住在农村地区的男性成婚可能性高于城镇，但对于35~39岁居住在城镇地区的男性则比农村地区更加容易成婚。从分年龄段的模型来看，25~29岁和30~34岁年龄段居住地的城乡差异并不显著影响男性成婚；而35~39岁居住在城镇地区的男性则比农村地区更加容易成婚。这和上文中年龄段失婚比例的城乡差异的分析结论一致，主要是由于农村地区男性成婚较早而城镇地区男性成婚较晚，且农村地区的婚姻挤压现象较城镇更加严重。

第二,住房来源。总体上相对于租住房,自有房对男性是否成婚影响显著,对于 30 岁以上的男性而言仅在 P 值小于 0.1 的较宽条件下显著。分年龄段看,25~29 岁的时候有自有房的男性成婚可能性显著高于租住房的男性,此后对于 30 岁以上的大龄未婚男性来说,这一变量对成婚的影响并不是太显著。由此可见,对于 25~29 岁的主要结婚年龄段,能够有自己的房子而不是租住房屋对于成婚的影响仍较大。但由于普查数据中调查的为现住地,对于 30 岁出头的男性而言,也同样存在很大一部分男性选择租住,并且同样能够成婚。此外还需要考虑到流动人口影响,即该男性在户籍地有自有房,但在现住地主要依靠租住。因此,总体上看尽管有自有房有利于成婚,但其对男性特别是 30 岁以上的男性成婚的影响还有待进一步的研究。

第三,房屋情况。住房的面积越大越容易成婚,且在各个年龄段均表现出一致的特征。住房为钢筋结构的男性较住房为砖木结构的男性更容易成婚,但在各个年龄段内这一规律并不显著。从居住房子的新旧程度看,总体上相对于 20 世纪 70 年代以后所建成的住房,居住在 20 世纪 70 年代以前建造的住房中不利于成婚,25~29 岁的未婚男性和 30~34 岁的大龄未婚男性均表现出这一规律,而 35~39 岁的大龄未婚男性则表现出与之相反的规律。此外,除 35~39 岁男性外,对其他年龄段男性而言,能使用自来水和更加方便、卫生的生活燃料的男性更容易成婚。

表 4-12 Logistic 模型回归结果

变量		参照项	全部样本和多年龄段的模型比较				
			模型 1	模型 2	模型 3	模型 4	模型 5
			全体样本	25~29 岁	30~34 岁	35~39 岁	30 岁以上
个体特征							
年龄			-0.280***	-0.088***	0.053+	0.126*	-0.002
受教育程度	小学	Ref					
	未上过学		-0.456*	0.608	-0.301	0.494	-0.401
	初中和高中		-0.852***	-0.450***	-0.790***	-0.074	-0.994**
	大学以上		-0.808***	-0.590***	-1.202***	-0.940***	-1.533***
主要生活来源	劳动收入	Ref					
	离退休养老金		0.158	-16.369	11.761	14.326	11.714

续表

变量		参照项	全部样本和多年龄段的模型比较				
			模型1	模型2	模型3	模型4	模型5
			全体样本	25~29岁	30~34岁	35~39岁	30岁以上
主要生活来源	失业保险金		0.213	9.754	10.532	15.216	13.596
	最低生活保障		1.152**	-0.074	0.324	14.586	0.993+
	财产性收入		-0.567*	-0.831***	-0.695	-0.140	-0.760
	家庭成员供养		1.444***	0.258	0.484	1.850**	0.395
离开户口登记地时间	没离开	Ref					
	半年以内		0.355***	0.082	0.046	1.088+	0.056
	半年以上五年以下		-0.113**	-0.210**	-0.266*	-0.455*	-0.337***
	五年以上		-0.191***	-0.230**	-0.168	-0.474+	-0.253*
工作情况	有工作	Ref					
	没工作		0.216*	0.440**	0.336	-0.476	0.267
居住状况							
现居地	城镇	Ref					
	乡村		-0.046*	-0.016	-0.060	0.221*	-0.024
住房来源	自有房	Ref					
	租住房	0.030***	0.081*	0.063	0.206+	0.085+	
住房面积			-0.002***	-0.002***	-0.002**	-0.002*	-0.002***
住房结构	砖木或其他	Ref					
	钢筋	0.034*	-0.004	0.042	-0.066	0.014	
住房建成年代	1970年以后	Ref					
	1970年以前		0.227***	0.144*	0.320*	-0.289*	0.121
生活燃料	柴和其他	Ref					
	煤炭		-0.205***	-0.226***	-0.259**	-0.237	-0.314***
	煤气		-0.041	-0.050	-0.115	0.133	-0.027
自来水管道	有	Ref					
	无		0.041*	0.086**	0.176**	0.102	0.140**
	***	***	***	***	***	-2LL	
样本量			133683	19019	6389	3693	97662

注：***$p<0.001$；**$p<0.01$；*$p<0.05$；+$p<0.1$；Ns $p>=0.1$；个别变量存在少量缺失值使实际用于回归的样本量与表4-4中样本量略有差异。

综上所述，本节基于全国样本数据考察了当前男性失婚的微观影响因素，通过大龄未婚男性与当前初婚男性的对比，考察了男性个体特征和居住状况对成婚的影响。研究发现，在男性婚姻挤压严重的宏观背景下，大龄未婚男性受个体特征和居住状况的影响其成婚概率要低于能够初婚的男性。但研究也表明这些因素仅在特定情况下对男性成婚存在影响，且这一影响在不同年龄段的男性中存在差异。例如，对受教育程度来说，只有初中及以上的文化程度才有助于30岁以上的男性成婚；同样，只有半年以上的流动时间才能够显著提高30岁以上男性的成婚概率，半年以内的流动时间对成婚的影响与不流动没有显著区别；而对于30岁以上的男性而言居住在城镇的男性更容易成婚，而在30岁以前农村地区的男性更容易成婚；30岁以上的男性在现住地是否拥有自有房对成婚的影响不太显著。

在当前中国的社会和人口背景下，本节的研究结论一方面验证了在婚姻市场供需不平衡的背景下，个人特征状况往往决定其在婚姻市场中的地位；另一方面说明个体的居住状况作为个体特征以外的资源性因素也在一定程度上影响男性在婚姻市场中的地位。总体上，研究结果从全国层面验证了婚姻市场理论在当前中国性别失衡背景下的有效性。

最后，在上述微观分析中所得的结论也能够印证第三章中宏观分析的结论，即大龄未婚男性群体总体上个体素质和能力较能够成婚的男性群体偏弱，生存状况也较差，这些不利因素在其进入婚姻市场前就已经逐步体现出来，同时构成了其不利于成婚的关键因素。此后，随着年龄的增长，再加上婚姻对男性的支持和保护作用显现，能够成婚的男性与大龄未婚男性群体的生存差异也将被进一步拉大。

第三节 本章小结

当前中国的大龄未婚男性规模受性别失衡所引起的人口性别比严重偏高的直接影响而持续扩大。与历史上大龄未婚男性的成因相比较，出生人口性别比是当前和未来一段时期内中国大龄未婚男性形成的主导因素；而以往的主要因素——死亡率的性别差异对大龄未婚男性形成的影响程度和方向均有变化，目前已经不构成大龄未婚男性的成因之一；人口年龄结构老化虽然能够降低总人口性别比，但对大龄未婚男性问题的缓解作用不明显。中国大龄未婚男性形成的宏观因素由以往的死亡率性别差异和年龄结构为主要因素转变为了出生性别比。这一成因的重要变化直接使大龄未婚男性将以大规模、集中性和全程性的形式出现在中国当前和未来相当长的时间内，进而会对中国人口的均衡发展产生与以往其他历史时期中大龄未婚男性所完全不同的影响。虽然同是产生大量大龄未婚男性，但大龄未婚男性本身的形成机制却发生了实质性的转变。以往我们可以通过努力降低女性，特别是女孩和孕产妇死亡率来实现婚龄段男女人数性别比的均衡；同时以往大龄未婚男性分散出现在各个年龄段，并不集中出现，但三十多年来，出生性别比偏高所产生的大量大龄未婚男性将伴随其生命的全程，集中性地大规模出现，其影响将贯穿相应人口队列的整个生命周期。政府和社会无法按照以往的方式，通过提高社会经济发展和医疗卫生水平来扭转大龄未婚男性的问题。进一步来说，根据本章预测结果，即使出生性别比在未来大幅下降，总人口性别比在年龄结构老化的作用下可能出现下降趋势，但由于人口问题有着强烈的滞后性，在未来短时间内大龄未婚男性问题仍难以得到有效缓解，因此这一群体仍将是未来的重点关注对象。

在中国性别失衡的背景下，男性婚姻挤压使婚姻市场中大龄未婚男性在个体特征和居住状况方面都要弱于或者低于初婚男性，在婚姻竞争中处于弱势地位。特别是随着年龄的增长，婚姻对男性的支持和保护作用显现，二者的生存状况差异也将逐步拉大。此外，应该注意到本章受人口普查变量的限制，只能从涉及生存状况的少数客观变量来对比大龄未婚男性与已婚男性"表面上"的生存差异，但在这些现状的背后，包括心理、健康和生存环境等因素在内的大龄未婚男性的主要变量还无从考察，而这些"内在性"因素的差异可能会比上述基本生存状况因素更加显著。

综上，本章通过分析当前中国大龄未婚男性成因的变动，明确当前大龄未婚男性与历史上其他时期大龄未婚男性的区别和差异，表明大龄未婚男性问题的严重性和形势的严峻性，为进行大龄未婚男性群体的生存研究提供了理论依据。因此，通过第三章和第四章对中国大龄未婚男性群体生活状况的系统论证和基础性研究，较为系统地阐述了对当前中国大龄未婚男性群体进行生存研究的理论性和必要性，对这一中国人口转型期所产生的具有相当规模和典型特征的弱势群体的研究能为这一领域的学术和政策研究提供较为系统的理论和实践依据。

第五章　大龄未婚男性的生存分析

本章第一节聚焦中国大龄未婚男性这一特殊群体的生存状况,利用人口普查数据,全面描绘其生存态势和死亡规律,深入揭示其弱势性本质特征,并从城乡和教育角度探索除婚姻外的政策切入点和着力点。此外,系统总结大龄未婚男性弱势性的成因,并提出相应的政策建议。第二节着眼于大龄未婚男性的家庭生命周期,采用生命表技术和概率分析,对大龄未婚男性家庭生命周期进行初步探究,揭示大龄未婚男性家庭生命周期的特殊性,为相关政策制定提供参考。

第一节　大龄未婚男性的生存状况

一　研究背景

受 20 世纪 80 年代以来出生性别比长期偏高的影响,在当前和未来一段时期内,婚龄男女人口数量失衡导致的大量"被迫"无法成婚的"过剩男性"构成了当代中国的一个特殊群体——大龄未婚男性,即所谓的"光棍"。这一日益凸显的社会现实屡见报端,集中表现为"光棍村"的不断涌现,由此催生的"天价彩礼""跨国婚姻"现象日益增多,"卖婚""骗婚"的闹剧愈演愈烈。适龄女性的婚姻迁移使我国的大龄未婚男性主要集中于相对落后的农村地区,他们普遍经济贫困、社会支持较弱,且往往存在身体缺陷,自我生存和发展能力较差,属于社会弱势群体(张春汉、钟涨宝,2005;靳小怡等,2010;李艳等,2010;果臻等,2016)。

纵观中国历史,男性大龄未婚现象自古有之,明清时期已有较多记载,但其规模和发展趋势均远不及当前（刘利鸽等，2009）。我国人口普查数据显示，1990~2010年，我国大龄未婚男性群体的规模不断扩大，截至2010年，30~49岁的未婚男性已高达1342.6万人，50岁及以上的未婚男性亦达到543.4万人，未婚比例总体也呈上升趋势。据测算，到2025年，我国20~49岁的未婚男性将超过3000万人。横览当今各国，未婚男性现象较为普遍，但其规模均远小于中国，且其性质与我国当前的男性大龄未婚现象存在较大差异（陈友华、乌尔里希，2002）。2010年我国45~49岁的男女结婚比例分别为96.9%和99.6%，而英国、美国和日本等发达国家和地区相同年龄区间的男女结婚比例均低于90%（United Nations，2015）。这反映出我国大龄未婚男性是普婚文化下婚龄女性"缺失"的产物，而英美日等发达国家和地区的大龄未婚男性更可能是主动选择性不婚。由此可见，当前我国的男性大龄未婚现象不仅存在鲜明的时代特征，而且具有明显的国别特点。

大龄未婚男性作为中国人口性别结构失衡的主要后果，已逐渐进入国内外学者的视野，获得较为广泛的关注。但已有研究侧重对大龄未婚男性的规模和变动趋势（Tuljapurkar et al.，1995；Poston and Glover，2005；Ebenstein and Sharygin，2009；Guilmoto，2012）、其对社会和人口发展的影响（Tucker et al.，2005；靳小怡、谢娅婷、郭秋菊、李艳，2012；杨雪燕等，2012）及其社会保障需求的探讨（张思锋等，2011；靳小怡、郭秋菊、刘蔚，2012），对大龄未婚男性的生存研究尚无专论。而一般意义上的生存研究涉及范围较广，可包括自然界一切事物的存活状态及其受外在环境的作用等相关研究。本节的生存研究特指人口学中以人口学分析为研究方法的考察某一群体的生存态势、死亡水平和模式的基础性研究。目前学界的生存研究成果较为丰硕，关注不同性别、民族、婚姻、教育、职业的群体。这些针对特殊群体的人口学生存研究对认清该群体的生存状态和生命历程有着重要的理论和现实意义（曾毅，1987；刘海城等，1998；黄荣清，2005）。同样地，对于中国大龄未婚男性这一社会发展进程中的特殊群体而言，深入分析他们的生存状况，不仅有利于了解其生存态势和死亡规律，预测其总量与结构，评估该群体对社会、经济和人口发展的影响，还能为制定相关公共政策和社会保障政策来满足该群体生存和发展的基本需求提供参考。

本节尝试对中国大龄未婚男性这一特殊群体的生存状况进行全景式描

画。利用人口普查数据，首先，从规模、分布、教育、健康和养老方面出发，全面反映大龄未婚男性的生存态势及特征；其次，对大龄未婚男性进行人口学生存分析，从人口死亡状况角度深入论证中国大龄未婚男性的弱势性本质；再次，从城乡和教育角度切入，比较大龄未婚男性的内部差异，探索除婚姻外的政策切入点和着力点；最后，总结大龄未婚男性弱势性的成因，并提出相应的政策建议。具体关注以下问题。

其一，何为大龄未婚男性，其基本生存态势如何，具有什么样的基本特征？

其二，已有研究表明，婚姻对健康与寿命具有增益作用。在中国性别失衡的宏观背景下，缺失婚姻的中国大龄未婚男性的健康和死亡状况如何，其与一般男性在健康和寿命上存在怎样的差异？

其三，中国人口的性别失衡在短期内无法逆转，由此导致的大量男性成婚困难现象必然长期存在。户籍和教育作为除婚姻外影响健康和寿命的重要因素，其对大龄未婚男性的影响如何，不同户籍和受教育程度的大龄未婚男性的生存状况有何差异？

其四，作为性别失衡背景下新兴的弱势群体，大龄未婚男性的弱势性的成因有哪些？如何改善大龄未婚男性的这种境况？

二 方法与数据

(一) 研究方法

1. 生命表相关指标

生命表方法能计算出一系列具有概括性、能及时反映该时期人口过程的水平和特征的综合指标。本节选取存活比例和平均期望余年作为反映未婚男性的生存状况的主要指标，原因有两点：第一，存活比例（曲线）清晰地描绘了生命表队列的存活轨迹，能直观反映死亡水平的差异，为进一步的分析奠定基础；第二，平均期望余年作为反映人口健康水平的综合指标，是人类发展指数的核心指标，被广泛采用。值得注意的是，通常的生存分析多使用平均期望寿命（零岁的平均期望余年）来度量死亡水平，但本节是对不同婚姻状态的人口进行分析，其起始年龄并非从零岁开始，故只能采用平均期望余年这一指标。参考已有研究（韦艳、张力，2011），本节将大龄未婚男性的年龄界限设定为30岁，因而计算的是存活到30岁的人的条件存活概率（后文简称为"存活概率"）和平均期望余年。关于生命表的构建和分析，本节参考了 Chiang 的方法（Chiang, 1984）。

2. 死亡年龄标准差

尽管平均期望余年作为一个反映人口健康水平的综合指标被广泛应用，但它只能度量存活寿命的平均值，无法反映寿命（死亡年龄）分布的离散情况。而寿命（死亡年龄）不均等作为死亡的另一重要维度，具有反映社会成员在生存机会上的不公平程度及其在生命历程中面对的死亡不确定性的双重作用。因此，本节参考 Edwards 和 Tuljapurkar 提出的衡量寿命不均等的指标——死亡年龄标准差，用以度量死亡年龄模式（Edwards and Tuljapurkar, 2006）。死亡年龄标准差越大，意味着寿命（死亡年龄）分布越离散，寿命不均等程度越高。对应地，本节计算的死亡年龄标准差为存活到30岁以后的人的死亡年龄分布的标准差（S_{30}）。该指标的具体定义如下：

$$S_{30} = \sqrt{\frac{\sum_{x=30}^{\infty} \varphi(x) \left(\bar{x} - \frac{\sum_{x=30}^{\infty} \bar{x} \cdot \varphi(x)}{\sum_{x=30}^{\infty} \varphi(x)} \right)^2}{\sum_{x=30}^{\infty} \varphi(x)}}, x \geq 30 \quad (5-1)$$

其中 $\varphi(x) = \mu(x) \iota(x)$，$x \geq 30$ 为个体在 x 岁死亡的概率，$\mu(x)$ 为 x 岁的死亡概率，$\iota(x) = \frac{\iota_x}{\iota_{30}}$，$x \geq 30$ 为从30岁活到 x 岁的条件存活概率，$\bar{x}$ 为年龄区间 $[x, x+1)$ 内死亡的平均年龄，本节假设其近似为 $x+0.5$。

（二）资料来源与死亡率的调整

1. 资料来源

本节的数据主要有两个来源：一是1990~2010年三次全国人口普查公布的汇总资料；二是1990~2010年全国人口普查的原始数据。具体来说，本节生存态势部分的数据主要来自公布的汇总资料，而计算死亡率的相关数据则二者兼有。对于平均人口数，主要使用三次普查公布的汇总数据（2000年和2010年的数据为长表数据，本节按相应的抽样比进行回推计算）。需要说明的是，由于2000年公布的汇总资料中缺乏婚姻-城乡的人口数据，因而使用2000年普查原始数据（0.95‰抽样）进行汇总回推。对于死亡人口数，1990年和2000年的死亡人口数由普查死亡原始数据（1%

抽样）汇总后回推计算得出，2010年的死亡人口数则由普查死亡原始数据直接汇总得到。

2. 死亡率的调整

计算死亡率的过程中，遇到以下两方面的问题。第一，最高年龄分组不统一且不详尽。1990年普查公布的汇总数据的年龄别人口数的最高年龄分组为60岁，2000年和2010年为65岁，而本节要计算的生命表的最高年龄分组为90岁。第二，由于1990年以来的历次人口普查都存在老年人死亡漏报问题，加上1990年与2000年使用的死亡原始数据为抽样数据，因而将死亡人口数按照本节关注的性别－年龄－婚姻、性别－年龄－婚姻－城乡和性别－年龄－婚姻－教育维度进行划分，会出现高龄段的样本量过小甚至缺失的情况，进而造成死亡率的过度波动（王金营，2013）。

针对上述问题，本节进行如下处理。首先，对于最高年龄分组的问题，按照相应普查年份的原始数据（1990年、2000年和2010年的抽样比分别为1%、0.95‰和1‰）对应的年龄构成比将老龄段（60岁及以上或65岁及以上）人口数进行分解，得到详尽的老龄段单岁组的人口数。其次，对于死亡率波动较为严重的数据——1990年和2000年的小学以上未婚男性的数据，采用布拉斯罗吉特生命表系统的方法，以1981年全国男性的生命表为标准生命表，分别利用1990年和2000年的小学以上未婚男性30~59岁年龄段的死亡率数据建立布拉斯罗吉特相关生命表，对相应年份60岁及以上的小学以上未婚男性的死亡率进行修正。修正过程中发现，1990年的小学以上未婚男性的数据整体上质量较差（其Logit值与标准生命表的Logit值构成的散点较为分散，无线性或曲线趋势），因而本节将其视为缺失。最后，针对修正后的数据以及波动程度较轻的数据，本节统一采用单调样条回归（Monotonic Regression Splines）[①] 的方法对死亡率进行平滑处理（游允中，1984）。

需要说明的是，本节对第二个问题的处理不尽完善。目前未有专门讨论未婚男性的生命表资料，加上1982年普查资料中缺乏按性别－年龄－婚姻－教育维度划分的数据（1982年人口普查的死亡人口调查表上，仅调查

[①] 平滑前年龄的次方转换值为0.4，单调年龄基点为65岁，即超过65岁死亡率被假定为单调递增，用于惩罚回归样条估计的节点数为30。

了死者的姓名、性别、死亡时年龄、出生时间、死亡时间五项内容），在没有更多或更可靠的信息的情况下，以数据质量较好的 1981 年的全体男性的生命表作为标准生命表不失为一种较为可行的选择。

三 大龄未婚男性的生存态势

了解一个群体的基本生存态势是我们深入分析和全面认识该群体的起点。因此，本节首先从规模、分布、教育、居住、流动、健康和养老等方面出发，对大龄未婚男性的生存态势进行全面描绘，初步勾勒出该群体的整体轮廓，并深入把握其基本特征，以期增进人们对这一特殊弱势群体的了解，同时为下一步的研究奠定基础。

（一）大龄未婚男性的规模将不可避免地持续增加

群体规模和发展态势构成群体特征的基本要素，对我国医疗服务、教育、福利、住房等公共服务的提供以及政府预算有着深远的影响。考察我国大龄未婚男性的规模与比例的变动情况（见表 5-1）可知，1990~2010 年，我国大龄未婚男性群体的规模不断扩大，仅在 2000 年后的十年间，30~49 岁的未婚男性就增多了 300 多万人，致使 2010 年的 30~49 岁未婚男性高达千万人，多于同期 1/3 个加拿大的人口；而 50 岁及以上的未婚男性亦以约百万人的增幅在 2010 年达到 500 万人，接近同期整个芬兰或丹麦的总人口（United Nations，2015）。从比例上看，30~49 岁的未婚男性的比例变化呈现总体上升的趋势，从 1990 年的 5.9% 增加至 2010 年的 6.3%；50 岁及以上的未婚男性比例则较为稳定，但都处于 3.2% 及以上的高位。由此可见，我国大龄未婚男性不仅绝对数量多，而且在近些年增长势头迅猛。

表 5-1 1990 年、2000 年和 2010 年全国人口普查大龄未婚男性的人数和比例

单位：万人，%

	1990 年		2000 年		2010 年	
	人口数	比例	人口数	比例	人口数	比例
30~49 岁	871.9	5.9	985.9	5.0	1342.6	6.3
50 岁及以上	298.5	3.2	428.4	3.6	543.4	3.3

资料来源：1990 年数据来自 1990 年全国人口普查资料；2000 年和 2010 年数据来自全国人口普查长表数据，本节按照 10% 的抽样比进行了估算。

而据作者预测（见图 5-1），受长期出生性别比和女婴死亡率偏高的影

响,从 2030 年开始,我国 50 岁及以上未婚男性占相应年龄男性人口的比例将不可避免地迅速上升,三个方案的预测结果均大幅度高于当前。以三个方案中的中方案为例,2030~2050 年的这二十年内,50 岁及以上未婚男性比例将从 6% 升至 11% 以上。即使在出生性别比立即下降至正常水平的情况下,2050 年仍将有 8% 的 50 岁及以上的男性无法成婚。这表明当前我国大龄未婚男性的发展态势将延续强势上扬的势头,中国男性婚姻挤压形势已然十分严重。

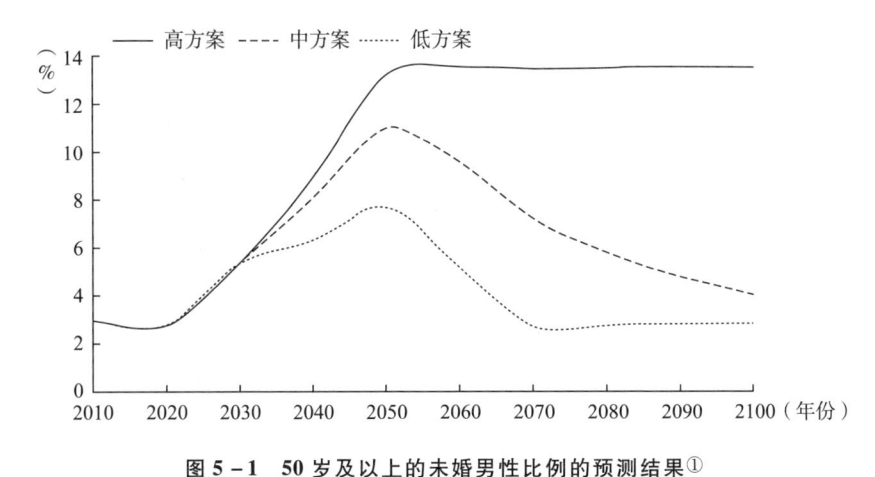

图 5-1 50 岁及以上的未婚男性比例的预测结果①

注:高方案:出生性别比保持 2010 年的偏高状况不变。中方案:出生性别比从 2010 年开始逐步恢复正常。低方案:出生性别比从 2010 年开始立即恢复正常。

(二)聚集区域主要在农村地区,尤其是内陆欠发达的农村地区

中国长期存在的城乡二元割裂使我国的婚姻挤压问题呈现明显的城乡差异,大龄未婚男性主要集中在农村地区(见图 5-2)。1990~2010 年,我国农村未婚男性的比例逐渐降低,尤其是 30~49 岁的农村未婚男性,其占比逐渐降至 56%,这似乎与已有的"农村地区的男性成为婚姻挤压的主要承担者"的结论相悖。而事实上,随着城乡人口流动性的增强,农村女性婚姻迁移呈现增加趋势,加大了本就处于性别失衡状态的农村地区的男性的成婚难度。近年来农村地区"早婚回潮"现象也从侧面印证了上述结论,反映出 30~49 岁这一年龄区间内的未婚男性的城乡差异:农村未婚男性多为无法在婚姻市场中抢占先机而无奈"被迫剩下"的个体,而城镇男

---

① 此处的预测结果与 Guilmoto、陈友华等学者的预测结果的趋势一致;由于对大龄未婚男性规模的预测非本节的重点,此处不对预测方法和过程多做介绍,而仅展示预测结果。

性则更可能是主动推迟婚姻，其后成婚的可能性还比较大（倪晓锋，2008；韩沛锟，2011）。这一结论在 50 岁及以上这一更具"失婚"特征的未婚男性中得到印证：农村地区未婚男性的占比始终远高于城镇地区。随着主动推迟婚姻的个体逐渐退出未婚队列，50 岁及以上的未婚男性的城乡分布情况更能真实反映我国婚姻挤压的城乡差异情况。

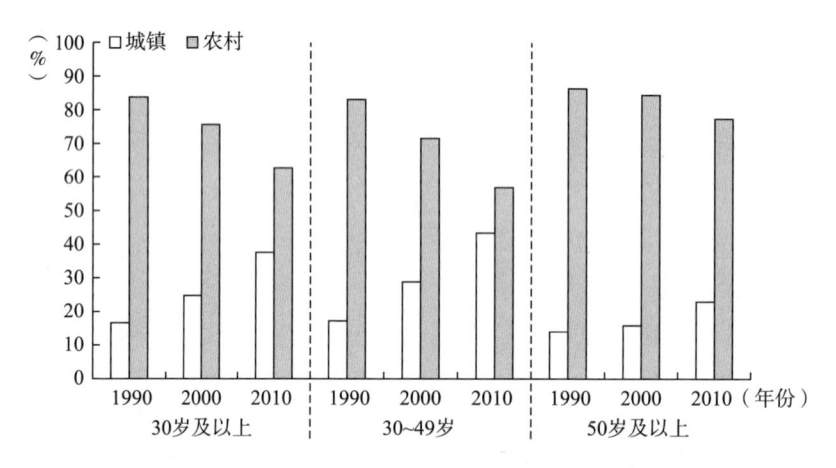

图 5-2　1990 年、2000 年和 2010 年大龄未婚男性的城乡分布

资料来源：1990 年数据来自 1990 年全国人口普查资料；2000 年和 2010 年数据来自全国人口普查长表数据，本节按照 10% 的抽样比进行了估算。

此外，区域间的社会经济发展程度差异也对我国的婚姻挤压问题产生了较为深远的影响。以 15 岁及以上过剩男性比例①作为衡量婚姻挤压程度的指标，2010 年我国绝大部分地区的过剩男性比例均高于 10%，这间接反映出我国男性婚姻挤压现象的普遍性。具体来看，一方面，考察具体的区域分布情况，2010 年我国过剩男性比例较高（大于等于 30%）的地区主要集中在我国南部（华南地区和不含西藏的西南地区）、中部（华中地区及华东地区的南部）和西北部（西北地区），其中西南的部分地区在 50% 以上。另一方面，比较不同区域过剩男性比例的绝对数值，有的地区低于 10%，有的地区则在 50% 以上。二者共同表明我国男性婚姻挤压现象存在显著的区域差异。总体上，内陆地区是我国的高未婚人口性别比的主要集中区域，该区域受传统文化的影响较大，社会经济发展较为落后，是性别失衡的

---

① 资料来源于中国 2010 年全国人口普查分县资料。需要注意，受数据限制，此处的"过剩男性"并非严格意义上的"大龄未婚男性"，因而基于该指标的分析仅能得出有限的结论。

"重灾区"。

(三) 平均受教育程度较低，农村地区尤甚

教育是人力资本形成的重要途径，也是个体向上流动的主要手段。受教育程度不仅体现个人素质，也反映家庭背景、教育资源配置等外在因素，是一个具有综合意义的指标。总体上，我国大龄未婚男性的受教育程度偏低（见图5-3）。具体来说，我国大龄未婚男性中文盲的比例高达13.5%，是非未婚男性①的三倍多。而非未婚男性中初中及以上的比例明显高于大龄未婚男性，其高中及以上的比例达到23.4%，比大龄未婚男性高出5.4个百分点。

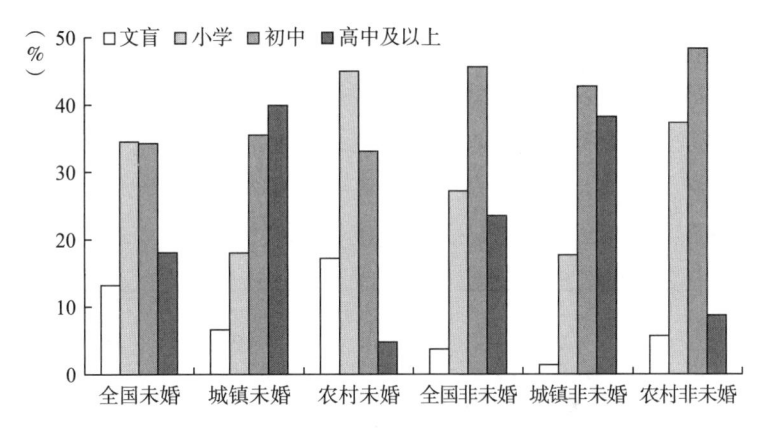

图 5-3　2010 年分婚姻-城乡 30 岁及以上的男性受教育程度分布

资料来源：根据2010年全国人口普查长表数据整理制作。

分城乡看，城镇和农村地区均呈现未婚男性总体的受教育程度低于非未婚男性的规律。进一步比较大龄未婚男性受教育程度的城乡差异，农村未婚男性的文盲比例高达17.5%，远高于同一婚姻状态下的城镇未婚男性的6.8%的比例，而高中及以上的受教育程度的占比仅为4.8%，远低于全国未婚男性的18%的比例。我国大龄未婚男性群体尤其是农村地区的大龄未婚男性受教育程度偏低这一现象的背后，是大龄未婚男性自我生存发展能力差的现实。

---

① 本节中"非未婚男性"指处于"未婚"状态以外的男性，在1990年和2010年普查中包括"有配偶"、"离婚"和"丧偶"三类；在2000年普查中包括"初婚有配偶"、"再婚有配偶"、"离婚"和"丧偶"四类。

(四) 大龄未婚男性流动性较弱，居住状况存在劣势

从流动情况看（见表 5-2），大龄未婚男性的流动性较弱，迁移经历大多表现为短期迁移（半年以内），而非未婚男性则更多地拥有半年及以上的迁移经历。

就居住状况而言，总体上，相较于非未婚男性，大龄未婚男性的居住状况存在明显劣势。具体而言，大龄未婚男性的住房多为租住房，面积较小，更少使用自来水和更加方便卫生的生活燃料。

表 5-2　大龄未婚男性与非未婚男性的流动和居住状况的比较

	大龄未婚劣于非未婚	无显著区别	大龄未婚优于非未婚
流动情况	√***		
住房来源	√+		
住房面积	√***		
住房建成年代		√	
生活燃料	√***		
自来水管道	√**		

注：***$p<0.001$；**$p<0.01$；*$p<0.05$；+$p<0.1$；Ns $p>=0.1$。
资料来源：根据 2010 年人口普查原始数据（1‰抽样）整理制作。

(五) 大龄未婚男性整体健康状况差

健康作为人类生存的基本诉求和基本权利，有其深刻的内在价值，是衡量社会发展程度的重要维度。已有研究表明，婚姻对健康具有增益作用，其中对男性的作用大于女性（Va et al.，2011），因而在婚姻与性别的叠加作用下，未婚男性的健康状况处于相对劣势的地位（Hu and Goldman，1990；顾大男，2003；倪晓锋，2008）。而针对中国大龄未婚男性的微观调查结果亦印证了上述结论：大龄未婚男性的残疾比例较高、生理健康状况差，且抑郁度显著高于已婚男性，面临较高的性风险（韦艳等，2008；靳小怡等，2010；王磊，2015）。而未婚男性老年阶段的健康状况，受其早期生命历程累积劣势的制约，可在一定程度上体现大龄未婚男性由于无法成婚而累积的健康风险，从而更为全面地反映我国大龄未婚男性健康状况的整体特征。总体上，我国老年男性的健康状况存在明显的婚姻差异：老年未婚男性的健康状况较差（见图 5-4）。具体来说，处于"健康"这一状态的老年非未婚男性接近半数，而老年未婚男性仅为 33%。此外，处于非健

康状态(包括"不健康但生活能自理"和"生活不能自理"两类)的老年未婚男性比例约为非未婚男性的两倍。

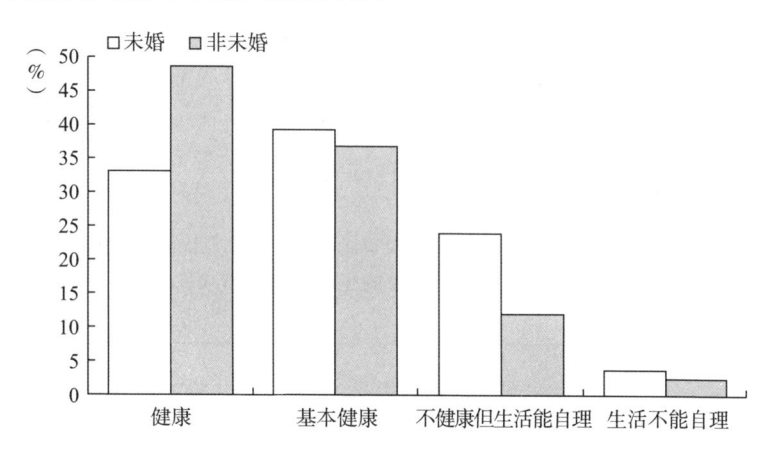

图 5-4　2010 年全国 60 岁及以上未婚和非未婚男性的健康状况

资料来源:根据 2010 年全国人口普查长表数据整理制作。

(六)大龄未婚男性的养老资源相对匮乏

老龄化背景下,养老问题日益凸显。在仍以家庭养老为主要养老方式的当代中国,大龄未婚男性在老年期缺乏来自家庭的养老支撑,其养老问题存在特殊性。考察老年未婚和非未婚男性的生活来源情况(见表 5-3),与非未婚男性主要依靠劳动收入、离退休养老金以及家庭成员的供养不同,未婚男性在其老年阶段的主要生活来源为劳动收入和最低生活保障金。这反映出我国老年未婚男性所面临的养老窘境:如前所述,由于大多数未婚男性在年轻时缺乏相对稳定的工作,加上无法通过成婚组成家庭,因而在老年期既无法依靠离退休养老金也无法依靠主要由子女提供的家庭养老,其生活来源较为单一。进一步对比 60 岁及以上和 65 岁及以上的未婚和非未婚男性的生活来源分布情况可知,随着年龄的增大,大龄未婚男性依靠劳动收入的比重逐渐下降,最低生活保障金成为其最主要的生活来源。而非未婚男性则主要依靠家庭成员供养和离退休养老金。这表明随着老年男性的劳动能力丧失,家庭养老成为一般老年男性养老的普遍选择。未婚男性由于失婚而被排除在外,以至于保障层次最低的低保成为其老年期的主要生活来源。

分城乡来看,无论以 60 岁还是 65 岁作为老年人的年龄分界线,均有近 80% 的老年未婚男性集中在农村地区。无论城乡,最低生活保障金均为未婚男性老年期的主要生活来源之一,尤其是在 65 岁及以上的年龄段,农村地区的这一比例明显高于城镇地区。此外,劳动收入是老年未婚男性又一重要生活来源,且农村老年未婚男性的比例远高于城镇地区。而城镇地区依靠离退休养老金的比例显著高于农村地区。这表明依靠劳动收入实为农村老年未婚男性对自身养老资源匮乏这一难题的勉力应对,更是法定意义上已退出劳动力市场的农村老年未婚男性的无奈之举。

表 5-3 2010 年全国 60 岁及以上和 65 岁及以上的未婚和
非未婚男性的生活来源分布状况

单位:%

生活来源	60 岁及以上				65 岁及以上			
	非未婚	未婚			非未婚	未婚		
	全体	全体	农村	城镇	全体	全体	农村	城镇
劳动收入	36.5	38.2	41.3	27.1	26.0	28.5	31.1	19.6
离退休养老金	29.7	4.1	1.3	14.1	31.2	4.2	1.5	13.6
最低生活保障金	3.0	36.4	37.4	32.8	3.8	41.8	43.2	36.8
财产性收入	0.4	0.3	0.2	0.6	0.4	0.3	0.2	0.6
家庭成员供养	28.7	14.2	13.8	15.9	36.9	17.4	17.0	18.8
其他	1.6	6.8	6.1	9.4	1.7	7.9	7.1	10.7
合计	100	100	100	100	100	100	100	100

资料来源:根据 2010 年全国人口普查长表数据整理制作。

四 大龄未婚男性的生存分析

大龄未婚男性死亡状况的特殊性在生存态势部分已初见端倪:大龄未婚男性整体健康状况较差。下文聚焦大龄未婚男性的死亡状况,探究大龄未婚男性死亡状况的整体性特征和大龄未婚男性的内部差异。

(一)大龄未婚男性死亡状况的整体性特征

本部分将中国大龄未婚男性置于国际视域中,通过与其他发达国家的年龄别死亡率和部分预期寿命差异的比较,揭示中国大龄未婚男性死亡状况的特殊性。在此基础上聚焦中国大龄未婚男性,以中国非未婚男性群体为参照,首先,通过相对死亡比(RMR)这一指标初步了解我国大龄未婚男性与非未婚男性死亡风险的差异及其变动情况。其次,从存活比例和平均期望余年的角度深入比较二者的死亡状况差异。最后，结合死亡年龄标准差（S_{30}）这一反映寿命不均等程度的重要指标，全面揭示大龄未婚男性的死亡规律。

1. 中国大龄未婚男性的死亡状况与发达国家存在明显差异

由图 5-5 可知，中国未婚男性的死亡模式与其他发达国家存在明显的差异。具体而言，以 1990 年的中国未婚男性为例，相较于其他相近年份的发达国家，其各年龄段的死亡率明显偏高。尽管随着时间的推进，中国未婚男性的死亡率有所下降，但仍高于大多数发达国家，表明我国未婚男性持续面临较高的死亡风险。此外，中国未婚男性较低年龄段（25~54 岁）的死亡率尤为突出：1990 年与 2000 年的死亡率均处于所选取的发达国家之上，经历了二十年改善的 2010 年未婚男性的死亡率仍高于绝大多数发达国家。这在一定程度上反映出我国未婚男性的特殊性：发达国家较低年龄段的未婚男性多为主动不婚或主动推迟婚姻，而我国的未婚男性多为经历了婚姻选择"被迫"剩下的个体，因而健康状况较同年龄段的发达国家的未婚男性要更差。进一步比较 25~74 岁未婚男性的部分预期寿命的情况（见图 5-6），中国 1990 年的部分预期寿命居于末位，仅为 38.56 岁。尽管经过二十年的提升，中国 2010 年未婚男性的部分预期寿命达到近 41 岁，但仍与大部分发达国家存在较大差距。综合来看，与发达国家相比，中国未婚男性的死亡水平更高，死亡模式也存在差异，其整体死亡状况存在鲜明的特殊性。

2. 大龄未婚男性死亡率较非未婚男性明显偏高

图 5-7 给出了我国大龄未婚男性不同年龄的相对死亡比，从中可看出以下三个特征。

首先，我国大龄未婚男性的死亡率普遍高于非未婚男性。1990~2010 年，除个别年份的极少数年龄段外，我国大龄未婚男性的年龄别相对死亡比均大于 1，最高接近 4，这反映出无论年份，我国大龄未婚男性在所有年龄段上均比非未婚男性面临更高的死亡风险。

其次，大龄未婚男性与非未婚男性的死亡率差异在中青年阶段（30~40 岁）达到最大。1990 年我国大龄未婚男性的相对死亡比在 30 岁时达到峰值 4，此后随年龄逐步下降，但均处于 1.5 以上的高位。2000 年和 2010 年我国大龄未婚男性的相对死亡比亦表现出同样的规律：分别在 35 岁和 40 岁

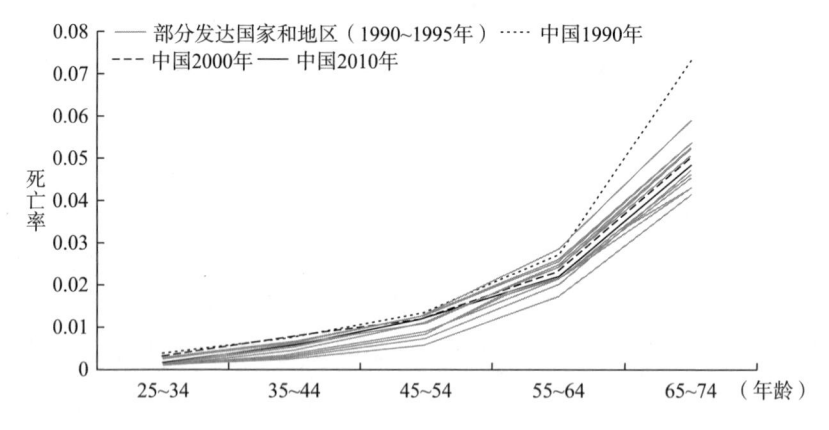

图 5-5　中国与部分发达国家未婚男性的死亡率曲线

注：出于数据质量和数据可比性的考虑，本文参照 Hu and Goldman（1990）的做法选取部分数据质量较高的发达国家，采用其 20 世纪 90 年代以来可获得的最近年份的数据，其具体包含的国家及数据年份详见图 5-6。

受数据资料限制，此处的未婚男性死亡率曲线从 25 岁而非本文界定的 30 岁开始绘制，死亡率的年龄区间间隔亦非常用的 1 岁或 5 岁，而是 10 岁，这并不影响分析的基本结论。

资料来源：中国数据来自相应年份的中国人口普查资料；其他国家资料来源于联合国人口统计年鉴。

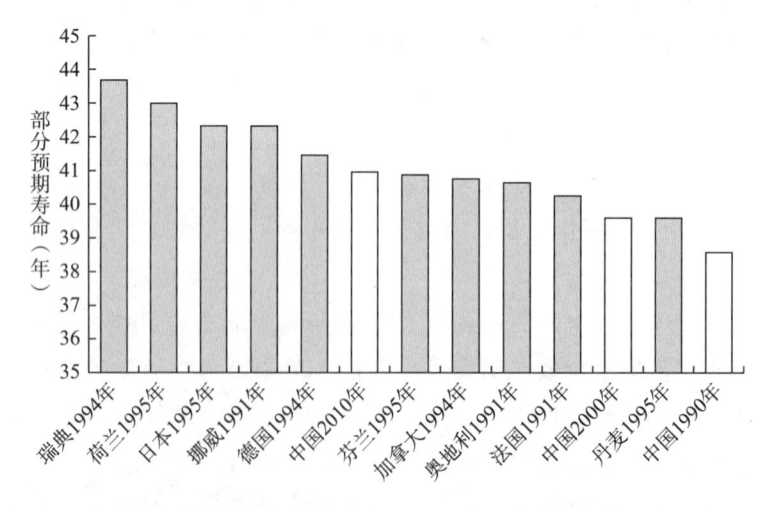

图 5-6　中国和部分发达国家 25~74 岁未婚男性的部分预期寿命

资料来源：作者基于中国人口普查资料与联合国人口统计年鉴数据计算。

时达到顶峰，此后呈下降趋势，总体高于 1。一方面，由于较低年龄段中婚姻的选择效应占主导地位，20~30 岁为中国人口的普遍结婚年龄段，"而立之年"成为男性成婚的分水岭，婚姻对男性的选择累积效应在此后的中青年阶段达到顶峰，即在此阶段健康状况好的男性被逐渐从未婚男性队列中"剔除干净"，从而使未婚男性与非未婚男性的差异达到最大；另一方面，中青年阶段是男性生命周期中的特殊阶段，"成家立业"是该阶段的首要任务，无法成婚的男性在此期间面临来自家庭和自身等各方面的沉重压力，其压力的应对方式也偏向消极，从而对其健康状况造成较大的负面影响（李艳、李树茁，2008；韦艳、张力，2011）。因而在 30~40 岁时大龄未婚男性与非未婚男性的死亡率差异最大。

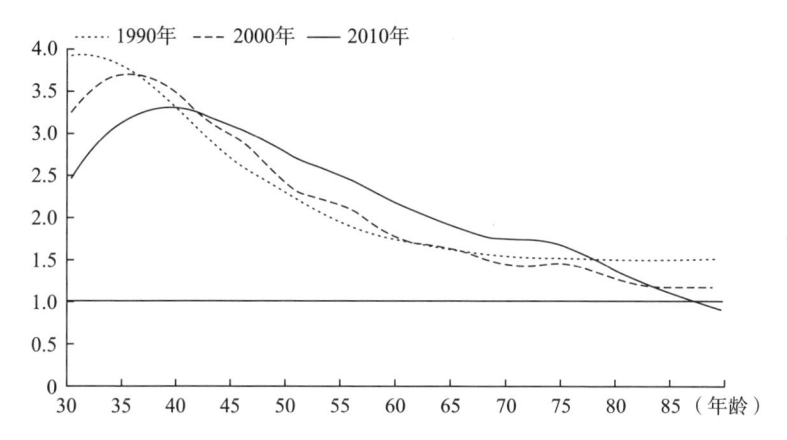

图 5-7 1990 年、2000 年和 2010 年未婚男性相对死亡比（未婚男性/非未婚男性）

资料来源：作者基于 1990 年、2000 年和 2010 年全国人口普查资料计算。

最后，大龄未婚男性相对死亡比峰值随时间逐步下降，且向较高年龄段移动，高龄段接近甚至低于 1。随着社会经济发展和医疗卫生条件普遍改善，我国大龄未婚男性与非未婚男性的健康状况差异逐渐缩小，使相对死亡比峰值出现下降。而相对死亡比峰值的后推则可能是婚姻推迟的结果。一方面，随着成婚年龄的推迟，婚姻对非未婚男性的保护作用相应推迟，非未婚男性在死亡率上的累积优势向较高年龄段移动；另一方面，成婚年龄的推迟使婚姻对未婚男性的选择作用也相应推迟，未婚男性在死亡率上的累积劣势也向较高年龄段移动。二者共同导致未婚男性与非未婚男性的死亡率差异峰值的后移。而高龄段出现相对死亡比接近甚至低于 1 的情况，一方面是由于能存活到高龄段的大龄未婚男性多为经历了存活选择的个体，由此缩小了与非未婚男性的死亡率差异；另一方面是由于高龄段的未婚男性人数过少而可能存在数据波动。

3. 大龄未婚男性的存活比例普遍低于非未婚男性

图5-8直观地反映出大龄未婚男性与非未婚男性的年龄别存活比例的差异。尽管1990~2010年二者的存活比例均有所提高,但大龄未婚男性的存活比例曲线不仅均处于同期非未婚男性的下方,而且处于所有年份非未婚男性的下方。这表明大龄未婚男性的存活比例普遍低于非未婚男性,二者存在较大的基期差异,大龄未婚男性的存活比例起点远低于非未婚男性,且该差异难以在这二十年内得到消除,突出表现为经历了二十年增长的2010年大龄未婚男性的存活比例仍比1990年的非未婚男性的存活比例低。

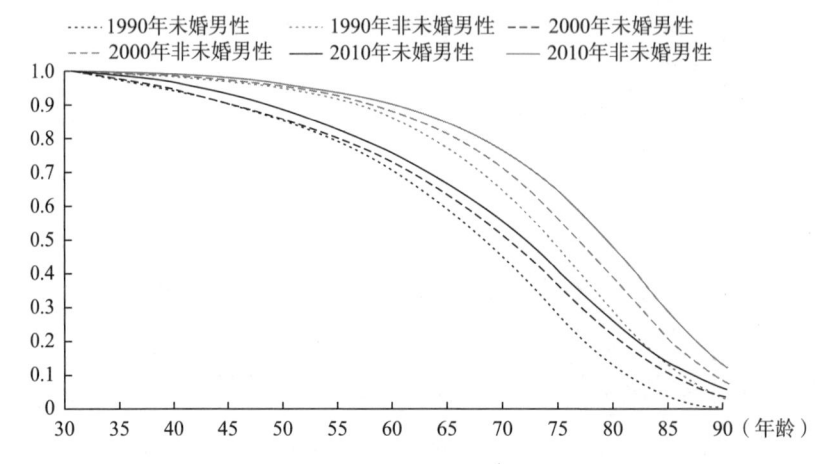

图5-8 1990年、2000年和2010年中国分婚姻男性存活曲线

资料来源:作者基于1990年、2000年和2010年全国人口普查资料计算。

具体考察特定年龄的条件存活比例情况,以1990年为例,我国大龄未婚男性60岁的存活比例为69.5%,这意味着活过了30岁的大龄未婚男性中约有1/3的成员无法迈进现代意义上的"老年人"的门槛。而非未婚男性的这一"早逝"比例不足未婚男性的一半。而到70岁,大龄未婚男性的存活比例仅为42.9%,远低于非未婚男性的63.3%,表明有超过一半的大龄未婚男性无法跨越古稀之坎,而非未婚男性的这一比例仅为1/3多。到了80岁,大龄未婚男性群体存活的人数不足非未婚男性的一半。这一规律在2000年与2010年得到进一步印证。由此可见,我国大龄未婚男性的存活状况与非未婚男性存在较大差异,处于较为弱势的地位。

4. 大龄未婚男性的平均期望余年较低，该差异主要由较低年龄段造成

考察 1990~2010 年我国分婚姻男性平均期望余年的分布情况（见图 5-9a），无论年份，我国大龄未婚男性的平均期望余年均低于同期非未婚男性，尤其是在 30~60 岁，未婚男性的平均期望余年低于所有年份的非未婚男性。而随着时间的推进，我国男性平均期望余年的婚姻差异不断扩大。以 30 岁的平均期望余年为例，其差距从 1990 年的 6.9 岁扩大为 2010 年的 7.6 岁，这反映出我国大龄未婚男性不仅在期望寿命上存在较大的基期劣势，而且该劣势在逐渐加重的客观现实。

进一步考察上述二者的差异可知，我国男性平均期望余年的婚姻差异随年龄不断下降。这一规律在平均期望余年及其婚姻差异的年龄分解（见图 5-9b）中表现得更为明显：所有年份的婚姻差异贡献率的峰值年龄均在较低年龄段，此后的年龄段随着年龄的增加，其贡献率在逐渐减小。而从累计贡献率来看，三个年份 30~55 岁这一年龄段的累计贡献率均超过 50%，1990 年和 2000 年的累计贡献率更是超过 60%，这意味着 30~55 岁的非未婚男性较高的存活概率能解释中国男性预期寿命婚姻差异的 50%~60%，非未婚男性的寿命优势得以维系主要是由于较低年龄段的非未婚男性的死亡率较低。对此，一种直观的理解是在较低年龄段，婚姻对健康的选择效应和保护效应发挥着重要作用，使非未婚男性比同龄的未婚男性有着更低的死亡率。而根据"虚弱者早逝"（the frail tend to die first）理论，随着年龄的提高，健康状况较差的大龄未婚男性会较先逝去，活到较高年龄段的未婚男性多为经过了存活选择的较为健康的个体，从而缩小了二者的健康差异。

此外，尽管在这 20 年间我国大龄未婚男性的平均期望余年有了较大幅度的增长，其 30 岁的平均期望余年从 35.3 岁提高至 39.2 岁，但低于非未婚男性 4.7 年的寿命增量，且其寿命增长的年龄模式也与非未婚男性存在明显差异（见图 5-9c）：非未婚男性的寿命增长主要集中在较高年龄段，而大龄未婚男性则仍有一部分集中在较低年龄段。一般而言，劳动力人口（15~59 岁）的死亡率较低，因而当前寿命的提升主要集中在低年龄和高年龄段，而较低年龄段的大龄未婚男性的健康状况与一般男性存在较大差异，其平均预期寿命的起点较低，因而存在较大的提升空间。

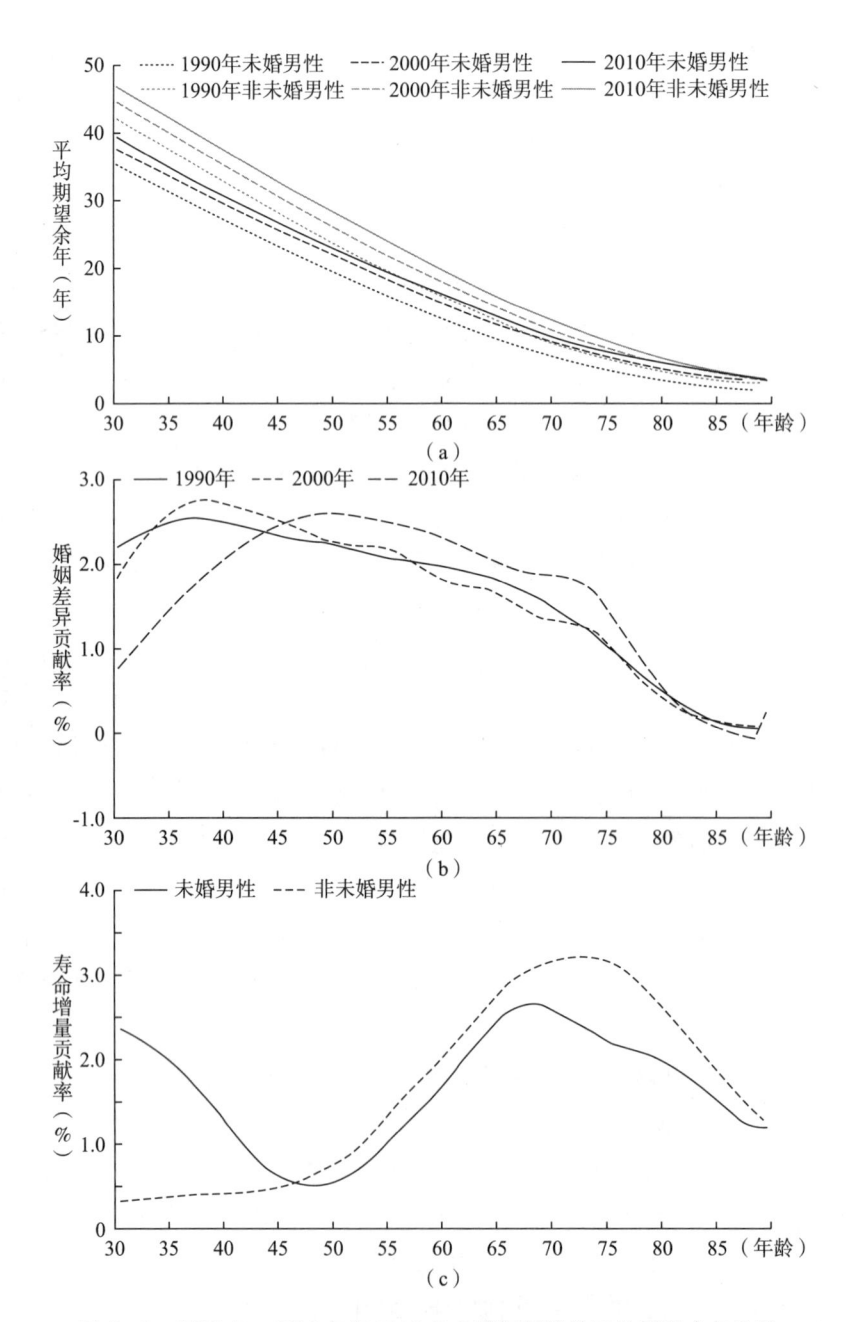

图 5-9 1990 年、2000 年和 2010 年分婚姻男性的平均期望余年及其
婚姻差异和寿命增量的年龄别贡献率

资料来源：作者基于 1990 年、2000 年和 2010 年全国人口普查资料计算。

5. 大龄未婚男性死亡年龄标准差偏大，寿命不均等程度较非未婚男性更严重

由图 5-10 可知，1990 年至 2010 年间，无论是未婚还是非未婚男性，其死亡的年龄众数（图中分别用菱形和圆圈标注）均向较高年龄段移动：未婚男性的死亡年龄众数从 72 岁升至 75 岁，非未婚男性则从 77 岁提高到 81 岁。这与上述平均期望余年的变动规律一致，是我国男性整体健康状况改善的重要反映。横向比较未婚男性和非未婚男性的死亡年龄分布情况，我们可以明显看到，所有年份未婚男性的死亡年龄众数均小于非未婚男性。这在一定程度上印证了上述大龄未婚男性的死亡风险较大的结论。

此外，大龄未婚男性与非未婚男性死亡年龄分布的离散程度存在明显差异，表现为在考察的所有年份，非未婚男性的死亡年龄分布更为集中，且集中于较高的年龄段。以 2010 年为例，有 39.4% 的非未婚男性在峰值年龄段（围绕死亡的年龄众数前后各 5 岁）内死亡，而未婚男性的这一数值仅为 32.4%。

进一步考察死亡年龄分布的标准差（S_{30}）的情况可知，1990 年我国大龄未婚男性的 S_{30} 为 13.5，比同期非未婚男性高 1.8，这一差距在 2000 年达到 2.5，到 2010 年略有下降但仍保持在 2.2 这一水平。对于不同婚姻状况男性的死亡年龄标准差的差异，可从以下两方面理解：从群体的角度看，较高的死亡年龄标准差意味着我国大龄未婚男性内部的异质性较大，群体成员在生存机会上的不平等程度较为严重；从个体的角度看，较高的死亡年龄标准差意味着我国大龄未婚男性中的成员在其生命历程中面对的死亡不确定性更高。简言之，较高的死亡年龄标准差对应着寿命不均等程度较深。

结合前述的平均期望余年差异可知，与非未婚男性相比，我国大龄未婚男性群体不仅在平均期望余年上处于弱势地位，其内部还存在较严重的死亡不平等，而且这种劣势仍在持续并出现加重趋势。

（二）大龄未婚男性的内部差异

1. 分城乡看，农村大龄未婚男性为"弱势中的弱势群体"

分城乡来看（见图 5-11），在考察的所有年份，农村未婚男性的平均期望余年均处于同期城镇未婚男性的下方，且该差异在这十年间呈扩大趋势：2000 年农村未婚男性与城镇未婚男性 30 岁的平均期望余年差异为 0.8 岁，2010 年这一数值达到了 1.9 岁。这反映了相较于城镇地区，农村地区大

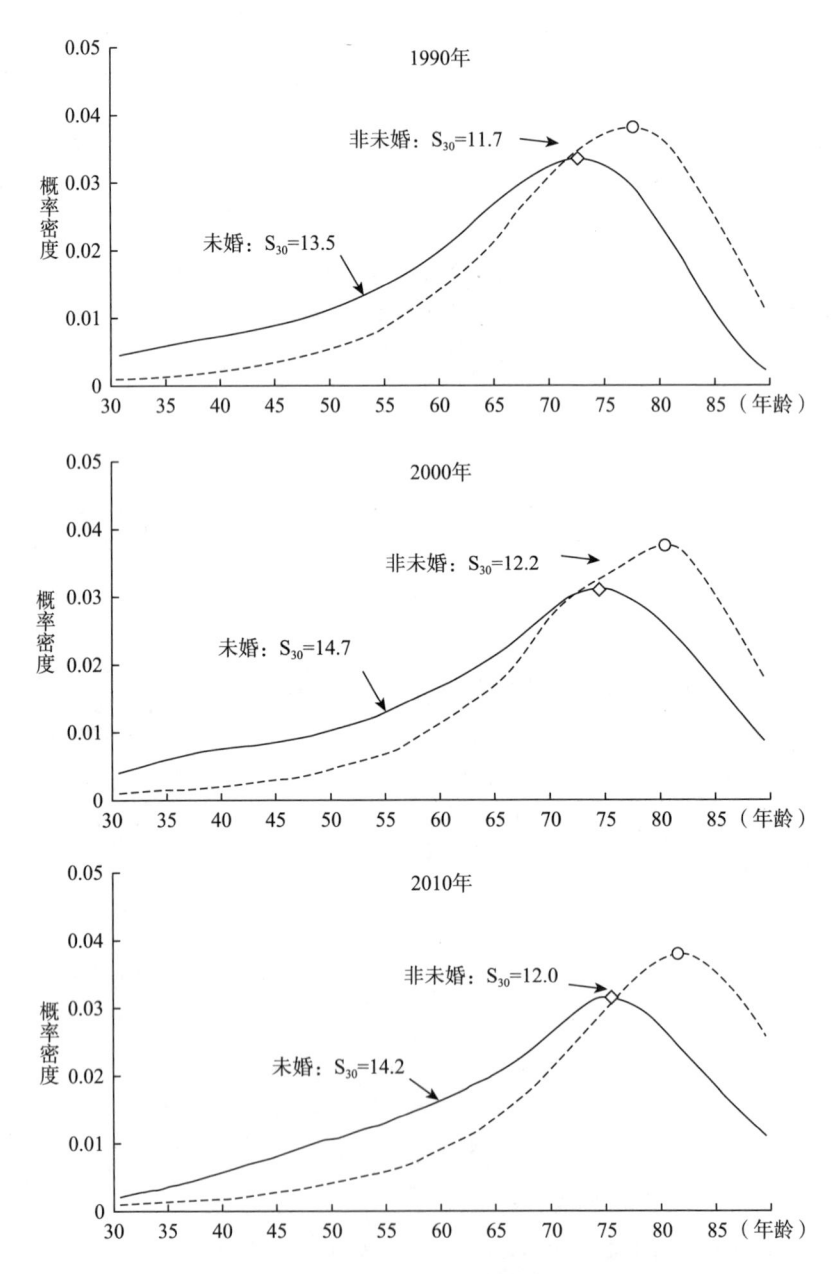

图 5-10　1990 年、2000 年和 2010 年分婚姻男性死亡年龄条件分布

资料来源：作者基于 1990 年、2000 年和 2010 年全国人口普查资料计算。

龄未婚男性的健康劣势在持续加重。进一步比较不同子群平均期望余年的差异，农村大龄未婚男性不仅低于同一婚姻状态的城镇未婚男性，而且远低于同处农村地区的农村非未婚男性。这表明农村地区的大龄未婚男性受城乡差异和婚姻差异的叠加影响，存在户籍和婚姻的双重劣势，是"弱势中的弱势群体"，面临极高的死亡风险。

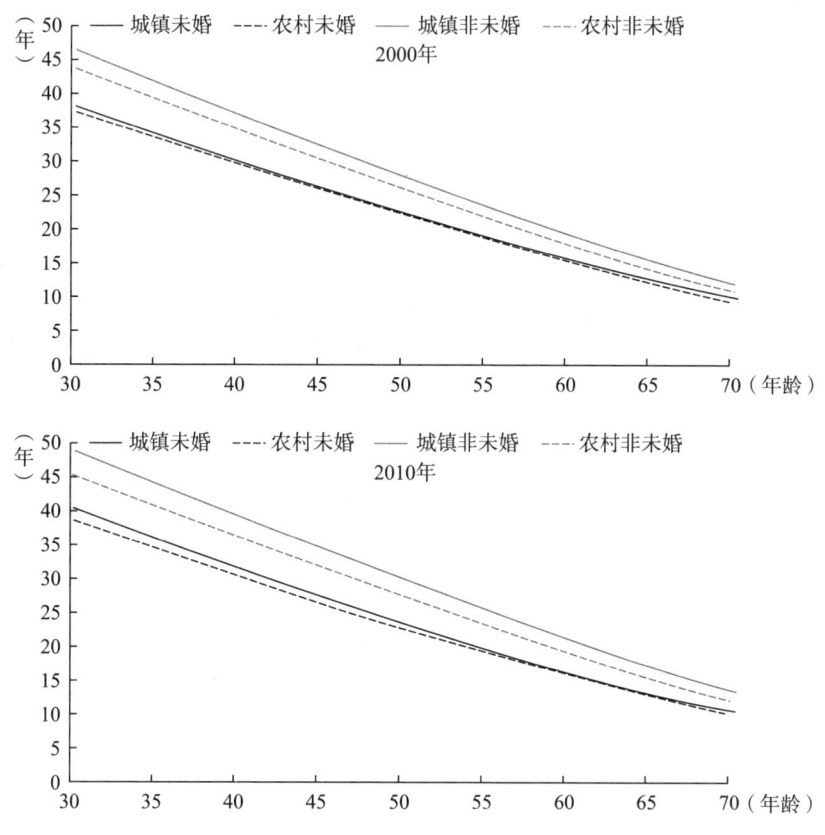

图 5-11 2000 年和 2010 年分婚姻-城乡男性 x 岁的平均期望余年

资料来源：作者基于 2000 年和 2010 年全国人口普查资料计算。

进一步考察死亡年龄标准差（S_{30}）的情况（见表 5-4），2000 年和 2010 年，无论何种婚姻状态，我国农村地区男性的 S_{30} 均高于城镇，且二者差距呈现扩大趋势，但未婚男性的差异增幅大于非未婚男性。这一方面揭示出我国农村地区男性的寿命不均等程度较高且在进一步加剧的整体规律，同时也反映了我国男性寿命不均等程度的城乡差异存在明显的婚姻特征：未婚男性寿命不均等程度加剧的幅度大于非未婚男性。

聚焦大龄未婚男性内部，尽管 2000~2010 年我国农村地区的未婚男性的 S_{30} 的变动趋势与同期城镇未婚男性的下降趋势一致，但其下降幅度很小，仅为0.1，远低于城镇未婚男性的1.2的降幅。这充分反映出我国农村地区的大龄未婚男性处于双重劣势地位的事实，即与城镇未婚男性相比，我国农村地区的大龄未婚男性不仅内部的寿命不均等程度更高，而且在未婚男性总体寿命不均等程度减缓的背景下，其寿命不均等程度的减缓程度更少。

表 5-4 2000 年和 2010 年分婚姻-城乡的男性成年死亡年龄标准差（S_{30}）

年份	未婚			非未婚		
	城镇	农村	差异	城镇	农村	差异
2000	14.7	14.8	0.1	11.8	12.4	0.6
2010	13.5	14.7	1.2	11.3	12.6	1.3

资料来源：作者基于 2000 年和 2010 年全国人口普查资料计算。

2. 分教育看，受教育程度越高的大龄未婚男性生存状况越好

分教育来看，以 2000 年为例（见图 5-12），与非未婚男性中的"受教育程度越低，其平均期望余年越小"的规律相似，我国大龄未婚男性的平均期望余年与受教育程度呈正相关关系。尽管同一受教育程度的未婚男性的平均期望余年小于非未婚男性，但随着受教育程度的上升，未婚男性在教育上的优势可以在一定程度上弥补其在婚姻上的劣势，表现为小学以上的未婚男性的平均期望余年高于文盲非未婚男性，并在较高年龄段高于小学非未婚男性。

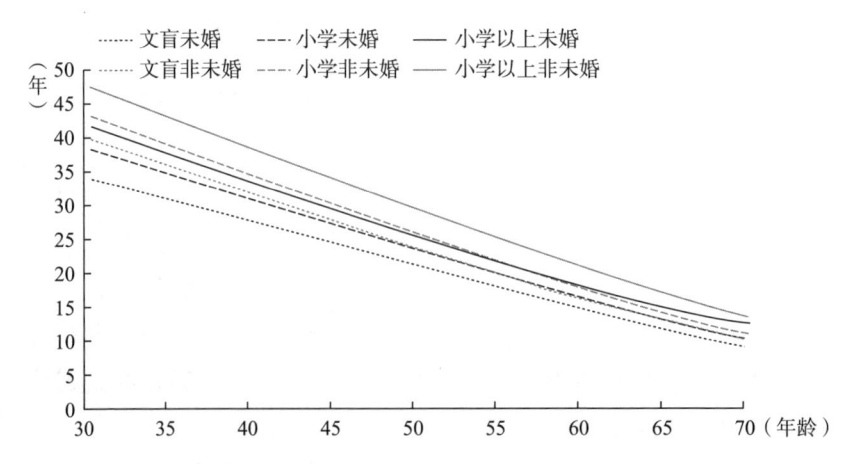

图 5-12 2000 年我国分婚姻-教育的男性 x 岁的平均期望余年

资料来源：作者基于 2000 年全国人口普查资料计算。

深入比较我国大龄未婚男性内部不同受教育子群的情况（见表5-5），可发现如下两个特征：一是大龄未婚男性平均期望余年的绝对数值与受教育程度呈正相关关系，体现为在考察的所有年份，大龄未婚男性的受教育程度越高，其平均期望余年越长；二是大龄未婚男性平均期望余年的相对增幅与受教育程度呈正相关关系，具体表现为2000~2010年这十年间，小学以上未婚男性的30岁的平均期望余年增幅达到2.3年，高于小学未婚男性的1.1年，且远高于文盲[①]未婚男性的0.2年。二者共同体现了教育对我国大龄未婚男性的平均期望余年的重要作用，即提高未婚男性的受教育程度，不仅能改善其当前的健康状况，而且能提高其在未来社会经济发展和医疗卫生资源改善的受益能力。

表5-5 1990年、2000年和2010年分教育未婚男性 x 岁的平均期望余年

单位：年

x（岁）	1990年		2000年			2010年		
	文盲	小学	文盲	小学	小学以上	文盲	小学	小学以上
30	33.6	36.5	33.9	38.2	41.6	34.1	39.3	43.9
40	26.5	28.4	27.5	30.7	33.2	27.4	31.3	35.0
50	18.9	20.6	20.8	23.2	25.4	20.8	24.1	27.0
60	12.3	13.3	14.3	16.1	18.4	14.4	17.3	19.9
70	7.0	7.4	8.7	10.1	12.5	8.6	11.6	13.7

注：受数据限制，本节未计算1990年小学以上未婚男性 x 岁的平均期望余年。
资料来源：作者基于1990年、2000年和2010年全国人口普查资料计算。

从死亡年龄标准差角度看（见表5-6），无论年份，我国大龄未婚男性群体的 S_{30} 均与受教育程度存在负相关关系，表现为低受教育程度组的死亡年龄标准差更高。这一规律在1990~2000年的非未婚男性群体内部得到进一步的佐证，即男性寿命不均等程度存在明显的教育差异。1990~2010年，我国文盲和小学大龄未婚男性的 S_{30} 与全体大龄未婚男性的上升趋势一致，但前二者的上升幅度远大于后者的0.7，分别达到1.6和2.1。这表明尽管

[①] 此处的"文盲"在1990年普查为"不识字或识字很少"一类；在2000年普查包括"未上过学"与"扫盲班"两类；在2010年普查为"未上过学"一类。下同。

在这二十年间,群体内部异质性逐渐增强,寿命不均等程度有所加重是全体大龄未婚男性的普遍趋势,但受教育程度低的如小学及以下的大龄未婚男性群体的加剧程度更为严重。结合前述的平均期望余年的规律可知,教育对我国未婚男性的健康状况的改善具有双重意义:提高我国大龄未婚男性的受教育程度,既能提高其在平均期望余年方面的优势,又能减缓其内部的寿命不均等程度,使我国大龄未婚男性在活得更长的同时又享有更公平的生存机会。

表5-6 1990年、2000年和2010年分婚姻和教育的
男性成年死亡年龄标准差（S_{30}）

年份	未婚				非未婚		
	全体	文盲	小学	小学以上	文盲	小学	小学以上
1990	13.5	14.2	13.5	—	12.7	12.1	11.7
2000	14.7	15.9	15.4	15.2	14.2	13.0	12.5
2010	14.2	15.8	15.6	14.8	—	—	—

注:受数据限制,本节未计算2010年分教育非未婚男性的S_{30}。
资料来源:作者基于1990年、2000年和2010年全国人口普查资料计算。

3. 相较于婚姻-城乡维度,教育对未婚男性的寿命增益作用更大

如前所述,2000~2010这十年,我国男性群体的平均预期寿命在不断提高,但寿命增幅存在明显的婚姻、城乡和教育差异,呈现"未婚小于非未婚,农村小于城镇,低受教育程度小于受高教育程度"的规律(见图5-13)。深入比较婚姻、城乡和教育这三个维度对男性平均期望余年的影响,教育差异的影响最大,婚姻差异次之,城乡差异的影响最小。借助一个例子来直观地理解这个问题,假设2010年的一个30岁的农村未婚男性通过改变户籍成为城镇未婚男性,其平均期望余年仅增长1.9年,远低于未婚男性通过改变婚姻状态的7.6年的收益。而若一个文盲未婚男性通过提高受教育程度成为小学未婚男性,其寿命增幅能达到5.2年,若其继续将受教育程度提高至小学以上,则总的寿命收益甚至高达9.8年。

考察死亡年龄标准差的情况,除个别群体外,我国男性的死亡年龄标准差也在减小,寿命不均等程度有所减缓,减缓的程度也存在明显的婚姻、城乡和教育差异,呈现与平均期望余年相似的规律。

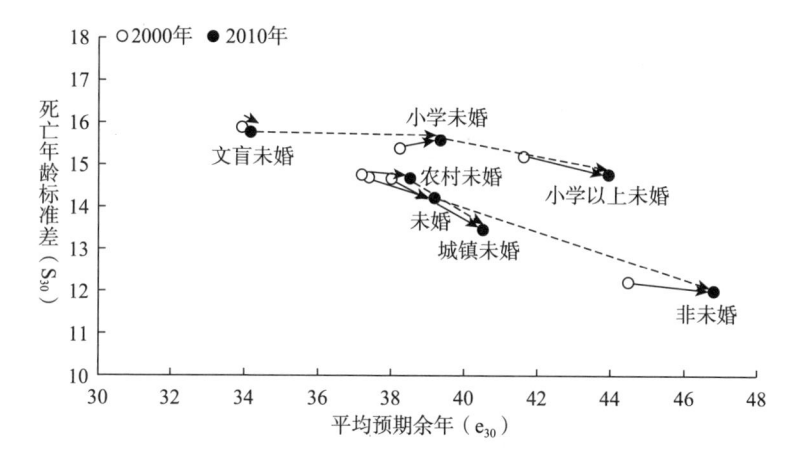

图 5-13　2000 年和 2010 年分婚姻、城乡、教育的男性平均期望余年
与死亡年龄标准差的变动

注：实线箭头表示真实存在的变动，虚线箭头表示假想的变动。
资料来源：作者基于 2000 年和 2010 年全国人口普查资料绘制。

五　大龄未婚男性的弱势性成因与对策

前文已经充分论证了大龄未婚男性的弱势性本质，那么导致大龄未婚男性处于弱势地位可能的成因是什么？下文对其进行归纳总结，并提出针对性的政策建议（见图 5-14）。

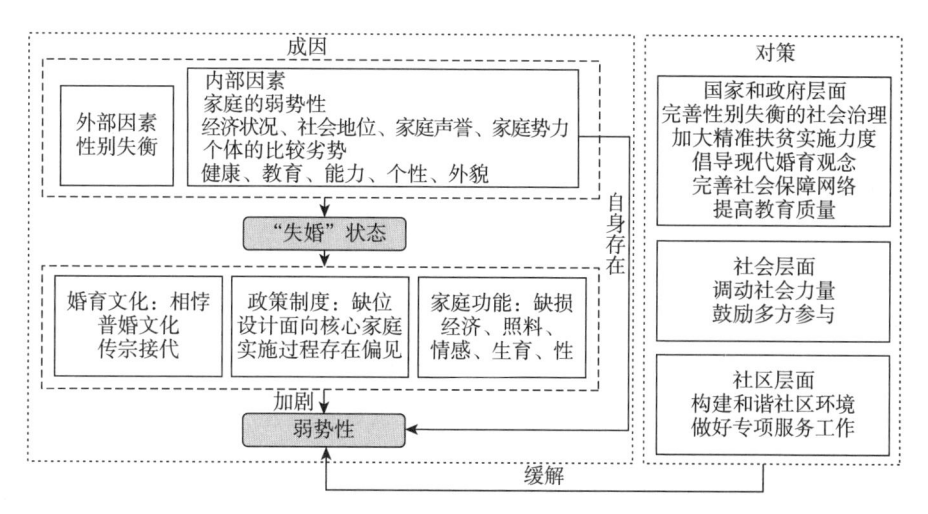

图 5-14　大龄未婚男性的弱势性成因分析与对策框架

(一) 成因分析

1. 大龄未婚男性自身存在弱势性特征

在性别失衡背景下，部分男性由于自身的弱势性特征，在婚姻市场竞争中失败，被迫失婚而成为大龄未婚男性。其弱势性主要体现在如下两个方面。一是家庭的弱势性。这是制约大龄未婚男性成婚的重要因素。其中，家庭的经济状况是首要因素，经济条件越好，结婚的概率越大；配偶短缺的后果主要由穷人及其年幼的儿子来承担。此外，社会地位、家庭声誉和家族势力等因素也对大龄未婚男性的成婚产生重要影响（张春汉、钟涨宝，2005）。二是个体的比较劣势。个人自身在健康、教育、能力、个性、外貌等方面的劣势也是其失婚的重要因素。大龄未婚男性中，身有残疾或者疾病缠身的比例较高，文化素质相对较低，社会交往和经济能力有限（韦艳等，2008；靳小怡等，2010）。

2. "失婚"状态加剧了大龄未婚男性的弱势性

自身具有弱势性特征的大龄未婚男性被排除在婚姻之外，"失婚"这一状态又在文化、政策制度和家庭层面进一步加剧了这一群体的弱势性特征。

（1）文化层面：与婚育文化相悖，受到文化规范的压力

传统的婚姻和生育文化使延续家庭、传承血脉成为中国家庭男性生命中的重要使命，大龄未婚男性无法成婚进而无子嗣的这一事实为其带来了巨大的压力。首先是来自社区的压力，表现为农村地区邻里间的话语体系中"光棍"这一带有歧视性色彩的标签的使用，大龄未婚男性在社区往往被人另眼相看。其次是来自家庭的压力，在家本位仍占主流的中国社会，大龄未婚男性的成婚问题往往是一个家庭的事情。其家庭成员尤其是大龄未婚男性的父母会由于子女未婚而觉得"没面子""别人会说闲话"，抬不起头，人情往来趋少，并为其感到发愁、担忧、自卑、无奈甚至自责。这些家庭成员面临的压力通过平时的话语、催促等行动进一步加重了大龄未婚男性的心理焦虑。最后是来自自身的压力，中国人的"房"（父子关系）意识能够衍生许多心理情结，激发其对生命意义和工作伦理肯定的原动力（陈其南，1986；韦艳、李树茁，2008）。但对大龄未婚男性来说，无法成婚带来"房嗣"中断的后果，使其自卑心理趋重，影响其对生命意义的探求。

（2）政策制度层面：设计面向核心家庭，实施过程存在偏见

目前，我国的社会发展政策与制度主要面向以夫妻为对象的核心家庭，尚无针对大龄未婚男性群体的社会保障供给项目，只能通过"新农合"、"新农保"、"低保"和"五保"的普惠功能来解决其基本生存问题。但这些为数不多的涉及大龄未婚男性的社会保障制度存在一定局限。一是存在年龄限制，例如，领取"新农保"的年龄门槛为60岁（中央政府门户网站，2009），申请五保户补助的年龄门槛为60岁（中央政府门户网站，2006），部分地区甚至达到70岁；而如前所述，我国大龄未婚男性的存活概率普遍低于一般男性，大龄未婚男性群体有超过一半的人活不过70岁，是老年人当中的特殊弱势群体，而农村地区的大龄未婚男性更是"弱势中的弱势"。二是政策实施过程中基层政府工作人员对大龄未婚男性存在"与'正常'家庭相比，大龄未婚男性家庭缺乏给予低保的优先性"的偏见，认为"（这些光棍）烂泥扶不上墙，有的正常人还没有（低保或社会救助），还能轮上他们？"，进而使其在社会福利和社会救助中处于边缘化地位（张思锋等，2011；王磊，2015，2016）。

（3）家庭层面：家庭结构残缺，家庭功能缺损

家庭作为构成社会的基本单元，是个体生存、生活和发展的微观环境，具有满足家庭成员经济、照料、情感、生育和性等方面的需求的基本功能（谢弗，2006）。而家庭功能的实现或正常发挥取决于家庭结构的完整性（哈拉兰博斯等，1988）。大龄未婚男性由于无法成婚而致使家庭结构残缺，尤其是在中老年阶段父母离世后，孑然一身，其家庭功能无法得到发挥，具体表现为以下几方面。第一，经济功能缺损，大龄未婚男性一方面缺少配偶"搭伙过日子"的经济协作，另一方面缺少姻亲带来的经济资源。第二，由于没有正常的婚姻家庭生活，日常生活中缺乏配偶关爱和照顾，生病时无人照料，大龄未婚男性的生理福利受损。第三，配偶作为亲近、亲密和分享的最重要关系来源，大龄未婚男性缺乏配偶的情感支持，产生更多的孤独感、抑郁情绪和更低的生活满意度。第四，婚姻作为合法生育的必要形式，是家庭生育功能实现的保障。大龄未婚男性由于无法成婚而陷入无儿无女的境地，缺少纵向的亲子关系，其老年期的养老资源较为缺乏。第五，普婚背景下，婚姻是获取正常、稳定性行为的最重要途径，大龄未婚男性因为缺乏合法的性伴侣而丧失享受符合社会规范的正常、稳定的性

行为的权利，性福利受损（张群林等，2009）。上述家庭功能的缺损，影响大龄未婚男性的生理、心理、社会性等方面的健康发展（张群林、杨博，2014）。

（二）政策建议

为此，针对大龄未婚男性的弱势性问题，可从以下三个层面着手。

国家和政府层面。从源头上进一步完善性别失衡的社会治理，改善大龄未婚男性成婚的外部环境。经济方面应加大精准扶贫战略的实施力度，缩小城乡和区域差距，同时重点关注逐渐进入婚姻年龄的男性群体，利用自身的年轻等优势使其成为促进自身脱贫的中坚力量，提高成婚的可能性。文化方面应借助大众传媒等媒介，倡导移风易俗、节俭嫁娶的适度理性的婚恋风尚，引导人们树立现代化的婚育观念。社会保障方面应积极推进社会基本医疗和养老保障制度的建设，完善社会保障网络，坚持普惠和优惠相结合，制定相应的扶持优惠政策，为大龄未婚男性提供适度的政策倾斜。教育方面应在推广和普及教育的基础上进一步提升我国尤其是农村地区的教育质量，提升潜在的大龄未婚男性群体的受教育程度与质量，从根本上提高我国的人口素质，尤其是农村男性的素质，防微杜渐。

社会层面。应充分调动社会各界的力量，鼓励和倡导社会组织积极参与，为大龄未婚男性群体提供更多的外部支持。例如，发挥社会组织在大龄未婚男性就业中的作用，通过举办技能培训班和兴办福利企业等方式，帮助大龄未婚男性实现就业以改善其经济状况；鼓励成立民间非营利性质的婚介机构，加强各机构的地区间合作和交流，为不同地区两性结识和交往搭建信息平台；组织学校、医院、志愿者队伍，为其提供心理疏导、精神抚慰等服务；发挥社工机构在大龄未婚男性自我增能方面的作用。

社区层面。一是加强社区的宣传工作，构建和谐社区环境：通过修订村规民约等方式，鼓励积极的婚姻价值观，减轻高额彩礼给大龄未婚男性尤其是农村地区的大龄未婚男性带来的沉重压力；同时，营造宽松的多元婚育文化氛围，消除偏见与歧视，减轻大龄未婚男性群体及其家庭的心理压力，提高其生活福利。二是做好大龄未婚男性群体的专项服务工作，为不同年龄的大龄未婚男性提供差异化的服务：为青壮年大龄未婚男性提供职业技能培训和就业信息以提升其自我生存能力，同时为其提供婚介服务，提高其成婚概率；针对中老年未婚男性，则注重日常生活照料、临时社会救助和"低保"方面的服务,为其养老保障方面提供更多的社区支持。

六 结论与讨论

通过上述分析可知,我国大龄未婚男性主要存在以下四个特征。一是被动性。与发达国家和地区相比,我国的大龄未婚男性是普婚背景下由于女性数量的绝对缺失而造成的"被迫性"不婚。二是严重性。对比古今中外,当前我国大龄未婚男性的规模和发展趋势前所未有,世所罕见。三是聚集性。我国农村及内陆等相对落后地区为大龄未婚男性的"集中地"。四是脆弱性。与一般男性相比,大龄未婚男性的总体受教育程度低、健康状况差、养老资源相对匮乏。

聚焦大龄未婚男性的生存状况,我国大龄未婚男性群体的生存状况与一般男性比较存在明显差异,面临较高的死亡风险和较严重的寿命不均等的双重窘境。具体来说,从死亡风险看,与一般男性相比,我国大龄未婚男性的年龄别死亡率较高,存活比例较小,平均期望余年较短。此外,我国大龄未婚男性的平均期望余年增幅较小,而且与非未婚男性存在短时间内难以弥合的基期差异。从寿命不均等看,我国大龄未婚男性内部的异质性较大,群体成员在生存机会上的不平等程度较为严重,成员个体在其生命历程中面对的死亡不确定性更高,其寿命不均等程度较重。分城乡看,农村地区的大龄未婚男性受城乡和婚姻的叠加影响,是"弱势中的弱势群体"。分教育看,大龄未婚男性的生存状况存在明显的教育差异,受教育程度高的群体的生存状况较好,教育可在一定程度上弥补其在婚姻上的劣势。而且相较于婚姻和户籍转变,教育提升对大龄未婚男性的增益作用更大。

性别失衡的宏观背景与个体的弱势性特征共同使部分男性在婚姻市场竞争中失败,成为大龄未婚男性,无法成婚这一事实又在文化、政策制度和家庭层面强化了其弱势性地位。为此,本节从国家和政府、社会以及社区层面提出了相应的政策建议。

性别失衡背景下的中国男性婚姻挤压问题,已成为当前社会转型期的"社会风险"之一。已有研究将大龄未婚男性群体称作"光棍军"(army of bachelors),将其视为影响社会稳定的重要因素。首先,同已婚男性相比,大龄未婚男性更容易产生孤独、自卑等不良的心理状况,进而诱发厌世、轻生倾向;同时,由于缺乏家庭的牵挂和约束,大龄未婚男性更容易走向犯罪道路，从事谋杀、抢劫、吸毒、酗酒等危险行为（Hudson and Boer, 2002），危害公共安全。其次，大量大龄未婚男性对性与婚姻的渴望往往催生性侵害、买婚和拐卖妇女等违法犯罪活动（李树茁等，2010），从而威胁女性尤其是未婚女性群体的安全。再次，大龄未婚男性的存在可能刺激性产业的繁荣和婚外情、婚外性等事件增多，威胁已婚人群及其家庭的安全与稳定（靳小怡、刘利鸽，2009）。最后，婚内性途径与性健康知识的缺乏使大龄未婚男性容易成为艾滋病与其他传染性疾病感染和传播的高危人群，在损害自身健康的同时威胁着公共健康与安全（Tucker et al., 2005; Yang et al., 2012）。

尽管大龄未婚男性群体存在上述风险性，但其本质上是婚姻挤压的利益受损者，是社会的弱势群体。大龄未婚男性的弱势性特征，在一定程度上会诱发这一群体的社会失范行为，影响社会秩序，威胁公共安全，进而阻碍社会的可持续发展。为此，我们在防范大龄未婚男性社会风险的同时，要致力于改善大龄未婚男性及其家庭的弱势性，这是防范风险的治本之策，也是坚持以人为本的内在要求。

第二节 大龄未婚男性与其父母的家庭生命周期

有关家庭生命周期的研究，正日益受到各国人口学家和其他社会科学家的重视。这一概念最初是西方学者在研究典型的核心家庭时提出的，比较有代表性的是Glick的六阶段模型（Glick, 1947）。Glick把核心家庭的生命周期划分为六个阶段，具有十分重要的借鉴与参考价值，但对于不稳定婚姻、残缺家庭、再婚等情况，该模型未予考虑（Glick, 1947；吴兴旺，1999）。而且，Glick的模型对中国环境的解释能力非常有限，该模型不仅没有将中国普遍存在的主干家庭（占全部家庭的21.37%）包括在内，而且只讨论了稳定的婚姻形态，对单亲家庭（占全部家庭的5.52%）也没有加以考虑（于洪彦、刘艳彬，2007）。国外的相关研究在中国难以运用，这是因为文化与家庭的关联性决定了家庭内部结构的形式和本质，其他国家在运用模型时应根据本国的人口统计环境加以调整（郭庆松，1996；王忠，2003）。由于现实生活中的家庭类型太复杂，一些家庭很难归于某一生命周期阶段，因此，不少学者按照自己研究分析的目的和需要，对家庭生命周期进行划分（姬雄华，2008）。

在中国这个以家庭为本位的社会里，父母把替子女操办婚事当成自己的重大责任，没能顺利履行这种责任，他们就会心存愧疚。对于不能成婚的大龄未婚男性，如果父母健在，一般同父母居住，以方便父母为失婚儿子提供日常照料。这也是本节定义的大龄未婚男性家庭。

由于大龄未婚男性家庭没有生育、抚养子女等事件，所以本节根据死亡事件将大龄未婚男性的家庭生命周期划分为三个阶段，即双亲共居阶段、单亲共居阶段、单独居住阶段。在大龄未婚男性达到一定年龄之后，这个家庭就成为大龄未婚男性家庭，进入双亲共居阶段，即大龄未婚男性与父母居住在一起；随着时间的推移，父亲或者母亲死亡，这样只能剩下双亲中的一位与大龄未婚男性生活在一起，这就是单亲共居阶段；最后，双亲死亡，大龄未婚男性一个人生活直到死亡，这是大龄未婚男性的单独居住阶段（见表5-7）。

表5-7　大龄未婚男性家庭的生命周期阶段划分

阶段	起点	终点	人口事件特点
双亲共居阶段	从大龄未婚男性x岁起	父母双亲中一方死亡	大龄未婚男性与父母共同生活在一起，直到父母一方死亡，三口之家
单亲共居阶段	共居的父母一方死亡	父母双方死亡	大龄未婚男性与存活的父母一方共同生活，直到其死亡，两口之家
单独居住阶段	父母双方死亡	大龄未婚男性死亡	大龄未婚男性独自生活直到死亡，一口之家

以上界定了大龄未婚男性家庭生命周期的三个阶段及划分依据，下面介绍大龄未婚男性家庭生命周期各个阶段长度的测算方法和数据。

一　方法与数据

（一）方法

Myers在他的研究中给出了使用生命表从生命周期角度测度男性丧偶计算方法的基本公式，Goldman和Lord以及Keyfitz对这些丧偶公式做了改进（Myers，1959；Goldman and Lord，1983；Keyfitz，1985）。在这些方法的基础上，本节把生命表和概率结合起来，设计模型测度大龄未婚男性家庭的生命周期不同阶段的长度。

以 $l^m(t)$ 和 $l^f(t)$ 表示从出生存活到 t 岁的概率，上标 m 和 f 分别表示男性和女性，$u^m(t)$ 和 $u^f(t)$ 分别表示男性和女性在 t 岁时死亡的相应风险，其中 $u(t) = -l'(t)/l(t)$。男性在 x 岁时成为大龄未婚男性，父子年龄差为 k_1，此时大龄未婚男性父亲的年龄是 $x+k_1$；母子年龄差为 k_2，母亲的年龄为 $x+k_2$。大龄未婚男性丧父的累积概率表示为：

$$P^m = \int_0^{w_1} \frac{l^m(x+t)}{l^m(x)} \frac{l^m(x+k_1+t)}{l^m(x+k_1)} u^m(x+k_1+t) dt = \int_0^{w_1} f(x,k_1,t) dt \quad (5-2)$$

其中，假定生命表中最高年龄是 a，则此处 $w_1 = a - (x+k_1)$，在实际计算的过程中，我们选取的生命表年龄最高值是 90 岁，所以 $w_1 = 90 - (x+k_1)$，w_1 随着所选用的生命表和父亲的年龄 $x+k_1$ 的变动而变动。

大龄未婚男性丧母的累积概率表示为：

$$P^f = \int_0^{w_2} \frac{l^m(x+t)}{l^m(x)} \frac{l^f(x+k_2+t)}{l^f(x+k_2)} u^f(x+k_2+t) dt = \int_0^{w_2} f(x,k_2,t) dt \quad (5-3)$$

此处，$w_2 = 90 - (x+k_2)$。

由概率理论可以知道，大龄未婚男性父亲死亡的概率分布函数为：

$$F_t^m = \frac{1}{P^m} \int_0^t f(x,k_1,t) dt \quad (5-4)$$

大龄未婚男性母亲死亡的概率分布函数为：

$$F_t^f = \frac{1}{P^f} \int_0^t f(x,k_2,t) dt \quad (5-5)$$

用 x_t 和 y_t 分别表示大龄未婚男性与父亲和母亲共同生活的时间，大龄未婚男性与父母共同生活直到父母一方去世的时间为 $Z_{1,t} = \min(x_t, y_t)$，则 Z_1 的分布函数可以表示为：

$$F_{\min}(z_{1,t}) = 1 - (1 - F_t^m)(1 - F_t^f) \quad (5-6)$$

大龄未婚男性与父母共同生活的期望年数为：

$$E_1(t) = \int_0^w t f_{\min}(t) dt \quad (5-7)$$

其中：

$$w = \min(w_1, w_2) \tag{5-8}$$

$$f_{\min}(t) = \frac{dF_{\min}(z_{1,t})}{dt} = \frac{f(x,k_1,t)}{P^m}(1-F_t^f) + \frac{f(x,k_2,t)}{P^f}(1-F_t^m) \tag{5-9}$$

大龄未婚男性与父母中至少一方共同生活直到自己独自生活的时间为 $Z_{2,t} = \max(X_t, Y_t)$，则

$$F_{\max}(z_{2,t}) = F_t^m F_t^f \tag{5-10}$$

那么大龄未婚男性与父母中至少一方共同生活的期望年数为：

$$E_2(t) = \int_0^w t f_{\max}(t) dt \tag{5-11}$$

其中：

$$f_{\max}(t) = \frac{dF_{\max}(z_{2,t})}{dt} = \frac{f(x,k_1,t)}{P^m} F_t^f + \frac{f(x,k_2,t)}{P^f} F_t^m \tag{5-12}$$

大龄未婚男性与父母一方共同生活的期望年数为：

$$E_3(t) = E_2(t) - E_1(t) \tag{5-13}$$

大龄未婚男性独自生活的时间为：

$$E_4(t) = e_x^s - E_2(t) = e_x^s - [E_1(t) + E_3(t)] \tag{5-14}$$

其中 e_x^s 为生命表中 x 岁男性的期望寿命。

(二) 数据

从上面的方法部分可以看出，本节用到的主要数据包括生命表数据和一些年龄数据，如成为大龄未婚男性时的年龄和父亲的年龄、母亲的年龄。

2010年中国人口普查于11月1日进行，总体上来说是一次成功的人口普查，但也面临巨大的挑战。国务院人口普查办公室公布的漏报率为0.12%，虽然按照国际标准也是合理的，但是比1990年普查0.06%的漏报率高出很多。更为复杂的是，在普查中不仅存在漏报，还存在重报（陶涛、张现苓，2013）。

2010年中国人口普查中的人口死亡指的是死亡于2009年11月1日到2010年10月31日之间的人群。虽然中老年人口的数据质量较高，但老年

人口依然存在一定比例的漏报，人口死亡的漏报导致上报的死亡水平比实际的要低，因此老年人口死亡率数据的质量同样存在问题。本节对老年段死亡率进行平滑处理，依据平滑后的死亡率分别制作中国农村非未婚男性生命表和农村大龄未婚男性生命表。

由计算公式可以看出，男性成为大龄未婚男性的年龄，生育时父亲年龄 k_1 和母亲年龄 k_2 都会对结果产生影响。当然，男性和女性的婚姻匹配中，婚姻年龄差的范围很广，这在 Goldman 和 Lord（1983）的文章中得以体现。为了简化计算，本节选取的结婚年龄为平均结婚年龄。中国法定结婚年龄是男性 22 岁和女性 20 岁，2010 年全国人口普查数据显示的平均初婚年龄大概是男性 25 岁、女性 23 岁。在大部分农村地区，如果男性二十五六岁还没有结婚，则婚姻问题会成为家庭的压力（韦艳等，2008）。根据本书第三章的分析，这里把大龄未婚男性年龄界定为 30 岁，但同时考察了定义的大龄未婚男性年龄变化对大龄未婚男性家庭生命周期三个阶段的影响。

关于生育数据，虽然 2010 年普查显示的平均初婚年龄大概是男性 25 岁、女性 23 岁，但对于大龄未婚男性父母来说，大龄未婚男性父母生育年龄受生育的年代、生育孩次等因素影响。所以本节主要以生育时父亲年龄 24 岁、母亲年龄 22 岁来讨论大龄未婚男性家庭生命周期三个阶段长度，同时也考察了父母生育年龄变化和生育年龄差即夫妻年龄差变化对大龄未婚男性家庭生命周期的影响。

二 测算结果

（一）丧父和丧母概率

大龄未婚男性家庭的主要事件是死亡，划分生命周期阶段的依据也是死亡，所以我们先来看一下大龄未婚男性丧父和丧母的概率。我们以大龄未婚男性 30 岁开始，生育时父亲年龄 24 岁、母亲年龄 22 岁来讨论大龄未婚男性家庭死亡事件发生的概率。

1. 大龄未婚男性丧父和丧母的年龄模式

图 5-15 是大龄未婚男性在 30 岁之后，按年龄的丧父和丧母概率。可以看出，从 30 岁开始，一直到 60 岁之前，大龄未婚男性的按龄丧父概率一直高于丧母概率。30~34 岁，大龄未婚男性的年龄别丧父概率在 0.01 以下，从 35~43 岁，年龄别丧父概率在 0.02 以下，然后年龄别丧父概率继续

增大，到 55 岁时达到最大值，然后下降。从大龄未婚男性 30 岁直到 41 岁，年龄别丧母概率都在 0.01 以下，然后继续增大直到 59 岁达到最大值，然后开始下降。需要说明的是，在曲线的最后，也就是父亲和母亲年龄在 90 岁的时候，由于生命表最大年龄是 90 岁，所以数据处理显示出最后一个数据较大，不符合前面的下降趋势，这是由生命表数据造成的。

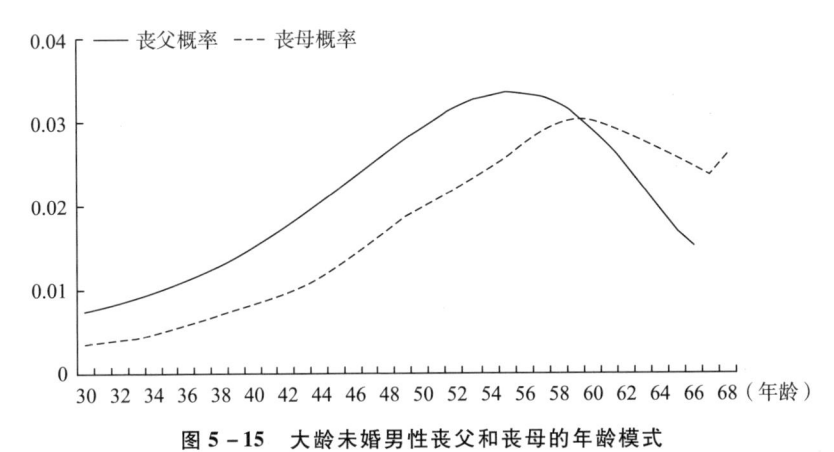

图 5-15　大龄未婚男性丧父和丧母的年龄模式

2. 大龄未婚男性丧父和丧母的累积概率

从图 5-16 可以看出，在 55 岁之前，大龄未婚男性累积丧父概率在 0.5 以下，而累积丧母概率在 0.3 以下；随着年龄的增长，到 66 岁时，累积丧父概率达到 0.79，累积丧母概率超过了 0.63；最终丧父概率为 0.79，丧母累积概率为 0.68。

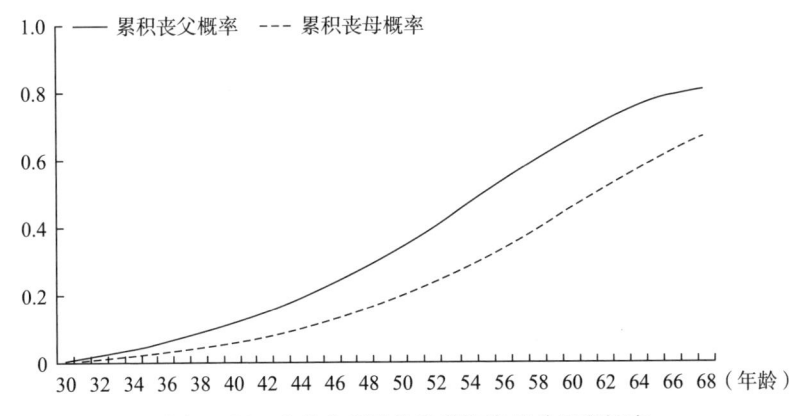

图 5-16　大龄未婚男性丧父和丧母的累积概率

从生物意义上来说，女性较男性具有存活优势。从图 5-16 可以看出，大龄未婚男性在不同年龄上累积丧父概率一直高于累积丧母概率，虽然父亲的年龄比母亲的年龄大 2 岁，但即使进行同龄的比较，丧父的累积概率也高于丧母的累积概率。

(二) 大龄未婚男性家庭生命周期

我们不考察在男性达到所定义的大龄未婚男性年龄之前的情况，只分析在男性达到大龄未婚男性年龄之后的家庭生命周期。父亲 24 岁、母亲 22 岁生育，大龄未婚男性年龄定义在 30 岁时，大龄未婚男性家庭的双亲共居阶段约 17.82 年。这个时候，大龄未婚男性父子年龄相差 24 岁，大龄未婚男性父亲的年龄在 54~72 岁，母亲的年龄在 52~70 岁。这个年龄段的父母可以为大龄未婚男性提供日常照料，甚至经济上的帮助。在大龄未婚男性约 48 岁时，父母一方去世，大龄未婚男性家庭进入单亲共居阶段，由大龄未婚男性与父母之中存活的一方组成，这一阶段持续 10.13 年，这时大龄未婚男性父母的年龄都已经超过 70 岁，所以在这个阶段，父亲或者母亲为大龄未婚男性所能提供的日常照料和经济帮助非常有限。在大龄未婚男性约 58 岁时，父母双方都已经去世，大龄未婚男性一个人生活，这个时期持续大约 10.6 年 (见图 5-17)。在这一阶段，大龄未婚男性步入老年，身体机能下降，经济收入来源有限，加上中国目前农村社会保障制度还不健全，所以这部分人口会陷入贫困，生存状况较差，平均独自生存约 10.6 年后去世。

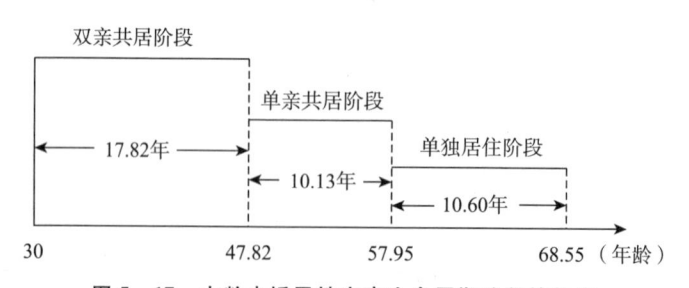

图 5-17 大龄未婚男性家庭生命周期阶段的长度

(三) 相关参数变化对大龄未婚男性家庭生命周期测度的影响

1. 大龄未婚男性起始年龄的定义对三阶段的影响

大龄未婚男性年龄的定义不同，所得到的大龄未婚男性家庭生命周期的三个阶段也不相同。我们把大龄未婚男性的年龄界定为从 24 岁到 36 岁，考察定义的大龄未婚男性年龄的变化对大龄未婚男性家庭生命周期的影响，见表5-8。

从表5-8可以看出，如果把开始成为大龄未婚男性的年龄定义在24岁，则大龄未婚男性家庭的双亲共居阶段长达22.4年；而如果定义在36岁，则这个阶段下降到13.5年。同时，父母一方死亡时大龄未婚男性的年龄从46.4岁上升到49.5岁。单亲共居阶段有所缩短，从11.2年减少到8.9年。但是，大龄未婚男性年龄的不同界定对父母另一方死亡时大龄未婚男性的年龄影响不大，在57.6岁和58.4岁之间。而且，在父母去世之后，大龄未婚男性平均独自生活的时间是10.6年。

总体来说，定义的不同大龄未婚男性年龄对大龄未婚男性家庭生命周期的影响不大。即使把大龄未婚男性年龄定义在36岁或者更大的年龄，测度的定义为36岁大龄未婚男性的双亲共居时间虽然比定义为24岁要短8.9年，那么在此之前，大龄未婚男性也是与父母生活在一起。不同的年龄定义，影响了测度的父母一方死亡的概率，进而影响到父母一方死亡时大龄未婚男性的年龄，但差别不大，在3岁左右。定义的大龄未婚男性年龄对双亲去世后大龄未婚男性独自生活的年限的影响不大，这个年限约为10.6年。

表5-8　不同大龄未婚男性年龄定义对家庭生命周期的影响

大龄未婚男性年龄（岁）	双亲共居阶段（年）	父母一方死亡时大龄未婚男性年龄（岁）	单亲共居阶段（年）	父母另一方死亡时大龄未婚男性年龄（岁）	单独居住阶段（年）
24	22.4	46.4	11.2	57.6	10.4
26	20.9	46.9	10.8	57.7	10.4
28	19.3	47.3	10.5	57.8	10.5
30	17.8	47.8	10.1	58.0	10.6
32	16.4	48.4	9.7	58.1	10.7
34	14.9	48.9	9.3	58.3	10.9
36	13.5	49.5	8.9	58.4	11.0

注：父亲24岁、母亲22岁生育。

2. 父母生育年龄对家庭生命周期的影响

代际年龄差异是一个非常重要的因素，在测度丧偶或丧子概率的时候对结果有非常显著的影响。父母生育年龄不同，对丧父和丧母的概率会有影响,并进而使大龄未婚男性家庭生命周期的三个阶段也不相同。我们把父亲的生育年龄从20岁变化到34岁,考察父母生育年龄变化对大龄未婚男性家庭生命周期的影响,见表5-9。

表5-9 不同生育年龄定义对家庭生命周期的影响

父亲生育年龄（岁）	双亲共居阶段（年）	父母一方死亡时大龄未婚男性年龄（岁）	单亲共居阶段（年）	父母另一方死亡时大龄未婚男性年龄（岁）	单独居住阶段（年）
20	20.5	50.5	10.9	61.4	7.1
22	19.2	49.2	10.5	59.7	8.9
24	17.8	47.8	10.1	58.0	10.6
26	16.5	46.5	9.7	56.2	12.4
28	15.1	45.1	9.3	54.4	14.1
30	13.8	43.8	8.9	52.7	15.9
32	12.5	42.5	8.4	50.9	17.6
34	11.3	41.3	7.9	49.2	19.3

注：父母生育年龄差为2岁。

可以看出,父子年龄差对大龄未婚男性家庭生命周期的各个阶段影响很大。当父亲在20岁、母亲在18岁生育时,由于两代人之间的年龄相差较小,所以大龄未婚男性与父母双亲共同居住的时间比较长,达到20.5年,然后在大龄未婚男性50.5岁的时候,父母双方中的一方去世,大龄未婚男性家庭进入大龄未婚男性与父母中存活的一方共同居住的单亲共居阶段,再经过10.9年,在大龄未婚男性达到61.4岁时,父母中存活的一方也去世,大龄未婚男性家庭中只剩下大龄未婚男性一人,步入了家庭的第三阶段,即单独居住阶段,这个阶段大约为7.1年,然后大龄未婚男性去世,该家庭消亡。

随着父母生育年龄的提高,大龄未婚男性家庭的第一阶段即双亲共居阶段缩短,父母一方死亡时大龄未婚男性的年龄变小,第二阶段即单亲共居阶段缩短,第三阶段即单独居住阶段延长。当父亲在34岁、母亲在32岁生育时,双亲共居阶段持续时间约11.3年,比父亲20岁、母亲18岁生育状况下该阶段缩短了大约10年;单亲共居阶段大约为7.9年,缩短了3年;单独居住阶段延长了大约12.2年,达到了19.3年。

3. 夫妻年龄差对家庭生命周期的影响

一般说来,丈夫年长于妻子,这种婚配模式具有明显的基于生物学的性别特点（Davis，1998）。根据一项对29个发展中国家的研究发现，男性年长于他们的配偶，这是典型的婚姻模式（Casterline et al.，1986）。在中国，夫妻年龄差大致为男性比女性大2~3岁（顾鉴塘，1987；郭志刚、邓国胜，2000；周炜丹，2009）。显然，由夫妻年龄差导致的生育年龄差对家庭生命周期会产生影响。

从表5-10可以看出，保持父亲生育年龄在24岁，母亲生育年龄的变化对家庭生命周期具有影响。当母亲的生育年龄从20岁上升时，双亲共居阶段缩短，单亲居住阶段变化不大。

表5-10　夫妇生育年龄差对家庭生命周期的影响（父亲24岁）

母亲生育年龄（岁）	双亲共居阶段（年）	父母一方死亡时大龄未婚男性年龄（岁）	单亲共居阶段（年）	父母另一方死亡时大龄未婚男性年龄（岁）	单独居住阶段（年）
20	18.3	48.3	10.0	58.3	10.3
21	18.1	48.1	10.1	58.1	10.4
22	17.8	47.8	10.1	58.0	10.6
23	17.5	47.5	10.2	57.8	10.8
24	17.2	47.2	10.4	57.6	10.9
25	16.9	46.9	10.0	57.0	11.6

三　结论

婚姻是建立家庭的起始点，形成家庭的横向轴心，由婚姻产生的亲子关系又形成了家庭的纵向轴心。由于大龄未婚男性没有婚姻，所以大龄未婚男性家庭及家庭生命周期与通常定义的家庭和家庭生命周期存在很大区别。本节研究发现：大龄未婚男性家庭是由大龄未婚男性及其父母组成的家庭，这样的家庭可以分成三个阶段，即大龄未婚男性与父母的双亲共居阶段、父母一方死亡之后的单亲共居阶段、父母双方死亡之后的单独居住阶段。大龄未婚男性及其父母的家庭中，大龄未婚男性在不同的年龄段丧父和丧母概率不同，但在55岁时，累积丧父概率约0.5、累积丧母概率约0.3，存在很大的家庭解体风险。特别值得注意的是，大龄未婚男性一般在约58岁时失去双亲照顾，其独自的生存余年约为10.6年。

此外从相关参数的变化情况看，不同的大龄未婚男性年龄的定义对双亲共居阶段影响比较明显，但对单亲共居阶段和单独居住阶段影响不明显。同样，在父亲生育年龄固定的情况下，母亲生育年龄的小范围的变化对三个阶段变化的影响也不显著。大龄未婚男性在父母双亡之后，大约有10.6年的单独居住时期。但是，父母生育年龄的变化对大龄未婚男性家庭生命周期中双亲共居、单亲共居和单独居住阶段影响显著。随着父母生育年龄的提高，大龄未婚男性丧父和丧母的年龄提前，单独居住阶段延长。值得注意的是，除了与父母共同居住，还存在大龄未婚男性与兄弟姐妹共同居住的情况。2000年第五次人口普查千分之一抽样数据显示，大龄未婚男性的主要居住方式除了独居（35.42%）和与父母共同居住（33.79%）外，还有27.81%的大龄未婚男性与兄弟姐妹共同居住，所占比例仅次于前两种居住方式。即使大龄未婚男性的父母双方都已经去世，如果其有兄弟姐妹，大龄未婚男性还可能与兄弟姐妹共居，不一定会直接进入独居阶段。

同已婚人群相比，大龄未婚男性缺乏亲密的婚姻关系所带来的情感和实际支持，在社会中是孤立的，容易感到孤独，这种孤独包括精神孤寂，如焦虑、有压力、缺乏食欲、失眠、空虚、身体不适等，以及由个人缺乏社会网络而引起的社会孤寂，如厌倦、不满和感到被孤立等（Beckman and Houser, 1982; Seccombe and Ishii-Kuntz, 1994; Yip, 1998; Chang et al., 2010）。大龄未婚男性大多生活凄惨、枯燥乏味，身心压抑，健康受到损害。大龄未婚男性人际交往的内容一般都很狭窄，普通人与他们的交往一般仅局限于打打牌或者做什么游戏，在其他日常事务中很少同他们合作。大龄未婚男性接触最多的是自己的家人和亲戚，一些事情都是亲戚帮着做的，如缝补洗涮。大龄未婚男性在父母健在的时候从父母处获得日常照料和帮助，也可能从兄弟姐妹的家庭中获得帮助；但是，随着年龄增长，父母相继去世，且大龄未婚男性不仅无法增加家庭收入，还可能为家庭带来负担，这时能够获得的来自亲戚的支持可能变得微乎其微。本节只是基于生命表技术和概率分析，对大龄未婚男性家庭生命周期进行的初步研究，至于家庭不同阶段的日常照料、经济状况等需要更深入地研究。

老年失婚群体的存在会带来养老问题，他们因为缺乏儿女的照料而导致对社会照料机构的依赖，使用社会服务的比例远高于已婚人群，老年失婚群体的增长导致了对社会服务需求的增长。伴随经济不断发展，中国将具有一定的经济实力逐渐负担起以前由家庭所负担的保障功能。但是就所能看到的未来，农村的社会养老体系还不能大范围覆盖农村人口，中国农村主要的养老方式还是家庭养老。大龄未婚男性不能组建自己的家庭，所以他们有的自己存钱养老，有的准备将来依靠政府。但由于中国农村还未能建立可靠而又完备的老年保障体系，中国农村绝大部分老人目前的收入水平还不足以为老年生活建立足够的储蓄。无伴侣扶持、无子女赡养、精神无所寄托，老年大龄未婚男性群体将成为物质和精神的双重贫困者，构成未来中国一支庞大的农村大龄未婚男性老人队伍（朱婷，2008）。大量大龄未婚男性家庭的出现，可能引发养老危机，如今一些农村地区出现"大龄未婚男性村"，若干年以后，就有可能演变成"五保户村"，给社会带来沉重的负担（石人炳，2006）。

第三节 本章小结

本章使用人口学分析方法和原理，对中国大龄未婚男性进行生存分析，较为系统地对中国大龄未婚男性的生存状况和家庭生命周期进行了探讨。研究表明，中国大龄未婚男性具有被动性、严重性、聚集性和脆弱性的特征。其生存状况与一般男性存在明显差异，面临较高的死亡风险和较严重的寿命不均等。分城乡看，农村大龄未婚男性受城乡差距和失婚状态的叠加影响，是"弱势中的弱势群体"；分教育看，不同受教育程度的大龄未婚男性的生存状况存在明显差异，提高其教育水平可弥补其因失婚而带来的健康劣势。性别失衡的宏观背景与个体的弱势性特征共同导致部分男性在婚姻市场竞争中失败，无法成婚这一事实又在社会文化、政策制度和家庭功能层面强化了其弱势地位。

大龄未婚男性家庭是由大龄未婚男性及其父母组成的家庭，这样的家庭可以分成三个阶段，即大龄未婚男性与父母的双亲共居阶段、父母一方死亡之后的单亲共居阶段、父母双方死亡之后的单独居住阶段。大龄未婚男性及其父母的家庭中，大龄未婚男性在不同的年龄段丧父和丧母概率不同，但在 55 岁时，累积丧父概率约 0.5、累积丧母概率约 0.3，存在很大的家庭解体风险。特别值得注意的是，大龄未婚男性一般在 58 岁时失去双亲照顾，其独自的生存余年约为 10.6 年。

综上，本章的分析结果较为系统地阐述了当前性别失衡背景下中国大龄未婚男性所面临的生存问题,从人口学的视角,使用宏观分析方法和数据论证了这一群体在生存状况和家庭生命周期与其他男性群体之间的显著差异,反映出这一群体整体死亡率较高,期望寿命较短,且寿命不均等较为严峻的生存形势。

第六章 大龄未婚男性的健康与社会支持

本章利用 2015 年湖北省 ZG 县 "农村男性生活质量" 微观调查数据，对大龄未婚男性的健康状况和社会支持进行分析。第一节在描述大龄未婚男性的健康状况后，重点分析教育对大龄未婚男性健康状况的影响及中介路径，以期从教育着手提出改善大龄未婚男性健康状况的可行之策。第二节对大龄未婚男性与非未婚男性的社会支持进行比较分析，以揭示现有社会支持体系的不足，并提出相关政策建议。

第一节 大龄未婚男性的健康状况

大龄未婚男性面临较高的健康风险。在我国农村普婚的背景下，婚姻挤压使大龄未婚男性承受着生理和心理的双重压力（李艳、李树茁、罗之兰，2009），同时，失婚使大龄未婚男性往往处于严重的性匮乏状态，其性途径主要通过婚外渠道，选择风险性行为的比例较高，容易成为传染病的载体（杨博等，2012；杨雪燕等，2012）。在短期内，我国无法弥补婚姻市场中缺失的女性资源，以有效解决大龄未婚男性的健康问题。已有研究表明，教育对健康有重要的促进作用（Chen et al.，2010），相较于女性资源，教育资源的短缺能在更短的时间内得到解决。因此，本节首先从身体健康、心理健康和自评健康三个维度出发，全面分析农村大龄未婚男性的健康状况，然后着重探讨教育对大龄未婚男性健康状况的影响及作用路径，以探索改善大龄未婚男性健康状况的可行之策。

一 研究设计

（一）研究思路

健康是人类福利的一个重要维度，它既是人类赖以谋生的工具，也是让人们能够享受其劳动成果的保证（Deaton，2003）。目前，有关健康的研究层出不穷且十分丰富，在内容上，主要关注各类群体的健康状况及健康的影响因素，并比较健康的城乡、性别差异（李建新、李春华，2014），或聚焦于婚姻、教育等变量与健康之间的关系及影响机制（Waldron et al.，1997；胡安宁，2014），或探讨健康不平等问题（Rueda，2012）；在研究对象上，主要关注儿童、老年人、农民工等群体（王丽敏、张晓波，2003；梁宏，2014），少有研究侧重将未婚人群作为研究对象考察其健康状况。

在当前中国以男性过剩为特征的婚姻挤压背景下，农村大龄未婚男性成为婚姻市场中的弱势群体，其生存状况引起学者们的关注，其中，健康状况作为反映大龄未婚男性生存状况的重要方面，成为研究的焦点之一。相关研究主要将大龄未婚男性与已婚男性做对比，描述大龄未婚男性的健康水平，并着重分析失婚与大龄未婚男性健康的关系。与已婚男性相比，大龄未婚男性患慢性病或残疾的比例较高（王磊，2012），自评健康也比已婚男性差（Gupta et al.，2010）。在健康的多个维度中，学者们重点关注大龄未婚男性的心理健康，认为长期缺乏婚姻支持损害了大龄未婚男性的心理福利，加剧了该群体的心理失范程度（李卫东、胡莹，2012）。被迫不婚使大龄未婚男性承受着多方面的压力，遭受了严重的幸福感损失（马汴京，2015）。

对于大龄未婚男性，有关研究大多将教育作为控制变量讨论大龄未婚男性的生活质量、心理福利等，少有研究着重探讨教育对大龄未婚男性健康状况的促进作用。如果教育能够提高大龄未婚男性的健康水平，那么大龄未婚男性不仅能在健康方面获益，还可能通过健康水平的提升而改善其社会经济状况。此外，教育是一个可进行社会干预的变量，改善教育可能是提高大龄未婚男性健康水平的有效途径（洪岩璧、陈云松，2017）。研究教育对健康的影响对于提高大龄未婚男性的健康水平具有重要意义。

教育与健康之间的正向相关关系已得到广泛验证，教育的提升对健康有着积极的影响，并且教育对健康的促进作用是多渠道的。关于教育对健康的影响路径，胡安宁基于已有研究，将教育影响健康的中介因素归纳为三类：一是物质性人力资本所带来的经济地位提升，受教育程度越高的人越不容易失业，同时越容易获得较高的收入，进而维持个体较好的健康状态；二是非物质性人力资本，教育能够通过培养良好的生活态度、锻炼解决问题的能力等综合要素来提高个体的健康水平；三是健康习惯，在校学习的过程会逐渐培养个人良好的健康习惯，促进个体健康状况的提升（Wheaton，1980；胡安宁，2014）。

因此，本节基于湖北省 ZG 县的微观调查数据，考察大龄未婚男性的健康状况，并纳入以上三类中介因素，探讨大龄未婚男性群体中，教育与健康的关系及其作用路径。关于大龄未婚男性健康状况的测量，如仅考虑健康的一个或两个维度，所反映的内容有限。根据世界卫生组织对健康的定义，一个人的健康不仅包括生理健康、心理健康，还包括带有主观综合评价的社会适应度测量，即自评健康（李建新、李春华，2014）。因此，本节从身体健康、心理健康、自评健康三个维度系统地分析大龄未婚男性的健康状况，以全面了解大龄未婚男性的健康状况。

（二）资料来源和变量测量

1. 资料来源

本节资料来源于 2015 年 8 月对湖北省 ZG 县的调查。考虑到婚姻对健康状况的影响，本节中的已婚男性是指 30 岁及以上的初婚或再婚男性，不包括离异、丧偶男性。对相关变量进行处理（筛选样本和各变量缺失值处理）后，最终纳入分析的样本共 757 个，大龄未婚男性样本共 366 个、已婚男性样本 391 个，分别占比 48.35%、51.65%。

2. 变量测量

因变量包括 SF-36 身体健康、SF-36 心理健康和自评健康。其中，SF-36 身体健康分值、SF-36 心理健康分值是根据 SF-36 简明健康量表计算得出，SF-36 量表是美国波士顿健康研究所研制的简明健康调查问卷，包括 8 个健康维度和 1 个健康变化自评，被广泛应用于诸多领域，是国际上普遍认可的具有代表性的生命质量评测工具。除健康变化自评（不参与量表评分）外，SF-36 量表从 8 个维度概括被调查者的生存质量，每个维度又分别包括若干条目，如果应答者没有完全回答量表中的所有问题条目，则将该条目视为缺失。若应答者回答了至少一半的问题条目，仍计算该方面的得分，缺失条目的得分用其所属方面的平均分代替。为便于比较，这 8 个维度可进一步划分为身体健康和心理健康两个方面，身体或心理健康的分值为相关维度分值相加后取平均值，分值范围为 0~100 分，得分越高说明身体或心理健康状况越好。本节使用的调查数据中，SF-36 量表的 alpha 信度系数为 0.92，其中身体健康分量表的信度系数为 0.92，心理健康分量表的信度系数为 0.80。自评健康基于问卷中的问题"总体来讲，您的健康状况是？"，答案编码为 1=非常差，2=差，3=一般，4=好，5=非常好，序号越大，说明自评健康状况越好。

自变量为受访者的受教育年限，由受教育程度重新编码为定距变量：1=不识字或很少识字，6=小学，9=初中，12=高中，14=大专，16=本科及以上。

模型还考虑了介于教育与健康状况之间的三类变量：经济地位、健康习惯、自我控制能力。经济地位用职业（0=务农，1=非农）、个人年收入（进行对数转换）和家庭经济地位"您认为您的家庭经济状况在家乡属于什么水平"（答案编码为 1=下等，2=中等，3=上等）测量。健康习惯包括饮酒（0=饮酒，1=不饮酒）、吸烟（0=吸烟，1=不吸烟）、休闲活动指数。休闲活动指数的构造包括看电视、下棋打牌、跳舞健身、读书看报、串门聊天、其他活动 6 项，如果经常参加其中的某一项活动，则得分增加 1 分，满分为 6 分。自我控制能力用于测量非物质性人力资本，由三个问题组成，即"感到自己能有效地处理生活中所发生的重要改变"、"感到自己能有效地处理私人的问题"和"感到自己有能力控制自己的生活"，答案为出现以上感受或想法的频率，1=从不，2=很少，3=有时，4=经常，5=总是。这三个问题在后续的描述性分析中分别简称为"自我控制能力一、二、三"。除中介变量外，控制变量年龄作为连续变量纳入模型。

表 6-1 为主要变量的描述统计。

表 6-1　主要变量的描述统计

单位：%，人

变量	大龄未婚男性	已婚男性
	百分比/均值（标准差）	百分比/均值（标准差）
受教育年限	6.99 (2.82)	8.18 (3.00)
年龄	44.60 (8.99)	50.92 (11.19)

续表

变量		大龄未婚男性	已婚男性
		百分比/均值（标准差）	百分比/均值（标准差）
职业	务农	89.62	82.35
	非农	10.38	17.65
收入（取对数）		8.68（1.93）	9.54（1.32）
家庭经济地位	下等	63.66	28.39
	中等	31.42	50.38
	上等	4.92	21.23
饮酒	是	32.24	41.94
	否	67.76	58.06
吸烟	是	63.11	61.89
	否	36.89	38.11
休闲活动指数		2.36（1.05）	2.70（1.13）
自我控制能力一		2.89（1.06）	3.34（1.15）
自我控制能力二		3.09（1.09）	3.55（1.08）
自我控制能力三		3.30（1.11）	3.77（1.04）

（三）研究方法

本节采用描述分析、多元线性回归和序次 Logistic 回归对大龄未婚男性的健康状况进行分析。

首先，通过与已婚男性做对比，从身体健康、心理健康和自评健康 3 个维度描述分析农村大龄未婚男性的健康状况。对健康的描述纳入了以下指标：BMI 值、残疾、生活满意度和抑郁度。BMI（Body Mass Index）表示身体质量指数，由体重（kg）除以身高（m）的平方项得出，是国际上常用的衡量个体健康的标准之一，成人 BMI 数值的正常范围是 18.5~24.99。残疾由问卷中"您的身体是否有残疾"得出，0 = 否，1 = 是。生活满意度采用生活满意度量表（SWLS），包括 5 个问题（1 = 非常不同意，2 = 比较不同意，3 = 不确定，4 = 比较同意，5 = 非常同意），将每个问题的分值加总得到生活满意度得分，分值越高，表示满意度越高，量表的 alpha 系数为 0.84。抑郁度采用 CES-D 简表，包括 9 个问题（0 = 没有，1 = 有时，2 = 经常），简表中有 3 项表示积极情感的问题，需要调整方向。各问题累加后得到抑郁得分，取值范围为 0~18 分，得分越高表示抑郁程度越高，量表的 alpha 系数为 0.73。此外，生活满意度量表和抑郁度量表的缺失值处理同 SF-36 量表。

其次，通过多元线性回归和序次 Logistic 回归分别研究农村大龄未婚男性受教育年限对身体健康、心理健康和自评健康的影响，并在此基础上依次加入三类中介变量——经济地位、健康习惯以及自我控制能力，进一步探究受教育年限提升个体健康的途径。为正确估计教育对健康的作用，需要考虑可能存在的反向因果、测量误差等问题。根据以往研究，本节将大龄未婚男性的年龄界定为 30 岁及以上，大龄未婚男性接受教育的过程在此时基本已经完成，而调查中所关注的是大龄未婚男性在调查时点（2015 年）的健康状况，不应影响多年前的受教育水平，因此反向因果关系并不需要特别关注。在本节采用的大龄未婚男性样本中，青年和中年人口居多，老年人口（60 岁及以上）的比例较小且多为年轻老年人，在报告自己的受教育程度时的测量误差相对不大。

二　大龄未婚男性的健康状况

农村大龄未婚男性的身体健康较已婚男性差。表 6-2 包括身体健康的三个指标：SF-36 身体健康分值、残疾、BMI。大龄未婚男性的 SF-36 身体健康分值低于已婚男性，说明其健康状况不及已婚男性。大龄未婚男性残疾的比例高达 22.13%，约为已婚男性的 2.5 倍，身体残疾限制了这部分大龄未婚男性通过外出务工等途径改善自身经济、生活状况较差的现状，在农村社会保障水平较低的状况下，他们很可能长期挣扎于社会底层，难以实现阶层的向上流动。大龄未婚男性和已婚男性的 BMI 指数基本持平，都在正常范围内。通过比较发现，除 BMI 指数外，另外两个指标均反映出大龄未婚男性的身体健康不及已婚男性。

农村大龄未婚男性的心理健康也比已婚男性差。心理健康包括 SF-36 心理健康分值、生活满意度、抑郁度三个指标。大龄未婚男性的 SF-36 心理健康分值较低，反映出大龄未婚男性的心理健康状况不佳。T 检验表明，SF-36 心理健康总评与婚姻的关系是显著的，但 SF-36 身体健康总评与健康的关系不显著，说明总体而言，大龄未婚男性与已婚男性的心理健康存在显著差异。在生活满意度的测量中，大龄未婚男性生活满意度的均值低于已婚男性。而在抑郁度测量中，大龄未婚男性的抑郁度分值更高，反映了相较于已婚男性，大龄未婚男性的精神状态较差。

在自评健康方面，大龄未婚男性对自身健康状况的评价较已婚男性低。自评健康是个体对其自身健康状况的主观评价和期望（忻丹帼等，2003），能反映个体总体健康状况是否良好（李运明等，2013）。大龄未婚男性自评健康的中位数是"一般"，已婚男性的中位数是"好"，超过半数的大龄未婚男性认为自己的健康状况为"一般"、"差"和"非常差"，相反，超过半数的已婚男性评价自身健康状况为"好"和"非常好"，说明大龄未婚男性对自身健康状况的评价不高，而已婚男性对自身健康状况的评价更加积极，二者的自评健康与实际健康状况基本一致。

综合来看，大龄未婚男性在不同维度的健康指标上一致表现出较已婚男性更差的健康状况，且各指标的标准差均高于已婚男性，即大龄未婚男性健康评分的分布更加分散，表明大龄未婚男性不但整体健康状况差，而且群体内部的健康差异也比已婚男性大。相反，已婚男性不仅整体健康状况好，而且内部差异性较小，大部分个体的健康状况均较好。

对婚姻状况与各类健康变量的检验发现，在没有控制其他变量的情况下，除 SF-36 身体健康、BMI 与婚姻状况的关系不显著外，其他健康变量（残疾、SF-36 心理健康、生活满意度、抑郁度、自评健康）都与婚姻状况显著相关。

表 6-2 大龄未婚男性的健康状况

单位：%，人

变量		大龄未婚男性	已婚男性
		百分比/均值（标准差）	百分比/均值（标准差）
身体健康			
SF-36 身体健康		69.85（23.16）	72.22（22.30）
		$t = -1.437$，$p > 0.05$	
残疾	否	77.87	90.54
	是	22.13	9.46
		$\chi^2 = 23.057$（$df = 1$），$p < 0.001$	
BMI		21.97（2.77）	21.95（2.56）
		$t = 0.119$，$p > 0.05$	

续表

变量	大龄未婚男性	已婚男性
	百分比/均值（标准差）	百分比/均值（标准差）
心理健康		
SF-36 心理健康	67.26（19.69）	71.83（18.69）
	$t=-3.280$, $p<0.05$	
生活满意度	13.56（5.05）	16.23（4.79）
	$t=-7.457$, $p<0.001$	
抑郁度	8.49（3.43）	6.11（3.30）
	$t=9.731$, $p<0.001$	
自评健康		
非常差	4.64	2.30
差	13.93	9.21
一般	42.62	37.34
好	30.33	35.29
非常好	8.47	15.86
	$\chi^2=18.834$（$df=4$）, $p<0.01$	
N	366	391

三 教育对大龄未婚男性健康的影响

上文将大龄未婚男性的健康状况与已婚男性进行对比发现，大龄未婚男性的健康水平明显不及已婚男性，且大龄未婚男性内部的健康水平可能存在异质性。下文将从教育入手，用 SF-36 身体健康得分代表身体健康，用 SF-36 心理健康得分代表心理健康，分析教育对大龄未婚男性健康状况的影响及路径。

（一）教育与经济地位、健康习惯和自我控制能力的关系

梳理以往研究发现，教育还可能通过经济地位、健康习惯、自我控制能力等中介变量对健康产生间接效应。要分析教育对健康的作用路径首先需要了解不同受教育年限的大龄未婚男性在经济地位、健康习惯、自我控制能力方面的不同。

从表6-3中可看出，职业、收入与受教育年限显著相关，从事非农工作的大龄未婚男性受教育年限更长，大龄未婚男性收入越高，其受教育年

限也越长。家庭经济地位与受教育年限也存在显著的相关性，受教育年限长的大龄未婚男性更倾向于认为自己的家庭经济地位更高。

受教育年限与饮酒、吸烟不存在显著的相关关系。实地调查发现，农村男性饮酒、吸烟的现象比较普遍，在日常交往过程中，闲聊时相互递烟、吃饭时敬酒联络感情是农村男性之间习以为常的社交方式。受教育年限与休闲活动指数显著相关，意味着受教育年限越长的大龄未婚男性参与休闲活动更加活跃，闲时的生活更加丰富。

自我控制能力可看作非物质性人力资本的体现。受教育年限与三种自我控制能力均表现出显著的正向相关关系，说明大龄未婚男性受教育年限越长，对自己生活的掌控感越强。

表 6-3 教育与经济地位、健康习惯和自我控制能力

变量	受教育年限			
	回归系数	标准误	R^2	N
职业（务农）	1.21*	0.48	0.017	366
收入（对数）	0.18*	0.08	0.015	366
家庭经济地位（下等）				
中等	1.41***	0.31	0.084	313
上等	2.75***	0.66		101
饮酒	0.10	0.32	0.000	366
吸烟	0.33	0.31	0.003	366
休闲活动指数	0.73***	0.14	0.074	366
自我控制能力一	0.39**	0.14	0.022	366
自我控制能力二	0.47***	0.13	0.033	366
自我控制能力三	0.57***	0.13	0.050	366

注：$*p<0.05$，$**p<0.01$，$***p<0.001$，无标注表示不显著。

（二）教育对健康状况的影响途径

受教育年限的提高能够改善健康状况，且受教育年限与社会经济地位、健康行为、自我控制能力密切相关，我们进一步分析教育如何通过中介因素影响健康。表 6-4、表 6-5、表 6-6 分别展示了教育对大龄未婚男性身体健康、心理健康和自评健康的影响途径。基准模型 1 没有纳入任何中介变量，模型 2 至模型 8 在基准模型 1 的基础上分别纳入了表 6-3 中与教育的

关系显著的中介变量，其中，代表健康习惯的饮酒、吸烟与受教育程度的相关关系不显著，因此在健康习惯这个维度仅纳入休闲活动指数，模型9纳入了所有的中介变量。

对大龄未婚男性而言，教育主要通过提高经济地位和增强自我控制能力对其身体健康水平产生积极影响。在表6-4基准模型1中，受教育年限对大龄未婚男性的身体健康有显著影响。模型2和模型3分别纳入职业、收入后教育对身体健康的影响仍然显著，但在模型4纳入家庭经济地位后变得不显著了，说明教育主要通过家庭经济地位这个中介变量对身体健康产生影响。模型5纳入休闲活动指数后，教育对身体健康的影响仍然显著，但回归系数变小了，表明休闲活动指数部分中介了教育对身体健康的效应。同理，在自我控制能力相关变量中，自我控制能力二、三完全中介了教育对身体健康的效应，即教育主要通过自我控制能力二、三影响身体健康。

表6-4 教育对身体健康的影响及其路径

变量	身体健康								
	模型1	模型2	模型3	模型4	模型5	模型6	模型7	模型8	模型9
受教育年限	1.20**	1.33**	1.00*	0.84	0.94*	1.01*	0.87	0.64	0.42
年龄	-0.55***	-0.55***	-0.41**	-0.38**	-0.52***	-0.51***	-0.53***	-0.56***	-0.34**
职业（务农）		-9.21*							-8.97**
收入			4.70***						4.04***
家庭经济地位									
（下等）									
中等				11.26***					4.10
上等				17.34**					7.64
休闲活动指数					3.00**				1.64
自我控制能力一						4.48***			0.77
自我控制能力二							5.20***		1.13
自我控制能力三								6.34***	3.74**
R^2	0.095	0.109	0.244	0.152	0.112	0.136	0.153	0.183	0.340
N	366	366	366	366	366	366	366	366	366

注：* $p<0.05$，** $p<0.01$，*** $p<0.001$，无标注表示不显著。

与身体健康相似，大龄未婚男性的教育主要通过家庭经济地位和自我控制能力对心理健康产生影响。如表6-5所示，在模型3、4分别纳入收入和家庭经济地位后，教育对心理健康的影响不再显著，表明教育主要通过收入、家庭经济地位对心理健康产生影响，受教育年限越长，收入和家庭经济地位很可能越高，从而有益于心理健康。模型5纳入休闲活动指数后，教育对心理健康的影响不显著，休闲活动指数对心理健康的影响同样不显著，因此无法讨论中介效应。模型6至模型8分别纳入三种自我控制能力后教育的影响不显著了，自我控制能力一、二、三完全中介了教育对心理健康的影响。

表6-5 教育对心理健康的影响及其路径

变量	心理健康								
	模型1	模型2	模型3	模型4	模型5	模型6	模型7	模型8	模型9
受教育年限	0.87*	0.96*	0.75	0.54	0.70	0.65	0.52	0.32	0.15
年龄	-0.29*	-0.30*	-0.21	-0.14	-0.28*	-0.25*	-0.27*	-0.30*	-0.13
职业（务农）		-6.88*							-6.13*
收入			2.69***						1.91***
家庭经济地位									
（下等）									
中等				9.95***					5.10*
上等				16.03***					9.17*
休闲活动指数					1.93				0.78
自我控制能力一						4.94***			1.70
自我控制能力二							5.47***		1.64
自我控制能力三								6.18***	3.28**
R^2	0.048	0.059	0.116	0.112	0.058	0.118	0.137	0.164	0.256
N	366	366	366	366	366	366	366	366	366

注：$*p<0.05$，$**p<0.01$，$***p<0.001$，无标注表示不显著。

如表6-6所示，分别纳入三类中介变量后，教育对大龄未婚男性的自评健康仍然显著，但教育的回归系数有小幅下降，表明这些中介变量仅部分中介了教育对自评健康的效应。模型9纳入所有中介变量后，教育对自评健康的影响却不显著了，说明此时中介变量完全中介了教育对自评健康的作用。

表 6-6 教育对自评健康的影响及其路径

变量	自评健康								
	模型1	模型2	模型3	模型4	模型5	模型6	模型7	模型8	模型9
受教育年限	0.11**	0.12**	0.10**	0.08*	0.09*	0.10**	0.09*	0.08*	0.08
年龄	-0.03**	-0.04**	-0.03*	-0.02	-0.03**	-0.03**	-0.03*	-0.04**	-0.02
职业（务农）		-1.08***							-1.22***
收入			0.42***						0.40***
家庭经济地位									
（下等）									
中等				0.95***					0.52*
上等				1.31**					0.70
休闲活动指数					0.19*				0.07
自我控制能力一						0.32***			0.20
自我控制能力二							0.26**		-0.11
自我控制能力三								0.39***	0.26*
伪 R^2	0.029	0.040	0.089	0.050	0.033	0.041	0.037	0.048	0.127
N	366	366	366	366	366	366	366	366	366

注：$*p<0.05$，$**p<0.01$，$***p<0.001$，无标注表示不显著。

综上所述，受教育年限不仅通过物质性人力资本如家庭经济地位提高大龄未婚男性的健康水平，还通过诸如自我控制能力之类的非物质性人力资本对健康产生影响。对于不同维度的健康，教育影响健康的中介变量有所不同。在身体健康方面，教育主要通过作用于家庭经济地位、自我控制能力二、自我控制能力三，进而对身体健康水平产生正向影响；在心理健康方面，除了家庭经济地位、自我控制能力二、自我控制能力三，教育还能通过收入、自我控制能力一对心理健康产生积极影响；而在自评健康方面，所有中介变量在教育对自评健康的影响中都具有一定的中介效应，但不足以构成完全中介效应。

通过对微观调查数据的分析，结果表明教育对大龄未婚男性健康状况有积极影响，受教育年限的提高能够在一定程度上弥补大龄未婚男性的健康劣势，缩小其与已婚男性的健康差距。在难以促进大龄未婚男性普遍成婚的现状下，政府需要进一步发展农村教育事业，在普及义务教育后鼓励农村居民继续接受高等教育，以保障农村大龄未婚男性的健康。同时，政府还可以采取措施协助大龄未婚男性谋取更好的工作，增加他们的收入，提高其经济地位，改善大龄未婚男性的经济条件，以提高他们的健康水平；也可以引导农村大龄未婚男性提高自我控制能力等非物质性人力资本等，以改善大龄未婚男性自身的健康状况。

第二节 大龄未婚男性的社会支持体系研究

随着人口性别结构失衡的持续，婚姻挤压越发严重，农村大量未婚男性群体的规模也越发庞大。该群体生活状况堪忧，承受着来自多方的压力，囿于有限的社会资源又难以依靠自己的努力脱离弱势境地。已有研究表明，社会支持能帮助个体增强自尊心、自信心和归属感，缓解心理压力，促进社会融合，对于改善生活状况具有重要作用（Rook，1984；吴小桃、刘旭峰，1995）。由此，全面了解农村大龄未婚男性的社会支持状况不仅有利于了解该群体的生存和发展态势、改善其弱势境况、提高生活水平，还可为社会公共政策的完善建言献策，具有一定的理论意义和现实意义。

本节运用 2015 年湖北省 ZG 县调查数据，将初婚、再婚、离异、丧偶的农村男性统一归类为非未婚男性，通过描述统计的方法分析大龄未婚男性的社会支持现状，并与非未婚男性进行对比，讨论大龄未婚男性现有社会支持的不足，并基于生命周期的视角为该群体建立完善的社会支持体系，从而为提高其生活水平、改善其生存质量提出相应的政策建议。其中，大龄未婚男性的界定与前文保持一致，指 30 岁及以上没有婚姻经历的农村男性，并将 30 岁及以上初婚、再婚、离异、丧偶的农村男性统一归类为非未婚男性。筛选样本年龄、处理各变量缺失值后，最终纳入分析的样本共 742 个，大龄未婚男性与非未婚男性样本个数依次为 343、399，分别占比 46.23%、53.77%。

一 大龄未婚男性社会支持现状

社会支持可根据提供的主体分为正式社会支持与非正式社会支持两种类型。正式社会支持指通过政府、企业、社区组织等正式组织和正式的制度安排为人们提供的保障和支持，如社会保障制度、员工福利制度、社区正式组织的帮助等。非正式社会支持主要是来自家庭、亲属、朋友、邻居、同事等非正式社会关系资源所提供的支持与帮助，它更多地表现了个人与个人之间的联系（张友琴，2001）。基于此，本节以正式与非正式为划分维度，对我国农村大龄未婚男性的社会支持现状进行梳理与分析。

（一）正式社会支持的现状

正式社会支持的主体包括各级政府、企业、社区组织等，但本次调查了解到农村大龄未婚男性获得的正式支持主要来源于社会保障制度，来自企业、非政府组织的支持严重匮乏，趋近于无。基于此现状，本节对于正式社会支持的分析集中在主要社会保障制度方面。

政府主要通过社会保障制度与相关政策设计调整资源配置，为弱势群体提供重要的制度支撑与物质支持，是弱势群体最主要的支持因素。社会保障对社会公平起到调节作用。目前，我国并没有针对大龄未婚男性的社会保障政策。农村居民社会保障制度当中能够涵盖大龄未婚男性的主要有新型农村养老保险、新型农村合作医疗、农村五保供养制度和最低生活保障制度。此外，根据中国的计划生育管理条例，对于符合独生子女政策的60岁以上老年人发放养老补贴，但对于无子女的老年未婚男性反而由于没有生育子女而不被纳入补贴的范围。

在大龄未婚男性可以享受的社会保障制度中，按保障的层次分，新型农村社会养老保险（简称"新农保"）、新型农村合作医疗（简称"新农合"）可归为社会保险类制度，农村五保供养制度（简称"五保"）[①]、最低生活保障制度（简称"低保"）可归为社会救助类制度。这四项制度基本涵盖了居民的最低生活保障、医疗与养老方面的需求。因此，本节以这几项制度为切入点，比较不同婚姻状态下社保制度的覆盖情况与满意度，讨论大龄未婚男性的正式社会支持现状。

1. 主要社会保障制度的覆盖情况

新型农村社会养老保险、新型农村合作医疗作为农村社会保障制度的两个重要方面，前者以个人缴费、地方补助、政府补贴的方式储蓄养老金，后者主要通过看病报销等手段进行医疗费用的减免与补偿。这两种社会保

---

① 2014年国务院公布实施《社会救助暂行办法》，将城市"三无"人员保障制度和农村五保供养统一为特困人员供养制度，2016年《国务院关于进一步健全特困人员救助供养制度的意见》与《特困人员认定办法》的发布将特困人员供养制度的实施办法进一步落实。但2015年ZG县仍沿用"五保制度"这一说法，故本研究遵循调研地实际情况，文中涉及该制度的部分以"五保制度"代替"特困人员救助供养制度"。

险为农村居民的晚年生活和医疗健康提供了重要的制度支撑和物质支持，对于缺少配偶支持与照料、家庭养老链条断裂、整体健康状况较差的大龄未婚男性尤为重要（张思锋等，2011）。在我国新型农村社会养老保险、新型农村合作医疗基本实现全覆盖的背景下，调查数据显示，从整体上来看受访者的参保率、参合率都比较高，但未婚男性都略低于非未婚男性（见表6－7），尤其是新农保的参保率，存在一定的婚姻差异。

表6－7 主要社会保障制度在农村男性中的分婚姻覆盖情况

单位：%，人

	保障制度	未婚	非未婚	卡方检验
保险类	新农保	84.84	90.23	*
	新农合	96.79	99.00	*
救助类	低保	32.65	10.78	***
	五保	11.37	1.25	***
	N	343	399	—

注：$*p<0.05$，$**p<0.01$，$***p<0.001$，无标注表示不显著。

对调查对象未参加新农保的原因进行分析时发现，未婚男性和非未婚男性存在显著差别。如表6－8所示，大龄未婚男性由于经济原因未参加新农保的比例高达61.22%，而非未婚男性仅为10.53%。根据调查结果，此处占比60.53%的非未婚男性未参加新农保的"其他原因"主要是指参加了城乡居民养老保险或者购买了商业养老保险。仅从参加养老保险这一角度来看，本应通过新农保为老年生活提供物质保障的大龄未婚男性反而由于经济实力过低无法参加新农保，在可预见的弱势累积下，大龄未婚男性的晚景不容乐观。

表6－8 调查对象未参加新农保的原因分析

单位：%，人

	未婚	非未婚
经济原因	61.22	10.53
制度原因	8.16	18.42
无长远考虑	14.29	10.53
其他	16.33	60.53
N	49	38
Pearson chi2 (3) = 27.8309		Pr = 0.000

相较于社会保险类的新农保、新农合，救助性的社会保障制度为弱势群体提供的帮助形式更多、力度更强，为其基本生存起到防护网的作用。农村最低生活保障制度通过最低生活保障金的形式为生活在贫困线以下的农村居民提供帮扶；农村五保供养制度通过集中或分散供养的形式为因老年、残疾等原因而无劳动能力、无生活来源、无法定赡养人的农村居民提供保障，并在吃、穿、医、住、葬五个方面对其进行生活照顾和物质帮助，政府财政对其托底。由表6-7可知，最低生活保障制度与五保供养制度在农村大龄未婚男性中的覆盖率分别高出非未婚男性群体2倍、8倍，表明大龄未婚男性群体中需要帮扶的个体比例更高，该群体的弱势地位十分明显。

2. 社会保障制度的满意度分析

社会保障参与者、享有者对该制度的满意度，既反映制度建设的实际效果与质量，又影响受众的参与积极性和制度的可持续发展（王红漫等，2006）。本节试图通过对比未婚与非未婚男性对社会保障制度的满意度，讨论作为正式社会支持主要来源的社会保障制度能否基本满足大龄未婚男性群体的生存需求。调研时问及满意度的制度有新农保、新农合与五保制度，低保制度则是从对低保享有者生活需求满足程度的角度切入进行调查，故本节将相关问题重新编码，如表6-9所示，满意度问题的答案为"不满意"、"一般"和"满意"，低保满足程度的答案为"不满足"、"一般"和"满足"。由于每项制度覆盖的人群不一致，故而对应的样本数量也不一致。

表6-9 不同项目享有者对该制度的满意程度

单位：%，人

保障制度		未婚	非未婚
新农保	不满意	6.90	5.74
	一般	18.28	19.95
	满意	74.83	74.32
	N	290	366
新农合	不满意	4.53	3.54
	一般	17.52	16.41
	满意	77.95	80.05
	N	331	396

续表

保障制度		未婚	非未婚
五保	不满意	13.16	0.00
	一般	18.42	0.00
	满意	68.42	100.00
	N	38	5
低保	不满足	39.45	38.10
	一般	16.51	11.90
	满足	44.04	50.00
	N	109	42

从表6-9来看，新农保、新农合的参保（合）者对这两项制度的总体满意度都比较高，且不同婚姻状态下农村男性的满意度大致相当，表明新农保、新农合在当地的实际执行效果较优，得到当地居民的普遍认可。

在享有五保待遇的人当中，农村大龄未婚男性对五保制度的满意度为68.42%，而非未婚男性的满意度达到100%。对婚姻与各项保障制度进行卡方检验，结果显示均不显著，即五保制度的满意度与婚姻状态并无关联。这可能与调查的样本量有关，受实际情况限制，此次受访的五保供养对象中38人为未婚男性，仅5人为非未婚男性，样本量过小对于卡方检验存在影响，该检验结果的准确性有待商榷。五保供养制度由于救助对象的特殊性与门槛限制，享有其待遇的人数本就稀少，非未婚男性身体健全、在老年阶段拥有法定赡养人的可能性均高于未婚男性，故从准入门槛的角度考虑，五保制度覆盖范围在非未婚男性与未婚男性群体中的差异也佐证了大龄未婚男性群体基本生活保障堪忧的现状。

在享有农村最低生活保障待遇的人当中，关于当前的低保待遇能否满足其基本生活需求这一问题，卡方检验结果显示与婚姻状态无关，但未婚男性与非未婚男性给出的回答基本趋于一致，两群体的低保对象中都存在近四成的人认为低保不能满足其基本生活需求。从农村最低生活保障的执行办法来看，这一制度是对生活在贫困线以下的农村居民提供一定现金补助，以保障其家庭基本生活所需。认为不能满足基本生活需求的人占比近40%，说明最低生活保障金很有可能存在保障力度不够的问题，不能满足部分低保对象的生活需要。

（二）非正式社会支持的现状

与正式社会支持相比，非正式社会支持主要是指来自家庭成员（配偶、子女、其他亲属）、邻居、朋友、志愿者等的社会支持，具有不确定性的特征，除配偶和子女外，一般无政策与法律可依，它更多地表现为个人与个人之间的关系。从支持内容来看，非正式社会支持包括经济支持、生活支持和情感支持三种基本类型（徐勤，1995）。其中，经济支持包括代际经济支持与借贷支持网络；生活支持包括日常活动的帮助和生病照料；情感支持则是指情感支持网络。

费孝通提出，中国乡土社会的基层结构是一种由社会关系构成的"差序格局"，认为社会关系是逐渐从一个个人推出去的，是私人联系的增加，社会范围是一根根私人联系所构成的网络（费孝通，2013）。一方面，个人的非正式社会支持正是建立在"社会关系"和"私人联系"之上的，它以家庭、家族等血缘、姻亲关系为中心，并在此基础上进行不断的扩展。已有研究表明家庭成员是一个人与生俱来的最重要的社会支持来源，父母、配偶、亲人的关心和支持可以有效弥补社群关系的缺失（金虹霞，2006）。农村大龄未婚男性缺乏姻亲关系及向下的亲子关系，他们更有可能利用从属关系的亲属来替代配偶和子女，因而来自父母及兄弟姐妹、其他亲属的支持显得非常重要（Ward，1979），本节将这种亲缘关系重点纳入非正式社会支持网络。另一方面，乡土社会的邻里关系是乡村社会关系中除血缘、亲缘外的重要一环，他们互相承担着特别的社会义务（王铭铭、杨清媚，2010），故而地缘和友缘关系也是农民寻求帮助的主要社会关系（白描、苑鹏，2014）。基于此，本节从亲缘、地缘、友缘几个维度的支持来源来分析不同类型的非正式社会支持，并探索这些社会关系对农村大龄未婚男性的非正式支持状况。

1. 经济支持

资金借贷对于改善农村居民的生产和生活具有重要作用，国外研究表明绝大多数人可以从个人网络中获得工作上的帮助和情感支持，但是要从亲友处获取大笔借贷却存在一定困难，说明大笔借贷也是一种稀缺资源（Berger-Schmitt，2000）。且国内已有研究从借贷支持网络的视角考察农村大龄未婚男性的社会资本状况（吴彩霞等，2012），因此，本节通过借贷支持来衡量大龄未婚男性所能获得的经济支持，问卷中对应的问题则为"当您需要借一大笔钱（5000元以上）时，您可以向谁借？"。

由表6-10可知，农村大龄未婚男性和非未婚男性在借贷支持方面有显著差别。从借贷支持的总体网络规模来看，有7.52%的非未婚男性得不到任何借贷支持，而这一比例在未婚男性群体中达到了14.58%，比非未婚男性高出近一倍；在可以得到借贷支持的人当中，从支持规模来看，不论是比较总体还是分支持来源，未婚男性平均可得到的支持规模始终小于非未婚男性。同时，未婚男性和非未婚男性的借贷支持网络均表现出一个特征，即亲缘关系以外的地缘、友缘关系在借贷方面的支持十分有限。在此情况下，大龄未婚男性群体相较于非未婚男性缺少了向下的亲子关系与横向的姻亲关系，不论是从理论出发还是实际出发，该群体的亲缘关系网络规模都要小于非未婚男性，能从亲缘关系处获得的支持规模也相应地更小。

表6-10 农村男性的借贷支持网络规模

单位：%，人

		未婚	非未婚	卡方检验/
		百分比/均值（标准差）	百分比/均值（标准差）	T检验
有无支持	无	14.58	7.52	**
	有	85.42	92.48	
有支持者的支持规模	总规模	7.44（10.07）	11.50（18.62）	***
	亲缘	3.91（5.48）	6.30（10.81）	***
	地缘	1.61（2.75）	2.12（3.65）	*
	友缘	1.91（3.89）	3.08（6.52）	**
	N	343	399	—

注：* $p<0.05$，** $p<0.01$，*** $p<0.001$，无标注表示不显著。对支持网络的数据进行处理时发现，可求助人数为0的调查对象占有一定比重，会影响整体的均值，因此，本节对支持网络做统一处理，在婚姻视角下将调查对象分为"有支持"、"无支持"两类。针对可求助者不为0的调查对象，计算支持人数的均值与标准差；针对没有可求助者即"无支持"的调查对象，计算这类人在相同婚姻状态的农村男性中所占的百分比。

2. 生活支持

(1) 日常生活帮助

本节采用"当您干农活需要帮忙时，您可以向谁求助，求助的人数为？"对大龄未婚男性得到的日常生活帮助进行分析。总体来看，就支持来源而言，亲缘关系和地缘关系为农村男性提供的日常帮助较多，友缘关系中提供生活支持的人数规模较小；在分婚姻的视角下，调查发现农村大龄未婚男性得到的支持与非未婚男性有显著差别。未婚群体中的无支持者占比更高；在拥有支持的人中，大龄未婚男性可求助的平均人数为10.43人，远低于非未婚男性的15.68人。

表6-11 农村男性的生活支持网络规模

单位：%，人

		未婚	非未婚	卡方检验/T检验
		百分比/均值（标准差）	百分比/均值（标准差）	
有无支持	无	11.08	5.76	**
	有	88.92	94.24	
有支持者的支持规模	总规模	10.43（15.83）	15.68（23.63）	***
	亲缘	4.31（8.96）	6.68（14.38）	*
	地缘	3.52（4.54）	5.40（7.72）	***
	友缘	2.60（5.53）	3.60（6.15）	**
N		343	399	—

注：$*p<0.05$，$**p<0.01$，$***p<0.001$，无标注表示不显著。

（2）生病照料

与非未婚男性相比，大龄未婚男性的健康状况较差，有更多的医疗需求，而配偶、子女的缺失使大龄未婚男性群体在面对健康风险时，对健康支持有着更为迫切的需求，尤其是生病时的医疗照护支持。因而，本节采取"当您生病时，通常是谁来照顾您？"来了解大龄未婚男性的健康支持状况。

调查结果显示，大龄未婚男性与非未婚男性在健康支持的获得方面存在显著差别。在大龄未婚男性群体中，由亲缘关系提供照顾的有62.39%，无人照顾的比例达到23.91%；而在非未婚男性中，94.99%的人依靠亲缘关系提供照顾，其他关系提供的支持较少，无人照顾的比例仅有4.01%。由此可见，当大龄未婚男性需要医疗照顾时，无人照顾的可能性大大高于非未婚男性，且由于配偶、子女的缺失，不得不将这一部分支持转移至邻居、朋友等人身上。

表6-12 农村男性生病时的被照料情况

单位：%，人

	未婚	非未婚
亲缘	62.39	94.99
地缘	6.12	0.25
友缘	7.58	0.75
无人照顾	23.91	4.01
N	343	399
Pearson chi 2 (3) = 123.2585　　Pr = 0.000		

3. 情感支持

农村大龄未婚男性缺乏来源于配偶、子女的关爱，同时无法成婚的境况又使其不得不承受来自家庭乃至社区的舆论压力，造成心理负担，部分遭遇骗婚的大龄未婚男性心理状况更是不容乐观，甚至出现压力无法疏解导致精神失常的情况（王磊，2016）。因此，该群体的心理问题亦不容小觑。本节的情感支持主要是指倾听农村大龄未婚男性群体的心事，为其提供精神上的安慰和心理上的疏导，采用"当您有心事时，您可以向谁诉说，诉说的人数为？"这一问题进行研究。由表6-13可知，农村男性有无情感支持存在显著的婚姻差异，大龄未婚男性没有情感支持的比例是非未婚男性的三倍多。但农村男性都更加倾向于在亲缘关系中寻求情感支持。且在拥有情感支持的人中，不同婚姻状态下的农村男性可获得的支持规模相差无几。T检验的结果证实了这一点，即在拥有情感支持的人中，其支持规模与婚姻状态无明显的相关关系。

表6-13 农村男性的情感支持网络

单位：%，人

		未婚	非未婚	卡方检验/ T检验
		百分比/均值（标准差）	百分比/均值（标准差）	
有无支持	无	16.62	5.26	***
	有	83.38	94.74	
有支持者的支持规模	总规模	6.26 (8.65)	7.68 (13.24)	
	亲缘	3.39 (4.73)	4.42 (7.88)	

续表

		未婚	非未婚	卡方检验/ T检验
		百分比/均值（标准差）	百分比/均值（标准差）	
有支持者的支持规模	地缘	1.30 (2.21)	1.27 (2.76)	
	友缘	1.57 (3.15)	2.00 (4.68)	
N		343	399	—

注：$*p<0.05$，$**p<0.01$，$***p<0.001$，无标注表示不显著。

二 现有社会支持体系的不足

农村大龄未婚男性群体具有多重弱势地位，在社会性资源的分配上处于经济贫困、生活状况差和心理承受能力脆弱的地位。但目前看来，不论是正式的制度支持，还是非正式的个人网络支持，大龄未婚男性现有的社会支持网络均较为有限，在弥合其弱势地位方面仍有较大缺失与不足。

（一）制度性保障有待加强与完善，非政府组织支持严重匮乏

作为弱势群体最根本、最重要的支持来源，社会保障制度尚未完全发挥出其对农村大龄未婚男性应有的保护力度。总体来看，农村大龄未婚男性自身发展能力不足，加之可获取的社会资源较少，多方面原因致使该群体的贫困面较大、贫困程度较深。但在长期的城乡社会经济发展与社会保障二元结构体制下，该群体享有的社会保障面窄、水平低，缺乏必要的政策倾斜，物质支持的力度不足，现有的政府供给无法与农村大龄未婚男性的社会保障需求相匹配。

首先，农村大龄未婚男性可获得基本生活保障的制度来源主要是最低生活保障制度、农村五保供养制度，但从调研结果来看，农村大龄未婚男性对于五保制度的满意度远低于非未婚男性，且认为低保待遇能够满足基本生活需求的大龄未婚男性仅占44.04%，表明这两项普惠性的保障制度给予大龄未婚男性的物质支持十分有限。

其次，养老保障参与意愿和个人经济条件之间的矛盾造成进一步的弱势积累，但现实因素迫使多数大龄未婚男性在养老问题上对政府产生强烈依赖与寄托。大龄未婚男性进入老年期后，社会支持对其发挥的作用更加重要，尤其是养老保险制度。新农保的保险型特征和自愿参与的特点使经济条件较差的农村大龄未婚男性的参与度不高，而脱离家庭的未婚男性容

易对未来养老产生无奈与淡漠（郭秋菊、靳小怡，2011）。这一弱势积累更加不利于大龄未婚男性老年生活状况的改善。同时在养老意愿方面，从表6－14中一系列数据来看，大龄未婚男性面对养老问题的不确定性较高。相较于非未婚男性，大龄未婚男性在选择靠谁养老和老年居住方式上，更多地将自己的老年生活寄托于政府和社会养老。传统家庭养老的基本支持系统为血缘关系，以家庭或者宗亲为其责任主体、支撑单位（丁建定，2013）。经济能力的欠缺以及照顾的缺乏导致大龄未婚男性不能独立地承担养老责任。对于更愿意选择家庭养老、老年期独居或与亲属居住的未婚男性来说，配偶与子女的缺失使他们处在相对被动的局面。如果没有其他亲属照料，其老年阶段的基本生活得不到保障，对于这部分人来说，机构养老显然是更好的选择。但目前农村大龄未婚男性养老保障的供求缺口较大，保障力度与配套设施有待进一步完善（张思锋等，2011）。

表6－14 农村男性的养老意愿

单位：%，人

		未婚	非未婚	卡方检验
靠谁养老	家庭养老	35.57	82.71	***
	政府救济	44.61	3.51	
	养老保险	5.83	9.53	
	没有想过	13.99	4.26	
和谁居住	自己/亲属	59.18	98.25	***
	养老机构	40.82	1.75	
N		343	399	—

注：$*p<0.05$，$**p<0.01$，$***p<0.001$，无标注表示不显著。

再次，医疗保障方面，相关制度对大龄未婚男性健康状况的支持作用较为有限，对心理健康关注较少。从医疗安全感这一问题来看，大龄未婚男性对获取医疗服务的担忧程度要高于非未婚男性（见表6－15）。一方面，该群体经济条件与身体健康状况皆弱于非未婚男性，因此对医疗保障的需求高于平均水平，目前的新农合与大病救助有一定的补助与托底作用，但还达不到大龄未婚男性的需求。故而该群体的医疗安全感较低也可以看作这一现状的外化。另一方面，当前关于心理健康的医疗保障普遍缺失，大龄未婚男性群体承受的社会压力更大，抑郁程度更高，对心理疏导服务的需求得不到满足，随着心理问题的持续累积，若得不到及时、有效的排解和专业疏导，很可能会产生行为失范，严重时将对社会和谐与稳定造成威胁。

表6-15 农村男性的医疗安全感

单位：%，人

		未婚	非未婚	卡方检验
医疗服务	担心	46.36	40.85	*
	一般	17.78	20.05	
	不担心	35.86	39.10	
医疗费用	担心	71.14	65.91	
	一般	12.83	13.28	
	不担心	16.03	20.80	
N		343	399	—

注：$*p<0.05$，$**p<0.01$，$***p<0.001$，无标注表示不显著。

最后，目前非政府组织对于大龄未婚男性的支持严重匮乏。非政府组织作为政府政策与资金支持的有益补充，有助于弱势群体积极融入社会和实现个人价值的社会诉求，在物质保障和心理慰藉方面提供重要支持（张亮，2017）。但农村大龄未婚男性群体几乎是被非政府组织遗忘的弱势群体。改善该群体的困境并非旦夕之功，因而需要专业性的服务机构或社会组织提供长期、系统的帮助。

（二）个人社会支持网规模小、体系脆弱，情感支持不足

较之正式的制度支持，非正式的个人社会支持网络更多地依托血缘和地缘关系，在小规模社会交往中形成社会资本流转，不仅在政府社会福利和社会救助投入不足的情况下具有不可替代的功能和意义，即使在制度支持充足有力的情况下，其对个体的社会心理支持也是难以替代的（林顺利、孟亚男，2010）。但研究发现农村大龄未婚男性的非正式社会支持网络呈现规模小、体系脆弱的缺陷。已有研究表明，社会网络规模越大的人，其社会网络中潜在的社会支持提供者越多，网络中每个成员提供支持的可能性也越大（Wellman and Wortley，1990）。调研结果显示，有无社会支持与婚姻状态显著相关，从经济、生活、情感支持三方面来看，未婚男性中无支持者的比例均明显高于非未婚男性，有支持者的支持规模则小于非未婚群

体,大龄未婚男性所能获得的非正式支持无疑较弱。

比较全体农村男性的借贷支持、生活照料与情感支持可以发现,三类支持网络中规模最大的是生活照料,借贷支持次之,最后是情感支持,此现象与李艳等人(2010)的研究结果是一致的。大龄未婚男性的情感支持网比非未婚男性更小,缺失情感支持的人也更多,这说明在农村普遍情感宣泄途径较少的情况下,未婚男性承受的压力更大,情感或心理上出现问题时不能及时有效地排解,长久积压下来会对该群体的心理健康造成严重威胁。

同时,非正式支持本质上具有不可避免的随意性,缺乏稳定可靠的机制。在农村空心化的趋势下,非正式社会支持的功能逐渐弱化(张亮,2017)。总而言之,农村的新变化及农村大龄未婚男性自身的资源弱势使非正式支持体系越发脆弱。

三 重构多元主体的大龄未婚男性社会支持体系

农村大龄未婚男性这一群体具有多重弱势地位,其社会支持网络的建构需要不同层面的主体互相补充,形成政府主导、多元并举的新格局。同时还需坚持"主客互构"的思想,发挥该群体自身的主观能动性,共同推进该群体生存质量与生活水平的提高。此外,农村大龄未婚男性的个人资源、人力资本及社会资本较为匮乏,在累积的作用下其拥有的资源将会更少(O'Rand,1996),生活也陷入多重窘迫状态,这种复杂的弱势性是该群体生命历程中累积劣势的体现。众所周知,人类在生命不同阶段中的需求都是各有侧重的,每个阶段有其需要面对的主要矛盾。从发展的眼光来看,只有解决了对应年龄段的主要矛盾或者说最迫切的需求,才能在下一年龄段更好地生活,否则不同阶段的矛盾积聚,只会使人陷入更加困窘的境地。因此,本节基于生命历程的视角重构社会支持体系,力争为不同年龄段的大龄未婚男性提供针对性的支持,避免弱势积累,为其建立完善的退出机制,使之拥有回归正常社会生活的机会,并具备一定的自养能力,从根本上改善生活水平、提高生活质量,同时令有限的社会资源发挥出最大的效用。

(一)突出政府的主导地位,推动社会组织与专业性技术支持介入

改善农村大龄未婚男性的基本生活状况并非易事,通过简单的社会救

助并不能从根本上降低其脆弱性，需要坚持政府的主导地位，从政策制度的完善、创新层面积极应对，同时发挥社会组织的作用，通过专业组织机构提供技术支持。

综合前文可知，普惠性社会保障制度未能顾及大龄未婚男性群体的特殊性，保障力度不足。低保和五保制度也因准入条件较为严苛、地方政府落实不到位等问题而使该群体享受不到应有的保障。基于此，本节就完善现有普惠性政策提出以下几点建议：第一，应当简化"低保户"的申请程序，适当放宽大龄未婚男性的入门条件和指标限制，使这些针对弱势群体的社会救助政策可以真正惠及农村大龄未婚男性群体，从而在基本生活方面给予其切实的保障；第二，对于缴费困难者，应在新农保、新农合的个人缴费部分给予其一定的免除或者补偿，以减轻大龄未婚男性的经济压力，并激励其进行必要的养老储蓄，从而提高该群体的自养能力，减轻老年阶段对政府的过分依赖；第三，进一步完善农村五保供养制度，不仅要保证无依无靠、无自养能力的未婚男性享受到五保供养福利，也要尊重其居住意愿，使之可以自主选择集中供养或者分散供养的居住方式，并统一、无差别地享受到来自政府的基本生活补贴和养老服务。此外，还需完善相应的养老服务设施，让寄期望于机构养老的大龄未婚男性有处可去、老有所居。

对于大龄未婚男性群体未被普惠性保障政策覆盖到的基本需求部分，本节提出以下针对性政策建议。第一，为中青年未婚男性提供就业支持。中青年阶段的大龄未婚男性受就业信息、就业渠道、劳动技能水平等因素限制，往往处于劳动力市场的底层，为该群体提供就业支持与指导可助其通过自身的劳动和努力提高收入水平、改善生活状况、重拾生活信心并且提高在婚姻市场上的竞争力。政府可与企业、社会组织通力合作，搭建就业信息平台，为其拓展就业渠道；提供技能培训，完善就业培训效果的评估体系，增强该群体在劳动力市场的竞争力；就业部门还可出台优惠政策，为大龄未婚男性提供资金和技术上的支持，助其因地制宜发展经济作物的种植或养殖业；此外，还可为青年大龄未婚男性提供小额贷款和创业培训，鼓励其开展一些周期短、收益快的创业活动。第二，推动社会组织为中青年未婚男性提供婚介帮助。中青年未婚男性仍旧存在一定的成婚概率与成婚愿望，但同样可能由于信息不对称等原因而无法找到相匹配的适龄女性。

这时就需要通过市场化运作和专业人员的引入为大龄未婚男性进行跨地区甚至跨国婚介信息的提供，为该群体牵线搭桥，举办联谊活动，增加该群体接触异性的机会，同时严格控制婚介信息的真实性，防止骗婚等人财两空的悲剧出现。第三，为老年未婚男性提供更为全面的养老保障。首先，可参考针对计划生育家庭、失独家庭等老年弱势群体的解决办法，采取一定的优惠性措施和利益补偿机制，以逐步提升老年未婚男性的养老能力。其次，积极探索农村社会养老新模式，通过政策扶持、资金补助等方式，鼓励和引导民间资本进入农村养老服务领域，建立健全集中供养与分散供养的配套设施与服务体系。最后，政府及社区还可通过"支持支持者"的方式（石人炳，2012），对为老年未婚男性提供养老支持的人员提供经济方面的优惠或补贴，鼓励社会力量为该弱势群体提供老年照护。

（二）稳固个人社会支持网的关键作用，构建和谐社区环境

降低农村大龄未婚男性群体非正式社会支持的脆弱性与不确定性，需要充分发挥农村社区的作用，构建和谐社区环境，有效整合社区资源，稳固个人社会支持网的关键作用。

首先，农村社区要积极关注、引导中青年大龄未婚男性的婚姻观念与行为，加强新型婚育文化建设，鼓励农村大龄未婚男性接受招赘婚姻，在招赘婚姻盛行地区建立"入赘男性"的权益保护基地，保障其在入赘家庭的基本权益。在宣传工作方面，需要建设对大龄未婚男性较为宽容的舆论环境，尽可能减少社会排斥，同时可通过社会参与机制的建设和休闲娱乐服务的发展来强化该群体的社区融合程度，将大龄未婚男性群体从边缘人的位置拉入社区网络。

其次，通过宣传倡导和必要的利益导向鼓励大龄未婚男性的亲属，尤其是兄弟姐妹，对其进行生活上的支持，促进扩展型家庭关系的建立。还可通过专业社工的介入来发动群众建立社区互助小组，发挥集体力量在农忙或生活中进行互助支持，并对支持内容进行量化安排，在生产生活中促进大龄未婚男性的社会参与程度，使其获得被认可、被接纳的感觉，并进行自身社会关系网的维系和稳固。

再次，可吸纳民间资本投入农村公益事业的建设，积极发展基础性的休闲娱乐事业，如建设广场文体设施等，为大龄未婚男性进一步拓展非正式网络，提高社会参与、融合度提供良好的外部条件。

最后，整合社区资源为老年未婚男性提供情感性支持，鼓励和引导村民为老年未婚者提供生活上的照顾和情感上的尊重；还可通过老年人互助养老的方式，鼓励和倡导老年人群体之间的相互照料和陪伴，减少老年未婚男性的孤独感，使农村社会守望相助的优良传统得到发扬。还应充分调动多种资源为老年未婚男性提供生活照料和精神慰藉，发挥志愿组织、非营利组织等主体的作用，满足老年未婚男性情感支持及精神慰藉方面的需求。

第三节　本章小结

本章利用微观调查数据，分析大龄未婚男性的健康状况及教育对健康的影响，并对大龄未婚男性的社会支持状况进行梳理和总结。研究发现，相较于已婚男性，大龄未婚男性在不同的健康维度都表现出健康劣势。健康是个人生存发展的基础，大龄未婚男性在所处的村庄中本就处于下层，其健康劣势进一步加深了他们的弱势地位，阻碍他们通过自身努力获取更好的生活。大龄未婚男性难以成婚，无法享受婚姻带来的健康保障，其父母逐渐年迈，能够为他们提供的支持也微乎其微。教育作为一个可干预的事件，为增强大龄未婚男性的健康提供了突破口。研究表明，提高受教育水平，不但对大龄未婚男性的健康起到直接的促进作用，还能通过提高经济地位、增强自我控制能力对大龄未婚男性的健康产生积极影响。

在讨论大龄未婚男性的健康状况后，本章结合正式的制度保障与非正式的个人支持网络两方面分析农村大龄未婚男性的社会支持现状，发现该群体当前的社会支持体系较为有限。一方面，农村大龄未婚男性可享受的社会保障范围窄、水平低，个性化制度保障缺失，非政府组织支持明显缺位，致使该群体的正式社会支持供求缺口较大，亟待加强与完善；另一方面，受自身能力与社会排斥等原因的限制，农村大龄未婚男性的社会支持网络存在规模小、同质性强、多依赖于亲缘关系、情感支持不足等特点，在农村日渐空心化的情况下，作为支持体系重要补充的个人支持网络越发脆弱。农村大龄未婚男性群体具有多重弱势地位，其需求的多样性决定了该群体的社会支持网络体系建构不可能由单一主体完成，必须形成政府主导、多元并举的系统结构，正式支持方面完善制度安排，推动社会组织与专业性技术支持的介入,非正式支持方面则需稳固个人社会支持网的关键作用,构建和谐社区环境;同时,系统构建过程中应当结合该群体在不同年龄阶段的需求,有的放矢,避免弱势积累,令有限的社会资源效用最大化;此外,还需坚持"主客互构"的思想,充分发挥农村大龄未婚男性群体自身的主观能动性,共同推进该群体生存质量与生活水平的提高。

综上,本章利用微观调查数据揭示了农村大龄未婚男性的健康状况和社会支持现状,并探索改善大龄未婚男性健康状况和社会支持状况的可行之策。大龄未婚男性的生存状况需要引起重视,我们应积极寻求保障、改善大龄未婚男性生存状况的有效途径,给予他们人文关怀,帮助他们实现生存和发展。

第七章 结论与展望

首先，本章根据本书第三章至第六章的研究结论总结中国大龄未婚男性生存和发展所面临的问题与挑战；其次，对本书的主要研究结论进行总结；再次，给出一些旨在促进大龄未婚男性生存和发展的政策建议；最后，对本书中存在的一些不足进行讨论，并对下一步的研究进行展望。

第一节 问题与挑战

在当前和未来相当长的时期内，大龄未婚男性群体作为中国人口性别结构失衡的主要后果，构成了中国社会发展进程中的主要弱势群体之一。基于对中国大龄未婚男性的成因转变、生存态势、水平、模式、周期和发展趋势的研究结论，中国大龄未婚男性的生存与发展主要面临以下四个方面的问题与挑战。

第一，大龄未婚男性的规模之大，上升速度之快，前所未见。1990～2010年，我国大龄未婚男性群体的规模不断扩大，仅在2000年后的十年间，30～49岁的未婚男性就增多了300多万人，导致2010年30～49岁的未婚男性高达千万人，而50岁及以上的未婚男性亦以约百万人的增幅在2010年达到500万人。未来十几年内为我国男性过剩人数仍将继续增加（陈友华、乌尔里希，2001；姜全保等，2010），如果出生性别比得不到有效控制，我国未来男性婚姻挤压情况将非常严重。

第二，当前的中国大龄未婚男性将主要以队列的形式集中出现。在当前和未来的较长时期内，出生性别比取代死亡率的性别差异构成了大龄未婚男性形成的决定性因素。因此，因出生性别比偏高而引发的男性婚姻挤压问题将贯穿 20 世纪 80 年代以来出生人口队列的整个生命历程。多队列、长时间的男性严重过剩问题已经无法通过降低女性的死亡水平或者改变男性的婚姻模式来有效解决。

第三，大龄未婚男性的期望寿命低、死亡率高，老年大龄未婚男性的健康状况差，经济来源不稳定。当前，大龄未婚男性的期望寿命比总体男性少 4 岁，比非大龄未婚男性少 7 岁。由于缺少家庭的支持，特别是 50 岁以后大龄未婚男性与非大龄未婚男性的死亡率差异迅速拉大。由于生活水平低，生存环境和状况差，再加上缺少生活照料以及生活来源，老年大龄未婚男性的健康状况较非大龄未婚男性明显较差。此外，由于婚姻梯度作用的影响，当前和未来的中国大龄未婚男性仍主要集中在偏远贫困的农村地区，并且由于生育水平的降低，其年老后的兄弟姊妹数量较少，很可能面对独自养老的局面。

第四，从已有的社会保障政策来看，目前还没有针对大龄未婚男性群体的具体应对政策，而一般性保障性政策对大龄未婚男性群体存在制度缺失和不公平的问题。养老保障等政策一般要求年龄满 60 岁以后才能领取养老保险金，但大龄未婚男性的平均寿命比一般男性低、死亡率高，只有较少的一部分大龄未婚男性才能存活到 60 岁，即使存活到了 60 岁，其期望余年也低于一般男性。同时，大龄未婚男性由于期望寿命低，其处于劳动和工作的年龄阶段占其全部生命周期的比例要高于一般男性，而其处于被社会抚养阶段的老年期却较短。

第二节 主要结论

在目前中国大龄未婚男性的生存（死亡）相关研究较为缺乏的背景下，本书首先就对该群体进行生存研究的必要性进行论证，给出测度的量化依据，在此基础上对大龄未婚男性的生存状况和家庭生命周期进行研究，并深入探究其健康和社会支持情况，给出相应的政策建议。本书的研究结果表明当前中国的大龄未婚男性群体与其他国家和中国历史上的大龄未婚男性在成因和特征上均存在明显差异。在当前和未来相当长的时期内，中国大龄未婚男性的规模庞大，男性过剩引起的婚姻挤压所导致的被迫性失婚越发严重。同时，中国的大龄未婚男性的生活状况差，个人素质（健康和教育)低,工作能力低,社会支持不足,面临较高的死亡风险和较严重的死亡不平等,其家庭生命周期也与一般男性存在显著差异。

第一,中国大龄未婚男性的婚姻竞争态势异常严峻,大幅度高于其他国家,婚姻市场中各年龄段的男性人口都高于女性人口。当前中国大龄未婚男性群体具有其特殊性——与其他发达国家相比,中国大龄未婚男性的不婚为普婚背景下由于女性绝对数量的缺失而导致的被迫无法成婚,且无论是从比例还是绝对数量上都居于首位。从时期角度分析,当前中国男性婚姻挤压主要表现为农村地区的超低初婚水平的挤压模式,农村男性初婚概率的年龄分布受挤压明显且平均初婚年龄的变动出现停滞,男性婚姻挤压区域分布相对集中并已出现扩散趋势。从队列角度分析,农村未婚男性受初婚概率偏低和死亡概率偏高的双重挤压,其终身结婚期待率在各个年龄段均低于城镇男性,成婚期望年数则均高于城镇男性,说明农村地区实际婚姻挤压程度比时期指标所反映的更加严重。当前农村男性婚姻挤压状况可能构成未来中国男性总体的婚姻挤压态势。在当前中国性别失衡背景下,针对大龄未婚男性的年龄测度应依据其婚姻水平和模式的变动,充分考虑年龄别成婚期望概率与研究需求,最终得到动态化、定量化的年龄测度依据。

第二,以总人口性别比偏高及其驱动因素的分解为依据,分析当前中国大龄未婚男性宏观层面的成因变动,明确当前大龄未婚男性与历史上其他时期大龄未婚男性的区别和差异,表明大龄未婚男性问题的严重性和形势的严峻性,为大龄未婚男性群体的生存研究提供了理论依据。研究表明,大龄未婚男性的主要驱动因素已经由历史上的死亡率性别差异转变为当前的出生人口性别比偏高,这样虽然同是产生大量大龄未婚男性,但大龄未婚男性本身的形成机制却发生了实质性的转变。以往我们可以通过降低女性,特别是女孩和孕产妇死亡率来实现婚龄段男女人数性别比的均衡,但三十多年来,出生性别比偏高所产生的大量过剩男性将伴随其生命的全程,政府和社会无法通过提高社会经济发展和医疗卫生水平扭转这一根本性问题。出生性别比对中国人口性别结构的全程性影响已经开始显现,其影响将贯穿相应人口队列的整个生命周期。因此,对当前中国大龄未婚男性群体进行生存研究是必要的,该研究能为这一领域的学术和政策研究提供较为系统的理论和实践依据。

第三，总体上，中国大龄未婚男性主要存在以下四个特征。一是被动性。与发达国家和地区相比，我国的大龄未婚男性是普婚背景下由女性数量的绝对缺失造成的"被迫性"不婚。二是严重性。对比古今中外，当前我国大龄未婚男性的规模和发展趋势前所未有，世所罕见。三是聚集性。我国农村及内陆等相对落后地区为大龄未婚男性的"集中地"。四是脆弱性。与一般男性相比，大龄未婚男性的总体受教育程度低，健康状况差，养老资源相对匮乏。

聚焦大龄未婚男性的生存状况，我国大龄未婚男性群体的生存状况与一般男性存在明显差异，面临较高的死亡风险和较严重的寿命不均等的双重窘境。具体来说，从死亡风险看，与一般男性相比，我国大龄未婚男性的年龄别死亡率较高，存活比例较小，平均期望余年较短。此外，我国大龄未婚男性的平均期望余年增幅较小，且与非未婚男性存在短时间内难以消除的基期差异。从寿命不均等看，我国大龄未婚男性内部的异质性较大，群体成员在生存机会上的不平等程度较为严重，成员个体在其生命历程中面对的死亡不确定性更高，其寿命不均等程度较重。分城乡看，农村地区的大龄未婚男性受城乡和婚姻的叠加影响，是"弱势中的弱势群体"。分教育看，大龄未婚男性的生存状况存在明显的教育差异，受教育程度高的群体的生存状况较好，教育可在一定程度上弥补其在婚姻上的劣势。性别失衡的宏观背景与个体的弱势性特征共同使部分男性在婚姻市场竞争中失败，成为大龄未婚男性，无法成婚这一事实又在文化、政策制度和家庭层面强化了其弱势性地位。

第四，通过对大龄未婚男性及其父母的家庭生命周期的研究可知，其家庭及其生命周期可以分成三个阶段，即大龄未婚男性与父母的双亲共居阶段、父母一方死亡之后的单亲共居阶段、父母双方死亡之后的单独居住阶段。大龄未婚男性及其父母的家庭中，大龄未婚男性在不同的年龄段丧父和丧母概率不同，但在55岁时，累积丧父概率约0.5、累积丧母概率约0.3，存在很大的家庭解体风险。特别值得注意的是，大龄未婚男性一般在58岁时失去双亲照顾，其独自的生存余年约为10.6年。

第五，总体而言，大龄未婚男性的健康状况和社会支持明显不及已婚男性，通过对教育影响大龄未婚男性健康的研究，发现教育对大龄未婚男性的健康有显著的积极影响，而教育又通过家庭经济地位、自我控制能力对健康产生影响,因此,虽然大龄未婚男性难以通过成婚保障自身健康水平,但能通过提高受教育程度、家庭经济地位和自我控制能力获得一定的健康回报。对大龄未婚男性社会支持的分析表明大龄未婚男性获得的正式、非正式社会支持都严重不足,其中来自政府和社会组织的正式社会支持供求缺口较大,作为非正式支持的个人支持网络也越发脆弱,急需为其重构以政府为主导、多元并举的社会支持体系。

第三节 政策建议

为了应对上述问题与挑战,保障大龄未婚男性的生存和发展,相应的社会保障和公共政策应对过去三十多年来的出生队列人口予以全周期、全方位的政策支持和保障。主要包括以下五个方面。

第一,加强综合治理出生性别比偏高的力度,切实有效降低出生性别比。出生性别比是当前和未来大龄未婚男性形成的首要原因,中国的出生性别比偏高问题从20世纪80年代初开始一直持续到现在已经超过30年,这表明20世纪80年代的出生队列人口到目前已经超过30岁,同时这三十多年来历年的出生人口队列也都是性别比明显偏高的人口队列。从分年龄别的性别比变动趋势中能够发现,中国已经形成了一个超过三十年(0~30岁)的人口性别比的大波峰。如果出生性别比继续偏高,那么这一峰值期将继续延长,受影响的人口队列将继续增加。如此长时期的、连续多队列的性别比偏高将无法通过人口系统内部的年龄结构来调整和缓解,这样的人口局面在中国乃至世界历史中都是从来没有遇到过的。因此,从根本上逐步解决出生性别比偏高问题,以缓解性别失衡因时间而累积的压力,切实有效降低出生性别比已经刻不容缓。当前需要不断坚持和深化完善"标本兼治"的综合治理出生人口性别比长效机制,对查处"两非"行为这一"治标"之策要继续加强打击力度,同时更要通过不断努力营造有利于女性健康成长的政策环境,推进两性的公正、平衡发展,提升女性的社会地位来深入实践这一"治本"之策,以最终实现出生性别比回归正常水平,改变我国人口性别结构失衡的态势。

第二,全面提高对大龄未婚男性生存态势及其发展趋势的认识,主动应对已不可避免的大规模和长时期的大龄未婚男性群体。由于人们对性别失衡和婚姻挤压导致的大龄未婚男性问题的认识程度还存在一定的差异，所以对大龄未婚男性的态势和发展趋势的判断存在一定偏差。如果仍然以历史上出现的大龄未婚男性及其后果为依据，就会低估了当前和未来一段时期内中国大龄未婚男性的规模和发展速度，逃避或者淡化大龄未婚男性的生存及其对社会发展所产生的不利影响。同时，中国的大龄未婚男性是由于女性的绝对数量严重缺失所造成的，是被迫性的失婚，是中国社会和人口转型期出现的大规模弱势群体，这与国外的大龄未婚男性主动不婚的情况有所不同。因此，要解决大龄未婚男性的生存和发展问题，首先需要认清这一问题的严重程度，认识到这一问题亟待解决的紧迫性和必要性。以解决大龄未婚男性的生存、健康和保障为基础，以提高大龄未婚男性的生活水平和个体素质为目标，避免由于人口性别严重失衡引发的社会风险和人口安全问题。

第三，对大龄未婚男性在教育、就业等方面提供政策支持和帮扶，提高其生存能力。通过多种渠道增强大龄未婚男性的素质和能力，改善大龄未婚男性及其家庭的生活福利。制定相应的优惠政策提高大龄未婚男性的致富能力，为仍有劳动能力的大龄未婚男性提供免费的劳动技能培训，改善大龄未婚男性的经济状况，提高其自养、赡养能力，引导和帮助其在老年以前完成养老费用的积累，降低他们未来的家庭养老风险。鼓励和倡导社区与非政府组织充分发挥民间力量，关心大龄未婚男性及其家庭的生产、生活与心理健康，促进他们更好融入社区生活，通过媒体宣传消除其他人群对他们的偏见与歧视，提高大龄未婚男性及其父母的生活福利。

第四，加强社会以及大龄未婚男性个人层次的婚姻应对策略。随着性别失衡态势的加深，中国社会和个人都需要进行成婚策略的思考与创新。首先，应该出台婚姻挤压的缓解机制设计。在社会婚介节目和婚介信息机制繁荣的当下，可以出台针对成婚困难群体的婚姻信息平台，增加剩余男性获得配偶资源的机会，例如，通过搭建大龄未婚男性与弱势女性之间的信息沟通桥梁，鼓励剩余男性与丧偶女性等特殊群体的再婚行为，缓解婚姻挤压程度。其次，可以通过婚姻模式创新来扩展婚姻市场中的女性成员，甚至包括对国际婚姻和外来新娘的政策支持等；而中国男性人口向存在剩余女性的国家和地区（如俄罗斯、越南等）流动，也应该是可以考虑的应对策略之一。再次，应该加强对婚姻被挤压群体的社会支持。目前的社会保障措施和生殖健康服务等,应该进行内容设计和覆盖人群的扩展,提高对于婚姻被挤压群体的服务和保障水平。最后,在当前社会文化多元化的趋势下,可以讨论性与婚姻多元化的可行性,包括婚姻策略与家庭模式的重新定位,对于传统的两性婚姻模式进行扩展,对于"婚姻非必要性"也可以进行探讨。

第五,对老年大龄未婚男性群体出台有针对性的养老保障政策和措施。未来的大龄未婚男性群体在数量上将迅速上升,老年大龄未婚男性的增长速度会加快。在我国养老保障不断完善的进程中,需要兼顾全体老年人与特殊老年弱势群体之间的养老保障资源分配。首先,老年大龄未婚男性由于缺少家庭养老支撑,居家养老模式可能并不能满足其生存的基本需求,因此在公共养老机构的资源分配上需要着重关注老年大龄未婚男性群体。其次,老年大龄未婚男性的健康水平较低,需要的医疗保障资源也更多,因此不能按照一般老年群体的医疗保障需求进行估算,需要加大这方面的经费预算和投入。最后,老年大龄未婚男性的死亡率偏高,期望寿命偏低,因此需要在养老保险和相关政策的制定和细化过程中充分予以考虑,降低年龄限制的标准,让老年大龄未婚男性能够切实享受到养老保障的权益,避免该群体的期望寿命显著低于一般男性而造成相关政策不公平的现象。

第四节 研究展望

本书对中国性别失衡背景下的大龄未婚男性群体进行了较为系统的人口学生存研究。由于人口学的分析技术和方法主要应用于宏观数据分析,对数据的质量和内容均有较高的要求,因此,数据的完整性和准确性对研究的广度和深度均具有重要影响。书中涉及的中国大龄未婚男性的相关数据主要来自全国人口普查资料,但其中可供分析的数据资源有限,特别是针对大龄未婚男性维度的相关汇总数据偏少,这在一定程度上影响了本书的深入研究。本书仍存在一些不足和改进之处,主要有以下几个方面。

第一,在中国这样一个区域差异明显的国家,大龄未婚男性的生存状况受到地区间多因素差异的影响,各地区的大龄未婚男性在规模和结构上均有所差异,生存的水平和模式也同样如此。因此,随着以后第六次人口普查原始数据带的进一步公开,需要加强对大龄未婚男性区域间的生存水平、模式以及健康和生活来源等情况的差异和比较研究，为相关公共政策的制定提供更加丰富和多样化的科学依据。

第二，为了能够体现和说明中国大龄未婚男性群体的脆弱性及其弱势群体的特征，需要进一步对比该群体与其他弱势群体的相同和不同之处，特别是与之情况相似的特定群体，如女性失婚群体、男性丧偶群体等。这样能够更加充分地通过比较来说明大龄未婚男性群体作为中国性别失衡后果的主要承担者，其生存和发展面临的形势和问题与一般弱势群体的不同之处。通过对大龄未婚男性群体内部不同维度的深入分析，研究大龄未婚男性群体生存水平较低的社会性和制度性因素。特别是对于那些因女性数量缺失而被迫无法成婚的普通正常男性群体进行全程性和系统性关注，从而发现其生命历程中主要的生存问题，在其生命历程中的各个阶段提供有针对性的帮助和支持。

第三，在大龄未婚男性生存研究基础上，进一步拓展对生存分析的相关应用。例如，利用中国大龄未婚男性的生命表，完善对大龄未婚男性的相关保险体系建设，建立针对这一群体的社会保险和保障系统，以解决大龄未婚男性所面对的生存问题，特别是养老保障问题。此外，由于中国的大龄未婚男性群体具有一定的典型特征，如聚集性、个体能力和素质偏低等，因此，在大龄未婚男性的人口预测中，通过把握和挖掘这些规律性的特征，进一步对大龄未婚男性的分布、教育、工作、养老保障需求等方面进行更加系统性的仿真和预测，这将有利于未来大龄未婚男性人口数量增长形势下保障措施的制定。

参考文献

白描、苑鹏，2014，《农民社会关系的现状及影响因素分析》，《中国农村观察》第 1 期。

陈成文，2000，《社会弱者论》，时事出版社。

陈其南，1986，《婚姻、家庭与社会——文化的轨迹》，台北：允晨文化出版社。

陈卫、翟振武，2007，《1990 年代中国出生性别比：究竟有多高？》，《人口研究》第 5 期。

陈友华，2003，《南京婚姻市场透视》，《南京人口管理干部学院学报》第 2 期。

陈友华，2010，《从分化到趋同——世界生育率转变及对中国的启示》，《学海》第 1 期。

陈友华、米勒·乌尔里希，2000，《中德婚姻市场供需情况的比较研究》，《人口与经济》第 5 期。

陈友华、米勒·乌尔里希，2001，《中国的男性人口过剩——规模、结构、影响因素及其发展趋势分析》，《市场与人口分析》第 3 期。

陈友华、米勒·乌尔里希，2002，《中国婚姻挤压研究与前景展望》，《人口研究》第 3 期。

邓国胜、郭志刚，1995，《婚姻市场理论研究——兼论中国生育率下降过程中的婚姻市场》，《中国人口科学》第 3 期。

丁建定，2013，《居家养老服务：认识误区、理性原则及完善对策》，《中国人民大学学报》第 2 期。

费孝通，2013，《乡土中国》，上海人民出版社。

风笑天，2007，《生活质量研究：近三十年回顾及相关问题探讨》，《社会科学研究》第6期。

顾大男，2003，《婚姻对中国高龄老人健康长寿影响的性别差异分析》，《中国人口科学》第3期。

顾鉴塘，1987，《中国夫妇年龄差分析》，《人口与经济》第4期。

郭庆松，1996，《家庭生命周期与家庭消费行为》，《消费经济》第2期。

郭秋菊、靳小怡，2011，《婚姻状况对农村男性养老意愿的影响研究——基于安徽乙县的调查分析》，《人口与发展》第1期。

郭志刚，2008，《再论队列平均子女数不能作为当前总和生育率的估计》，《中国人口科学》第5期。

郭志刚、邓国胜，2000，《中国婚姻拥挤研究》，《市场与人口分析》第3期。

国家卫生计生委，2017，《2017年1月全面两孩政策工作进展专题新闻发布会材料二：全国孕产妇死亡率和婴儿死亡率稳中有降》，http://www.nhfpc.gov.cn/xcs/s3574/201701/42692ef6ec88453eb7593cfe720c411d.shtml。

国务院人口普查办公室，2012，《中国2010年人口普查资料》，中国统计出版社。

国家统计局，2012，《我国人口平均预期寿命达到74.83岁》，http://www.stats.gov.cn/tjsj/tjgb/rkpcgb/qgrkpcgb/201209/t2012092_30330.html。

果臻、李树茁、费尔德曼，2016，《中国男性婚姻挤压模式研究》，《中国人口科学》第3期。

哈拉兰博斯、希德尔、费涓洪，1988，《家庭——功能主义的观点》，《现代外国哲学社会科学文摘》第10期。

韩沛锟，2011，《新农村建设视角下青年早婚问题探析》，《河南农业》第12期。

洪岩璧、陈云松，2017，《教育影响健康的群体差异（2005-2012）：资源替代与劣势叠加》，《社会发展研究》第1期。

胡安宁，2014，《教育能否让我们更健康——基于2010年中国综合社会调查的城乡比较分析》，《中国社会科学》第5期。

黄荣清，2001，《经验生命表和普通生命表》，《市场与人口分析》第

3 期。

黄荣清，2005，《20 世纪 90 年代末中国各民族人口的死亡水平》，《人口与经济》第 4 期。

黄荣清、魏进，1985，《一九八一年全国女性初婚表的制作与分析》，《人口研究》第 5 期。

黄荣清、庄亚儿，2004，《人口死亡水平的国际比较》，《人口学刊》第 6 期。

姬雄华，2008，《农村居民家庭生命周期各阶段教育与培训消费研究》，《哈尔滨工业大学学报》（社会科学版）第 3 期。

姜全保、果臻、李树茁、费尔德曼，2009，《农村大龄未婚男性家庭生命周期研究》，《中国人口科学》第 4 期。

姜全保、果臻、李树茁，2010，《中国未来婚姻挤压研究》，《人口与发展》第 3 期。

姜全保、李晓敏、费尔德曼，2013，《中国婚姻挤压问题研究》，《中国人口科学》第 5 期。

蒋正华，1990，《中国分区模型生命表》，《中国人口科学》第 2 期。

金虹霞，2006，《西北乡村贫困女性社会支持研究》，西北师范大学硕士学位论文。

靳小怡、郭秋菊，2011，《农村大龄未婚男性的代际经济支持研究》，《西北人口》第 4 期。

靳小怡、郭秋菊、刘利鸽、李树茁，2010，《中国的性别失衡与公共安全——百村调查及主要发现》，《青年研究》第 5 期。

靳小怡、郭秋菊、刘蔚，2012，《性别失衡下的中国农村养老及其政策启示》，《公共管理学报》第 3 期。

靳小怡、李成华、李艳，2011，《性别失衡背景下中国农村人口的婚姻策略与婚姻质量——对 x 市和全国百村调查的分析》，《青年研究》第 6 期。

靳小怡、刘利鸽，2009，《性别失衡下社会风险与行为失范的识别研究》，《西安交通大学学报》（社会科学版）第 6 期。

靳小怡、谢娅婷、郭秋菊、李艳，2012，《"光棍"聚集与社区公共安全——全国百村调查的研究发现》，《西安交通大学学报》（社会科学版）第 6 期。

李建新，1994，《中国人口的婚姻状况与死亡水平差异》，《中国人口科学》第5期。

李建新、李春华，2014，《城乡老年人口健康差异研究》，《人口学刊》第5期。

李南，1995，《高出生性别比及其婚姻后果》，《中国人口科学》第1期。

李世红、黄荣清，1999，《中国劳动力生命表的编制》，《人口与经济》第4期。

李树茁，1994，《80年代中国人口死亡水平和模式的变动分析——兼论对1990年人口普查死亡水平的调整》，《人口研究》第2期。

李树茁、陈盈晖、杜海峰，2009，《中国的性别失衡与社会可持续发展——一个跨学科的研究范式与框架》，《西安交通大学学报》（社会科学版）第6期。

李树茁、M. W. 费尔德曼，1996，《中国婴幼儿死亡率的性别差异、水平、趋势与变化》，《中国人口科学》第1期。

李树茁、果臻，2013，《当代中国人口性别结构的演变》，《中国人口科学》第2期。

李树茁、果臻、尚子娟，2014，《中国性别失衡与社会可持续发展的理论、实践与政策创新——国家社科基金重大攻关课题"中国人口性别结构与社会可持续发展战略研究"成果概述》，《西安交通大学学报》（社会科学版）第6期。

李树茁、姜全保、孙福滨，2006，《"五普"人口总量和结构的分析与调整》，《人口学刊》第5期。

李树茁、姜全保、伊莎贝尔·阿塔尼、费尔德曼，2006，《中国的男孩偏好和婚姻挤压——初婚与再婚市场的综合分析》，《人口与经济》第4期。

李树茁、莫尼卡·达·古普塔，1999，《家庭资源约束、性别歧视和女孩生存——中国、韩国和印度的比较研究》，《人口与经济》第3期。

李树茁、任义科、靳小怡、M. W. 费尔德曼，2008，《中国农民工的社会融合及其影响因素研究——基于社会支持网络的分析》，《人口与经济》第2期。

李树茁、韦艳、姜全保，2006，《中国的女孩生存：历史、现状和展望》,《市场与人口分析》第 1 期。

李树茁、韦艳、任锋,2010,《国际视野下的性别失衡与治理》,社会科学文献出版社。

李树茁、朱楚珠,1996,《中国出生性别比和女婴生存状况分析》,《人口与经济》第 1 期。

李树茁、朱楚珠,2001,《中国儿童生存性别差异的研究与实践》,中国人口出版社。

李卫东、胡莹,2012,《未婚男性农民工心理失范的调查研究》,《西安交通大学学报》(社会科学版) 第 1 期。

李艳、李树茁,2008,《中国农村大龄未婚男青年的压力与应对——河南 YC 区的探索性研究》,《青年研究》第 11 期。

李艳、李树茁、罗之兰,2009,《大龄未婚男性的生理与心理福利》,《人口学刊》第 4 期。

李艳、李树茁、彭邕,2009,《农村大龄未婚男性与已婚男性心理福利的比较研究》,《人口与发展》第 4 期。

李艳、李树茁、韦艳、蒋丹妮,2010,《农村男性的婚姻状况与社会支持网络》,《西安交通大学学报》(社会科学版) 第 3 期。

李艳、李树茁、刘鑫财,2015,《农村大龄未婚男性社会支持影响因素研究》,《预测》第 5 期。

林顺利、孟亚男,2010,《国内弱势群体社会支持研究述评》,《甘肃社会科学》第 1 期。

李银河,1989,《当代中国人的择偶标准》,《中国社会科学》第 4 期。

李运明、陈长生、苑继承、张虎军、杨孝光、徐勇勇、顾建文,2013,《主观健康测量及定量化估计方法的研究进展》,《现代生物医学进展》第 20 期。

李中清、王丰,2000,《人类的四分之一:马尔萨斯的神话与中国的现实,1700-2000》,生活·读书·新知三联书店。

梁宏,2014,《代际差异视角下的农民工精神健康状况》,《人口研究》第 4 期。

林顺利、孟亚男,2010,《国内弱势群体社会支持研究述评》,《甘肃社会科学》第 1 期。

刘海城、孙福滨、胡平，1998，《全国及分区域不同婚姻状况人口死亡特征研究》，《中国人口科学》第4期。

刘利鸽、靳小怡，2011，《社会网络视角下中国农村成年男性初婚风险的影响因素分析》，《人口学刊》第2期。

刘利鸽、靳小怡，2012，《中国农村未婚男性的婚姻策略分析》，《西安交通大学学报》（社会科学版）第1期。

刘利鸽、靳小怡、姜全保、李树茁，2009，《明清时期男性失婚问题及其治理》，《浙江社会科学》第12期。

刘慧君、李树茁，2011，《性别失衡下的人口健康与公共安全：国际视野与历史经验》，《人口学刊》第5期。

刘慧君，2017，《脆弱性视角下农村大龄未婚男性的生存质量：现状与未来——基于陕南地区的调查研究》，《人口与社会》第1期。

马汴京，2015，《性别失衡、大龄未婚与男性农民工幸福感》，《青年研究》第6期。

孟阳、李树茁，2017，《性别失衡背景下农村大龄未婚男性的社会排斥——一个分析框架》，《探索与争鸣》第4期。

倪晓锋，2008，《中国大陆婚姻状况变迁及婚姻挤压问题分析》，《南方人口》第1期。

彭远春，2004，《贫困地区大龄青年婚姻失配现象探析》，《青年探索》第6期。

任强、郑晓瑛、曹桂英，2005，《近20年来中国人口死亡的性别差异研究》，《中国人口科学》第1期。

戎寿德、黎均耀、高润泉、戴旭东、曹德贤、李广义、周有尚，1981，《我国1973-1975年居民平均期望寿命的统计分析》，《人口与经济》第1期。

石人炳，2001，《世纪末的俄罗斯人口问题和发展展望》，《人口学刊》第3期。

石人炳，2006，《青年人口迁出对农村婚姻的影响》，《人口学刊》第1期。

石人炳，2012，《我国农村老年照料问题及对策建议——兼论老年照料的基本类型》，《人口学刊》第1期。

石人炳，2013，《我国出生性别比变化新特点——基于"五普"和"六普"数据的比较》，《人口研究》第 2 期。

陶涛、张现苓，2013，《六普人口数据的漏报与重报》，《人口研究》第 1 期。

王丰，2010，《全球化环境中的世界人口与中国的选择》，《国际经济评论》第 6 期。

王广州、胡耀岭，2011，《真实队列年龄别生育率估算方法与应用研究》，《人口研究》第 4 期。

王红漫、顾大男、杜远举、邓喜先、王宏艳，2006，《新型农村合作医疗参与、满意度及持续性的影响因素分析》，《中国人口科学》第 5 期。

王金营，2013，《1990 年以来中国人口寿命水平和死亡模式的再估计》，《人口研究》第 4 期。

王磊，2012，《农村大龄未婚男性的生活质量及其影响因素分析——以冀北地区调查为基础》，《人口学刊》第 2 期。

王磊，2015，《农村中老年未婚男性的生活境况与养老意愿分析》，《中国农村观察》第 1 期。

王磊，2016，《农村大龄未婚男性的社会支持政策分析》，《北京工业大学学报》（社会科学版）第 3 期。

王丽敏、张晓波，2003，《健康不平等及其成因——中国全国儿童健康调查实证研究》，《经济学（季刊）》第 2 期。

王铭铭、杨清媚，2010，《费孝通与〈乡土中国〉》，《中南民族大学学报》（人文社会科学版）第 4 期。

王跃生，2001，《十八世纪后期中国男性晚婚及不婚群体的考察》，《中国社会经济史研究》第 2 期。

王忠，2003，《广东家庭户规模与家庭生命周期变化特点》，《人口与经济》第 2 期。

韦艳，2007，《陕西省人口发展预测与婚姻挤压测度》，《统计与决策》第 21 期。

韦艳、靳小怡、李树茁，2008，《农村大龄未婚男性家庭压力和应对策略研究——基于 YC 县访谈的发现》，《人口与发展》第 5 期。

韦艳、李树茁，2008，《中国农村大龄未婚男青年的压力与应对——河南 YC 区的探索性研究》,《青年研究》第 11 期。

韦艳、张力,2011,《农村大龄未婚男性的婚姻困境：基于性别不平等视角的认识》,《人口研究》第 5 期。

邬沧萍,2002,《提高对老年人生活质量的科学认识》,《人口研究》第 5 期。

吴彩霞、李艳、靳小怡,2012,《农村大龄未婚男性社会资本研究——基于借贷网络的视角》,《人口与经济》第 1 期。

吴小桃、刘旭峰,1995,《社会支持的本质及其测定》,《中国社会医学》第 3 期。

吴兴旺,1999,《家庭生命周期与家庭经济周期性波动规律——一项以少数民族相关材料为主的实证研究》,《民族研究》第 4 期。

谢弗,2006,《社会学与生活》,世界图书出版公司。

谢娅婷、靳小怡、杜海峰,2015,《婚姻挤压对中国农村不同群体安全感的影响——基于全国百村调查数据的分析》,《西北农林科技大学学报》（社会科学版）第 3 期。

忻丹帼、何勉、张军,2003,《健康测量的进展及测量方法》,《现代临床护理》第 4 期。

徐勤,1995,《我国老年人口的正式与非正式社会支持》,《人口研究》第 5 期。

许军、梁学敏,2007,《延边州农村大龄未婚男青年情况调查报告》,《人口学刊》第 4 期。

杨博、阿塔尼·伊莎贝尔、张群林,2012,《大龄未婚男性流动人口的风险性行为及影响因素》,《西安交通大学学报》（社会科学版）第 1 期。

杨雪燕、伊莎贝拉·阿塔尼、李树茁,2012,《大龄未婚男性的男男性行为及其对公共安全的意义：基于中国农村性别失衡背景的研究发现》,《中国软科学》第 5 期。

游允中,1984,《1982 年中国人口普查的可信度》,《人口与经济》第 6 期。

于洪彦、刘艳彬,2007,《中国家庭生命周期模型的构建及实证研究》,《管理科学》第 6 期。

原新、胡耀岭,2010,《中国和印度"失踪女孩"比较研究》,《人口研究》第 4 期。

查瑞传，1981，《生命表》，《人口研究》第3期。

查瑞传，1996，《中国人口的性别结构》，《西北人口》第1期。

翟振武、杨凡，2009，《中国出生性别比水平与数据质量研究》，《人口学刊》第4期。

张春汉、钟涨宝，2005，《农村大龄未婚青年成因分析——来自湖北潜江市Z镇Y村的个案分析》，《青年探索》第1期。

张海峰、白永平，2008，《中国人口性别结构的区域差异及演变动态分析》，《西北人口》第6期。

张亮，2017，《社会支持理论视角下农村老年残疾人保障体系建构》，《当代经济》第12期。

张敏、陈锐、李宁秀，2009，《中国老龄人口死亡公平性分析》，《西北人口》第3期。

张群林、伊莎贝尔·阿塔尼、杨雪燕，2009，《中国农村大龄未婚男性的性行为调查和分析》，《西安交通大学学报》（社会科学版）第6期。

张群林、杨博，2014，《性别失衡背景下农村大龄未婚男性：性心理、性实践与性影响》，《青年研究》第4期。

张群林，2016，《农村大龄未婚男性的性风险及其影响因素：基于KAP的实证分析》，《西安交通大学学报》（社会科学版）第2期。

张思锋、唐燕、张园，2011，《农村大龄未婚男性社会保障需求与供给分析》，《人口与经济》第6期。

张为民、崔红艳，2003，《对中国2000年人口普查准确性的估计》，《人口研究》第4期。

张友琴，2001，《老年人社会支持网的城乡比较研究——厦门市个案研究》，《社会学研究》第4期。

张震、虞慧婷、王春芳，2015，《2000~2010年上海户籍与非户籍人口预期寿命差异研究》，《中国人口科学》第6期。

赵锦辉，1994，《1949年前近40年中国人口死亡水平和原因分析》，《人口研究》第6期。

赵晓歌，2006，《俄罗斯人口性别比失调问题探析》，《西北人口》第1期。

曾毅，1987，《多增—减生命表的构造方法及其在中国妇女婚姻研究中的应用》,《人口研究》第 3 期。

曾毅、金沃泊,2004,《中国高龄死亡模式及其与瑞典、日本的比较分析》,《人口与经济》第 3 期。

中华人民共和国国家统计局,2016,《2015 年全国 1% 人口抽样调查主要数据公报》,http://www.stats.gov.cn/tjsj/zxfb/201604/t20160420_1346151.html。

中央政府门户网站,2006,《农村五保供养工作条例》,http://www.gov.cn/flfg/2006-01/26/content_172472.htm。

中央政府门户网站,2009,国务院关于开展新型农村社会养老保险试点的指导意见,http://www.gov.cn/zwgk/2009-09/04/content_1409216.htm。

周炜丹,2009,《中国配偶年龄差初步研究》,《南方人口》第 1 期。

朱婷,2008,《性别比失衡对未来农村养老的影响》,《西北人口》第 3 期。

Akers, D. S., 1967, "On Measuring the Marriage Squeeze." *Demography* 4: 907 – 924.

Angrist, J., 2002, "How do Sex Ratios Affect Marriage and Labor Markets? Evidence from America's Second Generation." *The Quarterly Journal of Economics* 117: 997 – 1038.

Banister, J., 1992, China: Recent Mortality Levels and Trends., Paper Represented at the Annual Meeting of the Population Association of America, Denver Colorado, May.

Banister, J., and Hill, K., 2004, "Mortality in China 1964 – 2000." *Population Studies* 58: 55 – 75.

Beckman, L. J., and Houser, B. B., 1982, "The Consequences of Childlessness on the Social-psychological Well-being of Older Women." *Journal of Gerontology* 37: 243 – 50.

Berger-Schmitt, R., 2000, Social Cohesion as an Aspect of the Quality of Societies: Concept and Measurement, ZUMA.

Bongaarts, J., 2013, "The Implementation of Preferences for Male Offspring." *Population and Development Review* 39: 185 – 208.

Casterline, J. B., Williams, L., and Mcdonald, P., 1986, "The Age Difference Between Spouses: Variations among Developing Countries." *Population*

Studies 40: 353 - 374.

Chang, E., Wilber, K. H., and Silverstein, M., 2010, "The Effects of Childlessness on the Care and Psychological Well-being of Older Adults with Disabilities." *Aging and Mental Health* 14: 712 - 719.

Chen, F., Yang, Y., and Liu, G., 2010, "Social Change and Socioeconomic Disparities in Health over the Life Course in China: A Cohort Analysis." *American Sociological Review* 75: 126 - 150.

Chiang, C. L., 1967, "Variance and Covariance of Life Table Functions Estimated from a Sample of Deaths." *Vital and Health Statistics* 20: 1 - 8.

Chiang, C. L., 1984, The Life Table and its Applications, Malabar FL: Robert E. Krieger Publishing Company.

Coale, A. J., 1991, "Excess Female Mortality and the Balance of the Sexes in the Population: an Estimate of the Number of 'Missing Females'." *The Population and Development Review*, 517 - 523.

Coombs, R. H., 1991, "Marital Status and Personal Well-Being: A Literature Review." *Family Relations* 40: 97 - 102.

Davis, A., 1998, "Age Differences in Dating and Marriage: Reproductive Strategies or Social Preferences." *Current Anthropology* 39: 374 - 380.

Deaton, A., 2003, "Health, Inequality, and Economic Development." *Journal of Economic Literature* 41: 113 - 158.

Ebenstein, A., and Leung, S., 2010, "Son Preference and Access to Social Insurance: Evidence from China's Rural Pension Program." *Population and Development Review* 36: 47 - 70.

Ebenstein, A., and Sharygin, E. J., 2009, "The Consequences of the 'Missing Girls' of China." *World Bank Economic Review* 23: 399 - 425.

Edlund, L., 1999, "Son Preference Sex Ratios and Marriage Patterns." *Journal of Political Economy* 107: 1275 - 1304.

Edwards, J. N., 1969, "Familial Behavior as Social Exchange." *Journal of Marriage & Family* 31: 518 - 526.

Edwards, R. D., and Tuljapurkar, S., 2006, "Inequality in Life Spans and a New Perspective on Mortality Convergence Across Industrialized Countries."

Population and Development Review 31: 645 – 674.

Fitzpatrick, J., Sharp, E. A., and Reifman, A., 2009, "Midlife Singles' Willingness to Date Partners with Heterogeneous Characteristics." *Family Relations* 58: 121 – 133.

Fossett, M. A., and Kiecolt, K. J., 1993, "Mate Availability and Family Structure among African Americans in US Metropolitan Areas." *Journal of Marriage and Family* 55: 288.

Fox, A. J., Bulusu, L., and Kinlen, L., 1979, "Mortality and Age Differences in Marriage." *Journal of Biosocial Science* 11: 117.

Fu, X., 2006, "Impact of Socioeconomic Status on Inter-racial Mate Selection and Divorce." *Social Science Journal* 43: 239 – 258.

George, L. K., and Bearon, L. B., 1981, "Quality of Life in Older Persons Meaning and Measurement." *Psyccritiques* 26: 307 – 308.

Glick, P. C., 1947, "The Family Cycle." *American Sociological Review* 12: 164 – 174.

Goldman, N., 1993, "Marriage Selection and Mortality Patterns: Inferences and Fallacies." *Demography* 30: 189.

Goldman, N., and Lord, G., 1983, "Sex Differences in Life Cycle Measures of Widowhood." *Demography* 20: 177 – 195.

Goldman, N., Westoff, C. F., and Hammerslough, C., 1984, "Demography of the Marriage Market in the United States." *Population Index* 50: 5 – 25.

Gove, W. R., 1972, "The Relationship between Sex Roles, Marital Status, and Mental Illness." *Social Forces* 51: 34 – 44.

Guillot, M., 2002, "The Dynamics of the Population Sex Ratio in India, 1971 – 96." *Population Studies* 56: 51 – 63.

Guilmoto, C. Z., 2012, "Skewed Sex Ratios at Birth and Future Marriage Squeeze in China and India, 2005 – 2100." *Demography* 49: 77 – 100.

Gupta, M. D., 1987, "Selective Discrimination against Female Children in Rural Punjab." *Population and develpment review* 77 – 100.

Gupta, M. D., Chung, W., and Shuzhuo, L., 2009, "Evidence for an Incipient Decline in Numbers of Missing Girls in China and India." *Population* and Development Review 35: 401 - 416.

Gupta, M. D. , Ebenstein, A. Y. , and Sharygin, E. J. , 2010, "China's Marriage Market and Upcoming Challenges for Elderly Men." Policy Research Working Paper.

Gupta, P. D. , 1991, "Decomposition of the Difference between Two Rates and Its Consistency When more than Two Populations Are Involved." *Mathematical Population Studies* 3: 105 - 125.

Guttentag, M. , and Secord, P. F. , 1983, "Too Many Women? The Sex Ratio Question." *Beverly Hills Calif* 10: 207.

Harknett, K. , 2008, "Mate Availability and Unmarried Parent Relationships." *Demography* 45: 555.

Hirschman, C. , and Matras, J. , 1971, "A New Look at the Marriage Market and Nuptiality Rates, 1915 - 1958." *Demography* 8: 549.

Horwitz, A. V. , White, H. R. , and Howell-White, S. , 1996, "Becoming Married and Mental Health: A Longitudinal Study of a Cohort of Young Adults." *Journal of Marriage & Family* 58: 895 - 907.

Hu, Y. R. , and Goldman, N. , 1990, "Mortality Differentials by Marital Status: An International Comparison." *Demography* 27: 233 - 250.

Hudson, V. M. , and Boer, A. D. , 2002, "A Surplus of Men, A Deficit of Peace: Security and Sex Ratios in Asia's Largest States." *International Security* 26: 5 - 38.

Jiang, Q. B. , Feldman, M. W. , and Li, S. Z. , 2014, "Marriage Squeeze, Never-Married Proportion, and Mean Age at First Marriage in China." *Population Research & Policy Review* 33: 189 - 204.

Jiang, Q. B. , Sánchez-Barricarte, J. J. , Li, S. Z. , and Feldman, M. W. , 2011, "MARRIAGE SQUEEZE IN CHINA'S FUTURE." *Asian Population Studies* 7: 177 - 193.

Jin, X. Y. , Li, S. Z. , and Feldman, M. W. , 2005, "Marriage form and Age at First Marriage: A Comparative Study in Three Counties in Contemporary Rural China." *Social biology* 52: 18 - 46.

Keith, P. M. and Nauta, A. , 1988, "Old and Single in the City and in the Country: Activities of the Unmarried." *Family Relations* 37: 79 - 83.

Keyfitz, N., 1985, *Applied Mathematical Demography*, New York: Springer, 441.

Klasen, S., and Wink, C., 2002, "A Turning Point in Gender Bias in Mortality? An Update on the Number of Missing Women." *Population and Development Review* 28: 285 - 312.

Kundu, A., and Sahu, M. K., 1991, "Variation in Sex Ratio: Development Implications." *Economic and Political Weekly* 2341 - 2342.

Li, S., Zhu, C., and Feldman, M. W., 2004, "Gender Differences in Child Survival in Contemporary Rural China: A County Study." *Journal of Biosocial Science* 36: 83 - 109.

Lichter, D. T., Mclaughlin, D. K., Kephart, G., and Landry, D. J., 1992, "Race and the Retreat From Marriage: A Shortage of Marriageable Men?" *American Sociological Review* 57: 781 - 799.

Lillard, L. A., and Waite, L. J., 1995, "Til Death Do Us Part: Marital Disruption and Mortality." *American Journal of Sociology* 100: 1131 - 1156.

Lipowicz, A., and Lopuszanska, M., 2005, "Marital Differences in Blood Pressure and the Risk of Hypertension among Polish Men." *European Journal of Epidemiology* 20: 421 - 427.

McDonald, G. W., 1981, "Structural Exchange and Marital Interaction." *Journal of Marriage and the Family*, 825 - 839.

Mclaughlin, D. K., and Lichter, D. T., 1996, "Poverty and the Marital Behavior of Young Women." *University Park Pennsylvania Pennsylvania State University Population Research Institute Jun* 59: 582 - 594.

Myers, R. J., 1959, "Statistical Measures in the Marital Life-cycles of Men and Women." *Population* 14: 620 - 620.

O'Rand, A. M., 1996, "The Precious and the Precocious: Understanding Cumulative Disadvantage and Cumulative Advantage over the Life Course." *Gerontologist* 36: 230.

Pearlin, L. I., and Johnson, J. S., 1977, "Marital Status, Life-strains and Depression." *American Sociological Review* 42: 704.

Peng, X. Z., 2011, "China's Demographic History and Future Challenges." *Science* 333: 581-587.

Pinquart, M., 2003, "Loneliness in Married, Widowed, Divorced, and Never-Married Older Adults." *Journal of Social & Personal Relationships* 20: 31-53.

Poston, D. L., and Glover, K. S., 2005, "Too Many Males: Marriage Market Implications of gender imbalances in China." *Genus* 61: 119-140.

Rook, K. S., 1984, "Promoting Social Bonding: Strategies for Helping the Lonely and Socially Isolated." *American Psychologist* 39: 1389-1407.

Ross, C. E., 1995, "Reconceptualizing Marital Status as a Continuum of Social Attachment." *Journal of Marriage & Family* 57: 129-140.

Rueda, S., 2012, "Health Inequalities among Older Adults in Spain: The Importance of Gender, the Socioeconomic Development of the Region of Residence, and Social Support." *Womens Health Issues* 22: e483-e490.

Schoen, R., 1982, "Measuring the Tightness of a Marriage Squeeze." *Population Index* 48: 460.

Schoen, R., 1983, "Measuring the Tightness of a Marriage Squeeze." *Demography* 20: 61-78.

Schoen, R., and Baj, J., 1985, "The Impact of the Marriage Squeeze in Five Western Countries." *Sociology & Social Research* 70: 8-19.

Seccombe, K., and Ishii-Kuntz, M., 1994, "Gender and Social Relationships among the Never-married." *Sex Roles* 30: 585-603.

Sen, A., 1990, "More than 100 Million Women are Missing." *The New York Review of Books* 37: 61-66.

Sheps, M. C., 1961, "Marriage and Mortality." *American Journal of Public Health & the Nations Health* 51: 547.

South, S. J., Trent, K., and Bose, S., 2014, "Skewed Sex Ratios and Criminal Victimization in India." *Demography* 51: 1019-1040.

Tucker, J. D., Henderson, G. E., Wang, T. F., Huang, Y. Y., Parish, W., Pan, S. M., Chen, X. S., and Cohen, M. S., 2005, "Surplus Men, Sex Work, and the Spread of HIV in China." *Aids* 19: 539-47.

Tuljapurkar, S., Li, N., and Feldman, M. W., 1995, "High Sex Ratios in China's Future." *Science* 267: 874.

United Nations, 2015, "World Population Prospects: The 2015 Revision." *United Nations Econ Soc Aff* 33: 1 – 66.

Va, P., Yang, W. S., Nechuta, S., Chow, W. H., Cai, H., Yang, G., Gao, S., Gao, Y. T., Zheng, W., and Shu, X. O., 2011, "Marital Status and Mortality Among Middle Age and Elderly Men and Women in Urban Shanghai." *Plos One* 6: e26600.

Waldron, I., Weiss, C. C., and Hughes, M. E., 1997, "Marital Status Effects on Health: Are there Differences between Never Married Women and Divorced and Separated women?" *Social Science & Medicine* 45: 1387.

Ward, R. A., 1979, "The Never-Married in Later Life." *J Gerontol* 34: 861 – 869.

Wei, S. J., and Zhang, X., 2009, "The Competitive Saving Motive: Evidence from Rising Sex Ratios and Savings Rates in China." *Nber Working Papers* 119: 511 – 564.

Wellman, B., and Wortley, S., 1990, "Different Strokes from Different Folks: Community Ties and Social Support." *American Journal of Sociology* 96: 558 – 588.

Wheaton, B., 1980, "The Sociogenesis of Psychological Disorder: An Attributional Theory." *Journal of Health & Social Behavior* 21: 100 – 24.

Wu, Z., and Pollard, M. S., 1998, "Social Support among Unmarried Childless Elderly Persons." *Journals of Gerontology* 53: S324 – 35.

Yang, C. K., and Parsons, T., 1959, The Chinese Family in the Communist revolution, Technology Press, Massachusetts Institute of Technology; , N/A.

Yang, X. Y., Isabelle, A., Li, S. Z., and Yang, B., 2012, "Same-Sex Sexual Behaviors Among Male Migrants in a Context of Male " Marriage Squeeze ": Results From an Exploratory Survey in Urban Xi'an, China." *American Journal of Men's Health* 6: 485 – 496.

Yip, P., 1998, "Age, Sex, Marital Status and Suicide: An Empirical Study of East and West." *Psychological Reports* 82: 311 – 322.

Zeng, Y., 2007, "Options for Fertility Policy Transition in China." *Population & Development Review* 33: 215 – 246.

Zeng, Y., Tu, P., Gu, B. C., Xu, Y., Li, B. H., and Li, Y. P., 1993, "Causes and Implications of the Recent Increase in the Reported Sex Ratio at Birth in China." *Population and Development Review*: 283 – 302.

Zhang, Z. M., and Hayward, M. D., 2001, "Childlessness and the Psychological Well-being of Older Persons." *Journals of Gerontology Series B-Psychological Sciences and Social Sciences* 56: S311 – S320.

附录1 全国分城乡男性初婚表

附表1-1 2000年全国男性初婚表

年龄	未婚死亡概率	初婚概率	未婚存活人数	未婚死亡人数	初婚数	全部初婚数	未婚期待率	平均未婚人数	累计未婚人数	未婚期望寿命
0	0.022104	0.0000	100000	2210	0	91057	0.910569	98895	2614487	26.1
…	…	…	…	…	…	…	…	…	…	…
15	0.000638	0.0029	96637	62	281	91057	0.942255	96466	1156912	12.0
16	0.000685	0.0038	96294	66	368	90775	0.942690	96077	1060446	11.0
17	0.000849	0.0074	95860	81	708	90407	0.943118	95465	964369	10.1
18	0.000924	0.0119	95071	88	1129	89700	0.943502	94462	868904	9.1
19	0.001083	0.0272	93854	102	2552	88570	0.943705	92527	774442	8.3
20	0.001338	0.0545	91200	122	4969	86018	0.943181	88655	681915	7.5
21	0.001291	0.0975	86110	111	8396	81050	0.941239	81856	593260	6.9
22	0.001356	0.1456	77603	105	11295	72654	0.936230	71903	511404	6.6
23	0.001785	0.1777	66202	118	11764	61359	0.926838	60261	439501	6.6
24	0.001859	0.1957	54320	101	10631	49595	0.913010	48954	379240	7.0
25	0.002090	0.2091	43588	91	9112	38964	0.893909	38986	330285	7.6
26	0.002136	0.2083	34385	73	7163	29852	0.868162	30766	291299	8.5
27	0.002631	0.2068	27148	71	5615	22688	0.835725	24305	260532	9.6
28	0.003081	0.1887	21462	66	4049	17073	0.795526	19404	236228	11.0
29	0.003831	0.1759	17346	66	3051	13024	0.750826	15787	216824	12.5
30	0.003962	0.1514	14229	56	2154	9973	0.700906	13124	201036	14.1
31	0.004886	0.1367	12019	59	1644	7819	0.650591	11167	187913	15.6
32	0.004615	0.1028	10316	48	1061	6176	0.598629	9762	176745	17.1

续表

年龄	未婚死亡概率	初婚概率	未婚存活人数	未婚死亡人数	初婚数	全部初婚数	未婚期待率	平均未婚人数	累计未婚人数	未婚期望寿命
33	0.005896	0.0992	9208	54	913	5115	0.555475	8724	166983	18.1
34	0.005873	0.0824	8240	48	679	4202	0.509878	7877	158259	19.2
35	0.007031	0.0728	7513	53	547	3523	0.468883	7213	150382	20.0
36	0.007753	0.0700	6914	54	484	2976	0.430461	6645	143169	20.7
37	0.006398	0.0574	6376	41	366	2492	0.390842	6173	136524	21.4
38	0.006242	0.0459	5969	37	274	2126	0.356174	5814	130352	21.8
39	0.009362	0.0583	5658	53	330	1852	0.327337	5467	124538	22.0
40	0.007903	0.0414	5275	42	218	1522	0.288590	5145	119072	22.6
41	0.010742	0.0421	5015	54	211	1304	0.260021	4883	113926	22.7
42	0.010628	0.0310	4750	50	147	1093	0.230109	4652	109043	23.0
43	0.009221	0.0230	4553	42	105	946	0.207723	4479	104392	22.9
44	0.009856	0.0246	4406	43	108	841	0.190903	4330	99912	22.7
45	0.009923	0.0206	4254	42	88	733	0.172252	4189	95582	22.5
46	0.010758	0.0192	4124	44	79	645	0.156428	4063	91393	22.2
47	0.010512	0.0137	4001	42	55	566	0.141467	3952	87330	21.8
48	0.009800	0.0128	3904	38	50	511	0.130916	3860	83378	21.4
49	0.012553	0.0131	3816	48	50	461	0.120844	3767	79518	20.8
50	0.014160	0.0143	3718	53	53	411	0.110612	3665	75751	20.4

附表 1-2 2000 年全国城镇男性初婚表

年龄	未婚死亡概率	初婚概率	未婚存活人数	未婚死亡人数	初婚数	全部初婚数	未婚期待率	平均未婚人数	累计未婚人数	未婚期望寿命
0	0.010490	0.0000	100000	1049	0	96416	0.964160	99476	2478125	24.8
…	…	…	…	…	…	…	…	…	…	…
15	0.000352	0.0038	98278	35	370	96416	0.981058	98075	998865	10.2
16	0.000617	0.0039	97873	60	384	96046	0.981333	97651	900790	9.2
17	0.000617	0.0065	97429	60	635	95662	0.981868	97081	803139	8.2
18	0.000748	0.0102	96734	72	984	95027	0.982359	96206	706058	7.3
19	0.000846	0.0220	95677	81	2107	94043	0.982921	94583	609852	6.4
20	0.001069	0.0507	93490	100	4739	91936	0.983387	91070	515269	5.5
21	0.001030	0.0973	88650	91	8628	87197	0.983607	84291	424199	4.8

续表

年龄	未婚死亡概率	初婚概率	未婚存活人数	未婚死亡人数	初婚数	全部初婚数	未婚期待率	平均未婚人数	累计未婚人数	未婚期望寿命
22	0.001186	0.1587	79931	95	12683	78569	0.982961	73542	339908	4.3
23	0.001417	0.2056	67153	95	13808	65886	0.981131	60202	266366	4.0
24	0.001478	0.2391	53250	79	12734	52078	0.977991	46844	206164	3.9
25	0.001606	0.2612	40437	65	10562	39344	0.972964	35124	159321	3.9
26	0.001504	0.2731	29810	45	8141	28782	0.965503	25717	124197	4.2
27	0.001807	0.2731	21624	39	5906	20640	0.954517	18651	98480	4.6
28	0.002351	0.2712	15679	37	4251	14734	0.939761	13534	79829	5.1
29	0.002497	0.2509	11390	28	2857	10483	0.920320	9947	66295	5.8
30	0.002951	0.2269	8504	25	1930	7625	0.896625	7527	56347	6.6
31	0.003373	0.2239	6550	22	1466	5696	0.869608	5806	48820	7.5
32	0.004160	0.1776	5061	21	899	4230	0.835630	4602	43014	8.5
33	0.005220	0.1929	4142	22	799	3331	0.804214	3731	38413	9.3
34	0.005087	0.1631	3321	17	542	2532	0.762341	3042	34681	10.4
35	0.006333	0.1648	2763	17	455	1990	0.720421	2526	31640	11.5
36	0.006777	0.1360	2290	16	311	1535	0.670343	2126	29113	12.7
37	0.006151	0.1312	1963	12	257	1224	0.623352	1828	26987	13.7
38	0.004213	0.0884	1693	7	150	966	0.570528	1615	25159	14.9
39	0.007815	0.1092	1537	12	168	817	0.531354	1447	23544	15.3
40	0.008791	0.0918	1357	12	125	649	0.478084	1289	22097	16.3
41	0.008609	0.0776	1220	11	95	524	0.429488	1168	20808	17.1
42	0.011006	0.0629	1115	12	70	429	0.385083	1074	19640	17.6
43	0.009033	0.0653	1033	9	67	359	0.347919	994	18566	18.0
44	0.009967	0.0601	956	10	57	292	0.305342	923	17572	18.4
45	0.009925	0.0510	889	9	45	234	0.263713	862	16650	18.7
46	0.011836	0.0415	835	10	35	189	0.226498	813	15788	18.9
47	0.010882	0.0346	790	9	27	154	0.195449	772	14975	18.9
48	0.010647	0.0325	754	8	25	127	0.168506	738	14203	18.8
49	0.019257	0.0410	722	14	30	103	0.142102	700	13465	18.7
50	0.014820	0.0143	678	10	10	73	0.107601	668	12764	18.8

附表 1-3 2000 年全国乡村男性初婚表

年龄	未婚死亡概率	初婚概率	未婚存活人数	未婚死亡人数	初婚数	全部初婚数	未婚期待率	平均未婚人数	累计未婚人数	未婚期望寿命
0	0.028280	0.0000	100000	2828	0	82262	0.822618	98586	2897848	29.0
…	…	…	…	…	…	…	…	…	…	…
15	0.000710	0.0025	95815	68	243	82262	0.858545	95660	1451339	15.1
16	0.001276	0.0038	95504	122	360	82019	0.858797	95263	1355680	14.2
17	0.001746	0.0080	95022	166	759	81659	0.859363	94560	1260416	13.3
18	0.001842	0.0132	94098	173	1240	80900	0.859745	93391	1165857	12.4
19	0.002120	0.0314	92684	197	2913	79660	0.859477	91130	1072466	11.6
20	0.002439	0.0574	89575	219	5143	76747	0.856793	86894	981336	11.0
21	0.002307	0.0976	84213	194	8223	71604	0.850270	80005	894442	10.6
22	0.002153	0.1345	75797	163	10197	63382	0.836207	70617	814437	10.7
23	0.002923	0.1512	65437	191	9896	53185	0.812769	60393	743820	11.4
24	0.003001	0.1519	55350	166	8406	43289	0.782103	51064	683426	12.3
25	0.003218	0.1517	46778	151	7097	34883	0.745724	43154	632363	13.5
26	0.003359	0.1395	39530	133	5513	27786	0.702915	36708	589209	14.9
27	0.004105	0.1334	33885	139	4519	22274	0.657335	31556	552501	16.3
28	0.004083	0.1115	29226	119	3258	17754	0.607478	27538	520945	17.8
29	0.005226	0.1067	25849	135	2759	14497	0.560811	24402	493408	19.1
30	0.005604	0.0894	22955	129	2052	11738	0.511333	21865	469005	20.4
31	0.006145	0.0774	20775	128	1608	9686	0.466244	19907	447140	21.5
32	0.005055	0.0586	19039	96	1116	8078	0.424287	18433	427232	22.4
33	0.006505	0.0555	17827	116	989	6962	0.390544	17275	408799	22.9
34	0.006497	0.0455	16722	109	761	5973	0.357202	16287	391524	23.4
35	0.007498	0.0372	15853	119	590	5212	0.328787	15498	375237	23.7
36	0.008313	0.0372	15144	126	563	4622	0.305235	14800	359738	23.8
37	0.007056	0.0279	14455	102	403	4060	0.280836	14203	344939	23.9
38	0.007835	0.0253	13950	109	354	3657	0.262122	13719	330736	23.7
39	0.011227	0.0326	13487	151	440	3303	0.244900	13192	317017	23.5
40	0.008641	0.0223	12896	111	287	2863	0.221992	12696	303826	23.6
41	0.013702	0.0268	12497	171	335	2575	0.206076	12244	291129	23.3
42	0.011361	0.0200	11990	136	240	2240	0.186824	11802	278886	23.3

续表

年龄	未婚死亡概率	初婚概率	未婚存活人数	未婚死亡人数	初婚数	全部初婚数	未婚期待率	平均未婚人数	累计未婚人数	未婚期望寿命
43	0.008804	0.0144	11614	102	167	2000	0.172235	11480	267083	23.0
44	0.011000	0.0155	11345	125	175	1833	0.161602	11195	255603	22.5
45	0.011050	0.0133	11045	122	147	1658	0.150109	10911	244408	22.1
46	0.011750	0.0140	10776	127	151	1511	0.140233	10638	233498	21.7
47	0.009751	0.0099	10499	102	103	1361	0.129596	10396	222860	21.2
48	0.010174	0.0087	10293	105	89	1257	0.122138	10196	212464	20.6
49	0.012058	0.0085	10099	122	86	1168	0.115656	9995	202268	20.0
50	0.013771	0.0143	9891	136	141	1082	0.109379	9753	192273	19.4

附表1-4 2010年全国男性初婚表

年龄	未婚死亡概率	初婚概率	未婚存活人数	未婚死亡人数	初婚数	全部初婚数	未婚期待率	平均未婚人数	累计未婚人数	未婚期望寿命
0	0.010891	0.00	100000	1089	0	89510	0.895104	99455	2898558	29.0
...	...	...	...	...	...	...	...	...	...	...
15	0.000454	0.00	98283	45	167	89510	0.910742	98177	1419499	14.4
16	0.000487	0.00	98072	48	439	89344	0.911005	97828	1321322	13.5
17	0.000545	0.01	97585	53	1141	88904	0.911050	96987	1223494	12.5
18	0.000576	0.03	96390	55	2515	87763	0.910499	95105	1126507	11.7
19	0.000723	0.03	93820	68	3044	85248	0.908639	92264	1031402	11.0
20	0.000688	0.06	90708	62	5813	82204	0.906252	87770	939138	10.4
21	0.000694	0.10	84833	59	8695	76392	0.900495	80456	851368	10.0
22	0.000789	0.09	76079	60	7198	67696	0.889819	72450	770912	10.1
23	0.000803	0.11	68821	55	7492	60499	0.879072	65047	698462	10.1
24	0.000880	0.13	61274	54	8128	53006	0.865078	57182	633415	10.3
25	0.000992	0.15	53091	53	8055	44878	0.845300	49037	576232	10.9
26	0.001042	0.17	44984	47	7437	36823	0.818587	41242	527195	11.7
27	0.001276	0.13	37500	48	4789	29386	0.783635	35082	485953	13.0
28	0.001394	0.14	32663	46	4548	24597	0.753058	30366	450872	13.8
29	0.001649	0.13	28069	46	3729	20049	0.714264	26182	420506	15.0
30	0.002021	0.12	24294	49	2858	16320	0.671771	22841	394324	16.2
31	0.002224	0.11	21387	48	2325	13462	0.629454	20201	371483	17.4

续表

年龄	未婚死亡概率	初婚概率	未婚存活人数	未婚死亡人数	初婚数	全部初婚数	未婚期待率	平均未婚人数	累计未婚人数	未婚期望寿命
32	0.002595	0.11	19015	49	2100	11138	0.585726	17940	351282	18.5
33	0.003161	0.09	16865	53	1586	9037	0.535849	16046	333342	19.8
34	0.003535	0.08	15226	54	1263	7452	0.489392	14568	317296	20.8
35	0.004161	0.07	13909	58	1015	6189	0.444916	13373	302728	21.8
36	0.004459	0.06	12836	57	790	5173	0.403020	12413	289355	22.5
37	0.004801	0.06	11989	58	664	4384	0.365618	11628	276943	23.1
38	0.005133	0.05	11268	58	546	3719	0.330092	10966	265314	23.5
39	0.005885	0.04	10664	63	387	3174	0.297603	10439	254348	23.9
40	0.005967	0.03	10214	61	345	2787	0.272824	10012	243909	23.9
41	0.007458	0.02	9809	73	245	2442	0.248972	9650	233897	23.8
42	0.006422	0.03	9491	61	298	2197	0.231506	9311	224248	23.6
43	0.007876	0.02	9132	72	220	1899	0.207981	8986	214936	23.5
44	0.007982	0.02	8840	71	211	1679	0.189963	8699	205951	23.3
45	0.008839	0.02	8559	76	188	1469	0.171594	8427	197251	23.0
46	0.011065	0.01	8295	92	103	1281	0.154380	8198	188824	22.8
47	0.009290	0.01	8101	75	94	1178	0.145414	8016	180627	22.3
48	0.008417	0.02	7931	67	156	1084	0.136631	7820	172611	21.8
49	0.013911	0.01	7708	107	88	927	0.120318	7610	164791	21.4
50	0.011761	0.00	7513	88	22	839	0.111723	7457	157181	20.9

附表1-5　2010年全国城镇男性初婚表

年龄	未婚死亡概率	初婚概率	未婚存活人数	未婚死亡人数	初婚数	全部初婚数	未婚期待率	平均未婚人数	累计未婚人数	未婚期望寿命
0	0.010891	0.00	100000	1089	0	93289	0.932891	99455	2819652	28.2
…	…	…	…	…	…	…	…	…	…	…
15	0.000276	0.00	98283	27	76	93289	0.949189	98232	1340593	13.6
16	0.000250	0.00	98180	25	229	93213	0.949412	98054	1242361	12.7
17	0.000274	0.01	97927	27	637	92985	0.949532	97595	1144308	11.7
18	0.000291	0.02	97263	28	1532	92348	0.949463	96483	1046713	10.8
19	0.000348	0.02	95703	33	2040	90816	0.948935	94666	950230	9.9
20	0.000346	0.05	93629	32	4283	88775	0.948160	91472	855564	9.1

续表

年龄	未婚死亡概率	初婚概率	未婚存活人数	未婚死亡人数	初婚数	全部初婚数	未婚期待率	平均未婚人数	累计未婚人数	未婚期望寿命
21	0.000347	0.08	89314	31	7456	84493	0.946018	85570	764092	8.6
22	0.000405	0.08	81827	33	6937	77036	0.941457	78342	678522	8.3
23	0.000436	0.11	74857	33	7864	70100	0.936449	70909	600180	8.0
24	0.000469	0.14	66961	31	9200	62236	0.929443	62345	529271	7.9
25	0.000514	0.16	57729	30	9523	53036	0.918703	52952	466926	8.1
26	0.000573	0.18	48176	28	8725	43512	0.903198	43799	413974	8.6
27	0.000684	0.14	39423	27	5596	34787	0.882405	36611	370174	9.4
28	0.000686	0.16	33800	23	5459	29191	0.863638	31058	333563	9.9
29	0.000861	0.16	28317	24	4492	23732	0.838057	26059	302505	10.7
30	0.001073	0.15	23801	26	3454	19240	0.808355	22062	276445	11.6
31	0.001175	0.14	20322	24	2805	15786	0.776796	18907	254384	12.5
32	0.001462	0.14	17493	26	2503	12981	0.742068	16229	235476	13.5
33	0.001777	0.13	14964	27	1947	10478	0.700192	13978	219248	14.7
34	0.001955	0.12	12991	25	1558	8531	0.656702	12199	205270	15.8
35	0.002956	0.11	11408	34	1271	6973	0.611276	10755	193070	16.9
36	0.003089	0.09	10103	31	951	5702	0.564411	9612	182315	18.0
37	0.003575	0.09	9121	33	808	4751	0.520928	8700	172703	18.9
38	0.003021	0.08	8280	25	648	3943	0.476225	7943	164003	19.8
39	0.004034	0.06	7607	31	468	3295	0.433145	7357	156059	20.5
40	0.004352	0.06	7108	31	396	2827	0.397703	6895	148702	20.9
41	0.005447	0.04	6682	36	295	2431	0.363882	6516	141807	21.2
42	0.004571	0.06	6350	29	375	2136	0.336432	6148	135291	21.3
43	0.005649	0.05	5946	34	295	1761	0.296215	5782	129143	21.7
44	0.006401	0.05	5617	36	279	1466	0.261010	5460	123361	22.0
45	0.007626	0.04	5302	40	232	1187	0.223860	5166	117901	22.2
46	0.010838	0.02	5029	55	122	954	0.189780	4941	112735	22.4
47	0.006988	0.02	4853	34	114	833	0.171558	4779	107794	22.2
48	0.006688	0.04	4705	31	170	719	0.152782	4605	103015	21.9
49	0.011637	0.01	4504	52	51	549	0.121946	4452	98410	21.8
50	0.008146	0.00	4400	36	13	498	0.113129	4376	93958	21.4

附表 1-6 2010 年全国乡村男性初婚表

年龄	未婚死亡概率	初婚概率	未婚存活人数	未婚死亡人数	初婚数	全部初婚数	未婚期待率	平均未婚人数	累计未婚人数	未婚期望寿命
0	0.010891	0.00	100000	1089	0	83902	0.839015	99455	3115539	31.2
…	…	…	…	…	…	…	…	…	…	…
15	0.000596	0.00	98283	59	86	83902	0.853674	98211	1636480	16.7
16	0.000731	0.00	98139	72	259	83816	0.854056	97973	1538269	15.7
17	0.000850	0.01	97807	83	675	83556	0.854295	97428	1440296	14.7
18	0.000906	0.02	97049	88	1699	82881	0.854013	96156	1342868	13.8
19	0.001170	0.04	95262	111	3600	81182	0.852198	93406	1246712	13.1
20	0.001116	0.05	91550	102	4198	77582	0.847423	89400	1153306	12.6
21	0.001168	0.09	87250	102	7649	73384	0.841074	83375	1063906	12.2
22	0.001307	0.13	79499	104	10158	65735	0.826862	74368	980531	12.3
23	0.001314	0.11	69238	91	7507	55577	0.802701	65438	906162	13.1
24	0.001510	0.11	61639	93	7070	48070	0.779855	58058	840724	13.6
25	0.001746	0.12	54476	95	6795	41000	0.752616	51031	782666	14.4
26	0.001792	0.13	47586	85	6076	34205	0.718796	44505	731635	15.4
27	0.002344	0.13	41425	97	5572	28129	0.679030	38590	687130	16.6
28	0.002644	0.10	35756	95	3612	22557	0.630860	33903	648540	18.1
29	0.002882	0.10	32050	92	3248	18945	0.591122	30380	614637	19.2
30	0.003290	0.09	28709	94	2679	15697	0.546767	27323	584257	20.4
31	0.003531	0.08	25936	92	2057	13019	0.501945	24862	556934	21.5
32	0.003942	0.07	23787	94	1708	10961	0.460806	22886	532072	22.4
33	0.004661	0.07	21985	102	1619	9253	0.420870	21124	509186	23.2
34	0.004991	0.06	20263	101	1189	7633	0.376715	19618	488062	24.1
35	0.005007	0.05	18973	95	952	6445	0.339666	18450	468444	24.7
36	0.005365	0.04	17926	96	751	5492	0.306380	17502	449994	25.1
37	0.005568	0.04	17078	95	615	4741	0.277586	16723	432492	25.3
38	0.006880	0.03	16368	113	507	4125	0.252036	16058	415769	25.4
39	0.007155	0.03	15748	113	434	3618	0.229760	15475	399711	25.4
40	0.006926	0.02	15201	105	304	3184	0.209475	14997	384236	25.3
41	0.008564	0.02	14792	127	307	2881	0.194732	14576	369240	25.0
42	0.007444	0.01	14359	107	209	2574	0.179257	14201	354664	24.7
43	0.009082	0.02	14043	128	252	2365	0.168412	13854	340463	24.2

续表

年龄	未婚死亡概率	初婚概率	未婚存活人数	未婚死亡人数	初婚数	全部初婚数	未婚期待率	平均未婚人数	累计未婚人数	未婚期望寿命
44	0.008656	0.01	13664	118	170	2113	0.154659	13520	326609	23.9
45	0.009302	0.01	13375	124	157	1943	0.145264	13235	313089	23.4
46	0.011153	0.01	13094	146	146	1786	0.136398	12948	299854	22.9
47	0.010477	0.01	12802	134	82	1640	0.128093	12694	286906	22.4
48	0.009224	0.01	12585	116	77	1558	0.123758	12489	274213	21.8
49	0.015056	0.01	12392	187	139	1480	0.119442	12229	261724	21.1
50	0.013786	0.00	12066	166	36	1341	0.111117	11965	249495	20.7

附录2 全国分城乡、分婚姻、分教育男性生命表

附表 2-1 1990年全体男性生命表

年龄（岁）	$_nq_x$	l_x	$_nd_x$	$_nL_x$	T_x	e_x
30~34	0.008590	100000	859	497852	4183707	41.84
35~39	0.011581	99141	1148	492834	3685855	37.18
40~44	0.016090	97993	1577	486022	3193021	32.58
45~49	0.023943	96416	2309	476309	2706998	28.08
50~54	0.038661	94108	3638	461442	2230689	23.70
55~59	0.063740	90469	5767	437930	1769247	19.56
60~64	0.106134	84703	8990	401039	1331317	15.72
65~69	0.175412	75713	13281	345362	930278	12.29
70~74	0.278187	62432	17368	268740	584916	9.37
75~79	0.412248	45064	18578	178877	316175	7.02
80~84	0.582444	26487	15427	93865	137299	5.18
85~89	0.759144	11060	8396	34308	43433	3.93
90	1	2664	2664	9125	9125	3.43

附表 2-2 1990年未婚男性生命表

年龄（岁）	$_nq_x$	l_x	$_nd_x$	$_nL_x$	T_x	e_x
30~34	0.027154	100000	2715	493212	3527297	35.27
35~39	0.035351	97285	3439	477825	3034085	31.19
40~44	0.043812	93846	4112	458949	2556260	27.24
45~49	0.056351	89734	5057	436028	2097311	23.37

续表

年龄（岁）	$_nq_x$	l_x	$_nd_x$	$_nL_x$	T_x	e_x
50~54	0.077116	84677	6530	407062	1661283	19.62
55~59	0.111279	78147	8696	368997	1254221	16.05
60~64	0.168611	69451	11710	317981	885224	12.75
65~69	0.257807	57741	14886	251490	567244	9.82
70~74	0.386680	42855	16571	172847	315754	7.37
75~79	0.549973	26284	14455	95280	142907	5.44
80~84	0.727909	11828	8610	37617	47627	4.03
85~89	0.880063	3218	2832	9011	10009	3.11
90	1	386	386	998	998	2.59

附表 2-3 1990 年非未婚男性生命表

年龄（岁）	$_nq_x$	l_x	$_nd_x$	$_nL_x$	T_x	e_x
30~34	0.007044	100000	704	498239	4214711	42.15
35~39	0.010036	99296	996	493987	3716472	37.43
40~44	0.014895	98299	1464	487835	3222485	32.78
45~49	0.023140	96835	2241	478573	2734650	28.24
50~54	0.037528	94594	3550	464096	2256077	23.85
55~59	0.062489	91044	5689	440998	1791980	19.68
60~64	0.104596	85355	8928	404455	1350982	15.83
65~69	0.172256	76427	13165	349223	946527	12.38
70~74	0.273230	63262	17285	273098	597303	9.44
75~79	0.410903	45977	18892	182655	324205	7.05
80~84	0.578924	27085	15680	96224	141550	5.23
85~89	0.752266	11405	8579	35575	45326	3.97
90	1	2825	2825	9751	9751	3.45

附表 2-4 1990 年文盲未婚男性生命表

年龄（岁）	$_nq_x$	l_x	$_nd_x$	$_nL_x$	T_x	e_x
30~34	0.046684	100000	4668	488329	3358553	33.59
35~39	0.047889	95332	4565	465245	2870224	30.11
40~44	0.045233	90766	4106	443567	2404979	26.50
45~49	0.059343	86661	5143	420446	1961412	22.63

续表

年龄（岁）	$_nq_x$	l_x	$_nd_x$	$_nL_x$	T_x	e_x
50~54	0.089849	81518	7324	389279	1540966	18.90
55~59	0.120928	74194	8972	348538	1151688	15.52
60~64	0.190037	65221	12394	295121	803150	12.31
65~69	0.262208	52827	13852	229506	508029	9.62
70~74	0.410619	38975	16004	154867	278523	7.15
75~79	0.554117	22971	12729	83035	123656	5.38
80~84	0.728574	10243	7462	32557	40621	3.97
85~89	0.917525	2780	2551	7523	8065	2.90
90	1	229	229	541	541	2.36

附表 2-5　1990 年小学未婚男性生命表

年龄（岁）	$_nq_x$	l_x	$_nd_x$	$_nL_x$	T_x	e_x
30~34	0.027897	100000	2790	493026	3646716	36.47
35~39	0.031750	97210	3086	478336	3153690	32.44
40~44	0.038707	94124	3643	461512	2675354	28.42
45~49	0.049833	90481	4509	441131	2213842	24.47
50~54	0.065840	85972	5660	415708	1772711	20.62
55~59	0.093175	80311	7483	382850	1357003	16.90
60~64	0.143142	72828	10425	338080	974153	13.38
65~69	0.229624	62404	14329	276195	636073	10.19
70~74	0.364478	48074	17522	196566	359878	7.49
75~79	0.549471	30552	16788	110792	163311	5.35
80~84	0.756583	13765	10414	42788	52519	3.82
85~89	0.918132	3351	3076	9062	9731	2.90
90	1	274	274	669	669	2.44

附表 2-6　1990 年文盲非未婚男性生命表

年龄（岁）	$_nq_x$	l_x	$_nd_x$	$_nL_x$	T_x	e_x
30~34	0.013892	100000	1389	496527	4055611	40.56
35~39	0.016283	98611	1606	489040	3559084	36.09
40~44	0.020871	97005	2025	479964	3070045	31.65
45~49	0.029397	94980	2792	467922	2590081	27.27

续表

年龄（岁）	$_nq_x$	l_x	$_nd_x$	$_nL_x$	T_x	e_x
50~54	0.046021	92188	4243	450335	2122159	23.02
55~59	0.073376	87946	6453	423596	1671824	19.01
60~64	0.116478	81493	9492	383733	1248228	15.32
65~69	0.186778	72000	13448	326382	864495	12.01
70~74	0.290094	58552	16986	250298	538113	9.19
75~79	0.424049	41567	17626	163768	287815	6.92
80~84	0.586010	23940	14029	84629	124048	5.18
85~89	0.749410	9911	7427	30987	39419	3.98
90	1	2484	2484	8432	8432	3.40

附表 2-7 1990 年小学非未婚男性生命表

年龄（岁）	$_nq_x$	l_x	$_nd_x$	$_nL_x$	T_x	e_x
30~34	0.008754	100000	875	497812	4228509	42.29
35~39	0.011505	99125	1140	492772	3730697	37.64
40~44	0.015988	97984	1567	486005	3237925	33.05
45~49	0.023747	96418	2290	476364	2751921	28.54
50~54	0.037188	94128	3500	461889	2275557	24.18
55~59	0.060931	90628	5522	439333	1813668	20.01
60~64	0.101189	85106	8612	403998	1374335	16.15
65~69	0.164583	76494	12590	350995	970337	12.69
70~74	0.258351	63904	16510	278247	619342	9.69
75~79	0.392238	47395	18590	190498	341095	7.20
80~84	0.572669	28805	16495	102784	150597	5.23
85~89	0.767593	12309	9448	37925	47813	3.88
90	1	2861	2861	9888	9888	3.46

附表 2-8 1990 年小学以上非未婚男性生命表

年龄（岁）	$_nq_x$	l_x	$_nd_x$	$_nL_x$	T_x	e_x
30~34	0.006079	100000	608	498480	4416446	44.16
35~39	0.008456	99392	840	494859	3917966	39.42
40~44	0.012288	98552	1211	489731	3423107	34.73
45~49	0.018741	97341	1824	482142	2933376	30.14

续表

年龄（岁）	$_nq_x$	l_x	$_nd_x$	$_nL_x$	T_x	e_x
50~54	0.029907	95516	2857	470440	2451234	25.66
55~59	0.049353	92660	4573	451866	1980794	21.38
60~64	0.082961	88087	7308	422164	1528927	17.36
65~69	0.139059	80779	11233	375812	1106763	13.70
70~74	0.227093	69546	15793	308246	730951	10.51
75~79	0.354123	53753	19035	221175	422705	7.86
80~84	0.518328	34718	17995	128600	201530	5.80
85~89	0.699838	16722	11703	54355	72930	4.36
90	1	5019	5019	18575	18575	3.70

附表2-9　2000年全体男性生命表

年龄（岁）	$_nq_x$	l_x	$_nd_x$	$_nL_x$	T_x	e_x
30~34	0.008311	100000	831	497922	4418462	44.18
35~39	0.011257	99169	1116	493053	3920539	39.53
40~44	0.014183	98053	1391	486786	3427486	34.96
45~49	0.020372	96662	1969	478386	2940700	30.42
50~54	0.031820	94693	3013	465931	2462313	26.00
55~59	0.048181	91680	4417	447355	1996383	21.78
60~64	0.076604	87262	6685	419600	1549028	17.75
65~69	0.129280	80578	10417	376846	1129428	14.02
70~74	0.218564	70161	15335	312467	752582	10.73
75~79	0.339935	54826	18637	227537	440115	8.03
80~84	0.515072	36189	18640	134344	212578	5.87
85~89	0.686253	17549	12043	57637	78234	4.46
90	1	5506	5506	20597	20597	3.74

附表2-10　2000年未婚男性生命表

年龄（岁）	$_nq_x$	l_x	$_nd_x$	$_nL_x$	T_x	e_x
30~34	0.025694	100000	2569	493576	3742273	37.42
35~39	0.036018	97431	3509	478380	3248697	33.34
40~44	0.043686	93921	4103	459349	2770317	29.50
45~49	0.052755	89818	4738	437245	2310968	25.73

续表

年龄（岁）	$_nq_x$	l_x	$_nd_x$	$_nL_x$	T_x	e_x
50~54	0.068728	85080	5847	410781	1873723	22.02
55~59	0.093465	79233	7405	377649	1462942	18.46
60~64	0.131485	71827	9444	335525	1085293	15.11
65~69	0.196033	62383	12229	281341	749769	12.02
70~74	0.300587	50154	15076	213080	468427	9.34
75~79	0.417159	35078	14633	138808	255348	7.28
80~84	0.542292	20445	11087	74507	116540	5.70
85~89	0.667650	9358	6248	31170	42033	4.49
90	1	3110	3110	10863	10863	3.49

附表 2-11　2000 年非未婚男性生命表

年龄（岁）	$_nq_x$	l_x	$_nd_x$	$_nL_x$	T_x	e_x
30~34	0.007369	100000	737	498158	4446279	44.46
35~39	0.010054	99263	998	493821	3948121	39.77
40~44	0.013819	98265	1358	487931	3454301	35.15
45~49	0.019928	96907	1931	479708	2966370	30.61
50~54	0.031047	94976	2949	467508	2486662	26.18
55~59	0.048980	92027	4507	448868	2019154	21.94
60~64	0.080187	87520	7018	420054	1570286	17.94
65~69	0.133296	80502	10731	375683	1150232	14.29
70~74	0.218504	69771	15245	310743	774549	11.10
75~79	0.325275	54526	17736	228290	463806	8.51
80~84	0.479011	36790	17623	139893	235516	6.40
85~89	0.609533	19167	11683	66628	95623	4.99
90	1	7484	7484	28995	28995	3.87

附表 2-12　2000 年城镇未婚男性生命表

年龄（岁）	$_nq_x$	l_x	$_nd_x$	$_nL_x$	T_x	e_x
30~34	0.018929	100000	1893	495268	3793996	37.94
35~39	0.030375	98107	2980	483085	3298728	33.62
40~44	0.041959	95127	3991	465657	2815643	29.60

续表

年龄（岁）	$_nq_x$	l_x	$_nd_x$	$_nL_x$	T_x	e_x
45~49	0.056629	91136	5161	442776	2349986	25.79
50~54	0.078196	85975	6723	413066	1907211	22.18
55~59	0.102802	79252	8147	375891	1494144	18.85
60~64	0.132693	71105	9435	331935	1118253	15.73
65~69	0.194343	61670	11985	278385	786318	12.75
70~74	0.296112	49685	14712	211642	507933	10.22
75~79	0.386087	34972	13502	141106	296291	8.47
80~84	0.432356	21470	9283	84143	155185	7.23
85~89	0.472258	12187	5756	46548	71042	5.83
90	1	6432	6432	24494	24494	3.81

附表 2-13　2000 年农村未婚男性生命表

年龄（岁）	$_nq_x$	l_x	$_nd_x$	$_nL_x$	T_x	e_x
30~34	0.028956	100000	2896	492761	3715164	37.15
35~39	0.038809	97104	3769	476101	3222403	33.18
40~44	0.046091	93336	4302	455925	2746303	29.42
45~49	0.052755	89034	4697	433427	2290378	25.72
50~54	0.066445	84337	5604	407675	1856951	22.02
55~59	0.092151	78733	7255	375528	1449275	18.41
60~64	0.133850	71478	9567	333471	1073748	15.02
65~69	0.200432	61911	12409	278531	740276	11.96
70~74	0.306146	49502	15155	209622	461746	9.33
75~79	0.422980	34347	14528	135415	252124	7.34
80~84	0.533616	19819	10576	72655	116709	5.89
85~89	0.624827	9243	5775	31778	44054	4.77
90	1	3468	3468	12276	12276	3.54

附表 2-14　2000 年城镇非未婚男性生命表

年龄（岁）	$_nq_x$	l_x	$_nd_x$	$_nL_x$	T_x	e_x
30~34	0.005022	100000	502	498744	4617353	46.17
35~39	0.007454	99498	742	495635	4118609	41.39
40~44	0.011335	98756	1119	490982	3622974	36.69

续表

年龄（岁）	$_nq_x$	l_x	$_nd_x$	$_nL_x$	T_x	e_x
45~49	0.016746	97637	1635	484096	3131992	32.08
50~54	0.025767	96002	2474	473824	2647896	27.58
55~59	0.040569	93528	3794	458154	2174072	23.25
60~64	0.066108	89734	5932	433838	1715918	19.12
65~69	0.111904	83801	9378	395563	1282081	15.30
70~74	0.185778	74424	13826	337553	886517	11.91
75~79	0.290981	60598	17633	258906	548964	9.06
80~84	0.442646	42965	19018	167278	290058	6.75
85~89	0.594980	23947	14248	84114	122780	5.13
90	1	9699	9699	38667	38667	3.99

附表 2-15　2000 年农村非未婚男性生命表

年龄（岁）	$_nq_x$	l_x	$_nd_x$	$_nL_x$	T_x	e_x
30~34	0.008932	100000	893	497767	4365706	43.66
35~39	0.011858	99107	1175	492596	3867939	39.03
40~44	0.015651	97932	1533	485826	3375342	34.47
45~49	0.021531	96399	2076	476806	2889516	29.97
50~54	0.033512	94323	3161	463714	2412710	25.58
55~59	0.053241	91162	4854	443678	1948996	21.38
60~64	0.087450	86309	7548	412674	1505318	17.44
65~69	0.143937	78761	11337	365464	1092644	13.87
70~74	0.233644	67424	15753	297739	727180	10.79
75~79	0.338607	51671	17496	214615	429441	8.31
80~84	0.491281	34175	16789	128901	214826	6.29
85~89	0.613963	17385	10674	60242	85925	4.94
90	1	6711	6711	25683	25683	3.83

附表 2-16　2000 年文盲未婚男性生命表

年龄（岁）	$_nq_x$	l_x	$_nd_x$	$_nL_x$	T_x	e_x
30~34	0.053938	100000	5394	486516	3392681	33.93
35~39	0.058521	94606	5536	459190	2906166	30.72
40~44	0.065931	89070	5872	430668	2446976	27.47

续表

年龄（岁）	$_nq_x$	l_x	$_nd_x$	$_nL_x$	T_x	e_x
45~49	0.066857	83197	5562	402081	2016308	24.24
50~54	0.086681	77635	6730	371351	1614228	20.79
55~59	0.108873	70905	7720	335228	1242876	17.53
60~64	0.150167	63186	9488	292208	907648	14.36
65~69	0.208724	53697	11208	240467	615440	11.46
70~74	0.332663	42489	14135	177111	374973	8.83
75~79	0.435482	28355	12348	110904	197862	6.98
80~84	0.584679	16007	9359	56637	86958	5.43
85~89	0.648805	6648	4313	22457	30321	4.56
90	1	2335	2335	7864	7864	3.37

附表 2-17　2000 年小学未婚男性生命表

年龄（岁）	$_nq_x$	l_x	$_nd_x$	$_nL_x$	T_x	e_x
30~34	0.030337	100000	3034	492416	3822703	38.23
35~39	0.039851	96966	3864	475171	3330288	34.34
40~44	0.043084	93102	4011	455483	2855117	30.67
45~49	0.048236	89091	4297	434711	2399634	26.93
50~54	0.062964	84794	5339	410620	1964923	23.17
55~59	0.084776	79455	6736	380433	1554302	19.56
60~64	0.120199	72719	8741	341742	1173869	16.14
65~69	0.173424	63978	11095	292152	832127	13.01
70~74	0.294932	52883	15597	225422	539975	10.21
75~79	0.382093	37286	14247	150813	314554	8.44
80~84	0.440911	23039	10158	89800	163741	7.11
85~89	0.487279	12881	6277	48713	73941	5.74
90	1	6604	6604	25227	25227	3.82

附表 2-18　2000 年小学以上未婚男性生命表

年龄（岁）	$_nq_x$	l_x	$_nd_x$	$_nL_x$	T_x	e_x
30~34	0.018189	100000	1819	495453	4152128	41.52
35~39	0.026134	98181	2566	484491	3656675	37.24
40~44	0.032821	95615	3138	470231	3172185	33.18

续表

年龄（岁）	$_nq_x$	l_x	$_nd_x$	$_nL_x$	T_x	e_x
45~49	0.041579	92477	3845	452773	2701954	29.22
50~54	0.056157	88632	4977	430717	2249181	25.38
55~59	0.078155	83655	6538	401929	1818464	21.74
60~64	0.109208	77117	8422	364529	1416536	18.37
65~69	0.149277	68695	10255	317838	1052007	15.31
70~74	0.201942	58440	11802	262698	734169	12.56
75~79	0.270595	46639	12620	201643	471471	10.11
80~84	0.359723	34019	12237	139500	269827	7.93
85~89	0.469228	21781	10220	83356	130327	5.98
90	1	11561	11561	46972	46972	4.06

附表2-19　2000年文盲非未婚男性生命表

年龄（岁）	$_nq_x$	l_x	$_nd_x$	$_nL_x$	T_x	e_x
30~34	0.022384	100000	2238	494404	3973114	39.73
35~39	0.028145	97762	2752	481929	3478709	35.58
40~44	0.029096	95010	2764	468140	2996780	31.54
45~49	0.034945	92246	3224	453170	2528640	27.41
50~54	0.056579	89022	5037	432519	2075471	23.31
55~59	0.081226	83985	6822	402873	1642952	19.56
60~64	0.115055	77164	8878	363623	1240079	16.07
65~69	0.169940	68286	11604	312416	876456	12.84
70~74	0.269465	56681	15274	245221	564040	9.95
75~79	0.375694	41407	15557	168146	318819	7.70
80~84	0.536912	25851	13880	94555	150673	5.83
85~89	0.643158	11971	7699	40608	56117	4.69
90	1	4272	4272	15509	15509	3.63

附表2-20　2000年小学非未婚男性生命表

年龄（岁）	$_nq_x$	l_x	$_nd_x$	$_nL_x$	T_x	e_x
30~34	0.011059	100000	1106	497235	4316602	43.17
35~39	0.016083	98894	1591	490494	3819367	38.62
40~44	0.019681	97304	1915	481730	3328872	34.21

续表

年龄（岁）	$_nq_x$	l_x	$_nd_x$	$_nL_x$	T_x	e_x
45～49	0.024202	95389	2309	471171	2847142	29.85
50～54	0.036042	93080	3355	457013	2375971	25.53
55～59	0.056689	89725	5086	435910	1918958	21.39
60～64	0.088494	84639	7490	404469	1483047	17.52
65～69	0.141886	77149	10946	358378	1078578	13.98
70～74	0.224520	66202	14864	293853	720200	10.88
75～79	0.335178	51339	17208	213674	426348	8.30
80～84	0.478459	34131	16330	129829	212673	6.23
85～89	0.657306	17801	11701	59752	82844	4.65
90	1	6100	6100	23091	23091	3.79

附表 2 - 21 2000 年小学以上非未婚男性生命表

年龄（岁）	$_nq_x$	l_x	$_nd_x$	$_nL_x$	T_x	e_x
30～34	0.006656	100000	666	498336	4743967	47.44
35～39	0.009087	99334	903	494416	4245631	42.74
40～44	0.012338	98432	1214	489123	3751215	38.11
45～49	0.017663	97217	1717	481794	3262092	33.55
50～54	0.025705	95500	2455	471364	2780298	29.11
55～59	0.038083	93045	3543	456368	2308935	24.82
60～64	0.059292	89502	5307	434243	1852566	20.70
65～69	0.097734	84195	8229	400404	1418324	16.85
70～74	0.157229	75966	11944	349972	1017920	13.40
75～79	0.23960	64022	15340	281762	667948	10.43
80～84	0.364207	48683	17731	199087	386186	7.93
85～89	0.471977	30952	14609	118239	187099	6.04
90	1	16343	16343	68860	68860	4.21

附表 2 - 22 2010 年全体男性生命表

年龄（岁）	$_nq_x$	l_x	$_nd_x$	$_nL_x$	T_x	e_x
30～34	0.006054	100000	605	498487	4640885	46.41
35～39	0.008485	99395	843	494865	4142398	41.68
40～44	0.012540	98551	1236	489667	3647533	37.01

续表

年龄（岁）	$_nq_x$	l_x	$_nd_x$	$_nL_x$	T_x	e_x
45~49	0.018737	97315	1823	482019	3157867	32.45
50~54	0.027688	95492	2644	470850	2675848	28.02
55~59	0.041341	92848	3838	454644	2204998	23.75
60~64	0.064598	89010	5750	430673	1750354	19.66
65~69	0.104895	83260	8734	394465	1319680	15.85
70~74	0.172709	74526	12871	340453	925216	12.41
75~79	0.274290	61655	16911	265996	584763	9.48
80~84	0.409647	44744	18329	177895	318767	7.12
85~89	0.567947	26414	15002	94567	140872	5.33
90	1	11412	11412	46305	46305	4.06

附表 2-23 2010 年未婚男性生命表

年龄（岁）	$_nq_x$	l_x	$_nd_x$	$_nL_x$	T_x	e_x
30~34	0.014088	100000	1409	496478	3923088	39.23
35~39	0.024129	98591	2379	487009	3426610	34.76
40~44	0.036526	96212	3514	472276	2939602	30.55
45~49	0.051199	92698	4746	451625	2467326	26.62
50~54	0.067729	87952	5957	424867	2015701	22.92
55~59	0.089526	81995	7341	391624	1590833	19.40
60~64	0.122451	74654	9141	350418	1199210	16.06
65~69	0.176329	65513	11552	298685	848792	12.96
70~74	0.273785	53961	14774	232871	550107	10.19
75~79	0.383162	39187	15015	158399	317235	8.10
80~84	0.473055	24172	11435	92274	158836	6.57
85~89	0.563541	12737	7178	45742	66562	5.23
90	1	5559	5559	20820	20820	3.75

附表 2-24 2010 年非未婚男性生命表

年龄（岁）	$_nq_x$	l_x	$_nd_x$	$_nL_x$	T_x	e_x
30~34	0.004996	100000	500	498751	4676126	46.76
35~39	0.007456	99500	742	495647	4177375	41.98
40~44	0.011546	98759	1140	490942	3681728	37.28

续表

年龄（岁）	$_nq_x$	l_x	$_nd_x$	$_nL_x$	T_x	e_x
45～49	0.017692	97618	1727	483773	3190786	32.69
50～54	0.026386	95891	2530	473130	2707013	28.23
55～59	0.039485	93361	3686	457589	2233882	23.93
60～64	0.062346	89675	5591	434396	1776293	19.81
65～69	0.101957	84084	8573	398987	1341897	15.96
70～74	0.169435	75511	12794	345569	942910	12.49
75～79	0.271187	62717	17008	271063	597342	9.52
80～84	0.408400	45709	18667	181875	326278	7.14
85～89	0.567578	27041	15348	96836	144403	5.34
90	1	11693	11693	47567	47567	4.07

附表 2-25　2010 年城镇未婚男性生命表

年龄（岁）	$_nq_x$	l_x	$_nd_x$	$_nL_x$	T_x	e_x
30～34	0.008261	100000	826	497935	4042968	40.43
35～39	0.016598	99174	1646	491754	3545034	35.75
40～44	0.028103	97528	2741	480787	3053279	31.31
45～49	0.042187	94787	3999	463938	2572493	27.14
50～54	0.060798	90788	5520	440142	2108555	23.22
55～59	0.087244	85268	7439	407744	1668413	19.57
60～64	0.124982	77829	9727	364828	1260669	16.20
65～69	0.174835	68102	11907	310744	895841	13.15
70～74	0.253676	56195	14255	245339	585097	10.41
75～79	0.378154	41940	15860	170051	339758	8.10
80～84	0.489976	26080	12779	98454	169708	6.51
85～89	0.545226	13302	7252	48377	71253	5.36
90	1	6049	6049	22876	22876	3.78

附表 2-26　2010 年农村未婚男性生命表

年龄（岁）	$_nq_x$	l_x	$_nd_x$	$_nL_x$	T_x	e_x
30～34	0.020200	100000	2020	494950	3848576	38.49
35～39	0.029145	97980	2856	482761	3353626	34.23
40～44	0.040719	95124	3873	465938	2870865	30.18

续表

年龄（岁）	$_nq_x$	l_x	$_nd_x$	$_nL_x$	T_x	e_x
45~49	0.055364	91251	5052	443625	2404926	26.36
50~54	0.070411	86199	6069	415822	1961301	22.75
55~59	0.090281	80130	7234	382563	1545479	19.29
60~64	0.121540	72896	8860	342328	1162916	15.95
65~69	0.176225	64036	11285	291967	820588	12.81
70~74	0.283365	52751	14948	226386	528621	10.02
75~79	0.385589	37803	14577	152575	302235	7.99
80~84	0.470997	23227	10940	88784	149660	6.44
85~89	0.603343	12287	7413	42902	60876	4.95
90	1	4874	4874	17974	17974	3.69

附表 2-27　2010 年城镇非未婚男性生命表

年龄（岁）	$_nq_x$	l_x	$_nd_x$	$_nL_x$	T_x	e_x
30~34	0.002768	100000	277	499308	4877395	48.77
35~39	0.004518	99723	451	497490	4378087	43.90
40~44	0.007702	99273	765	494452	3880597	39.09
45~49	0.013125	98508	1293	489308	3386145	34.37
50~54	0.020918	97215	2034	480992	2896837	29.80
55~59	0.031820	95182	3029	468337	2415845	25.38
60~64	0.050932	92153	4694	449031	1947508	21.13
65~69	0.084133	87459	7358	418902	1498477	17.13
70~74	0.142057	80101	11379	372059	1079575	13.48
75~79	0.231905	68722	15937	303769	707516	10.30
80~84	0.366427	52785	19342	215572	403747	7.65
85~89	0.532890	33443	17822	122663	188176	5.63
90	1	15622	15622	65513	65513	4.19

附表 2-28　2010 年农村非未婚男性生命表

年龄（岁）	$_nq_x$	l_x	$_nd_x$	$_nL_x$	T_x	e_x
30~34	0.007900	100000	790	498025	4514902	45.15
35~39	0.011031	99210	1094	493314	4016877	40.49
40~44	0.015588	98116	1529	486754	3523564	35.91

续表

年龄（岁）	$_nq_x$	l_x	$_nd_x$	$_nL_x$	T_x	e_x
45~49	0.022376	96586	2161	477528	3036809	31.44
50~54	0.031679	94425	2991	464646	2559281	27.10
55~59	0.045516	91434	4162	446764	2094635	22.91
60~64	0.070838	87272	6182	420904	1647871	18.88
65~69	0.114481	81090	9283	382240	1226967	15.13
70~74	0.190078	71806	13649	324910	844727	11.76
75~79	0.297174	58158	17283	247581	519817	8.94
80~84	0.449478	40875	18372	158443	272236	6.66
85~89	0.603600	22502	13582	78556	113793	5.06
90	1	8920	8920	35237	35237	3.95

附表2-29 2010年文盲未婚男性生命表

年龄（岁）	$_nq_x$	l_x	$_nd_x$	$_nL_x$	T_x	e_x
30~34	0.050335	100000	5034	487416	3415216	34.15
35~39	0.052749	94966	5009	462309	2927800	30.83
40~44	0.060076	89957	5404	436275	2465491	27.41
45~49	0.076620	84553	6478	406568	2029216	24.00
50~54	0.091272	78074	7126	372557	1622648	20.78
55~59	0.108521	70948	7699	335493	1250092	17.62
60~64	0.150193	63249	9500	292496	914598	14.46
65~69	0.191437	53749	10290	243023	622102	11.57
70~74	0.322899	43460	14033	182216	379079	8.72
75~79	0.457639	29427	13467	113466	196863	6.69
80~84	0.553464	15960	8833	57716	83397	5.23
85~89	0.804503	7127	5733	21300	25680	3.60
90	1	1393	1393	4380	4380	3.14

附表2-30 2010年小学未婚男性生命表

年龄（岁）	$_nq_x$	l_x	$_nd_x$	$_nL_x$	T_x	e_x
30~34	0.025240	100000	2524	493690	3928899	39.29
35~39	0.031972	97476	3116	479589	3435209	35.24
40~44	0.042173	94360	3979	461849	2955620	31.32

续表

年龄（岁）	$_nq_x$	l_x	$_nd_x$	$_nL_x$	T_x	e_x
45~49	0.055204	90380	4989	439427	2493771	27.59
50~54	0.068566	85391	5855	412316	2054344	24.06
55~59	0.085802	79536	6824	380618	1642027	20.65
60~64	0.113545	72712	8256	342917	1261409	17.35
65~69	0.170101	64455	10964	294867	918492	14.25
70~74	0.244105	53492	13058	234814	623624	11.66
75~79	0.315559	40434	12759	170272	388811	9.62
80~84	0.389854	27675	10789	111401	218539	7.90
85~89	0.408427	16886	6897	67187	107138	6.34
90	1	9989	9989	39951	39951	4.00

附表 2-31 2010 年小学以上未婚男性生命表

年龄（岁）	$_nq_x$	l_x	$_nd_x$	$_nL_x$	T_x	e_x
30~34	0.010008	100000	1001	497498	4387812	43.88
35~39	0.017292	98999	1712	490716	3890314	39.30
40~44	0.026186	97287	2548	480067	3399598	34.94
45~49	0.038384	94740	3636	464607	2919531	30.82
50~54	0.052446	91103	4778	443571	2454923	26.95
55~59	0.070575	86325	6092	416395	2011352	23.30
60~64	0.096163	80233	7715	381875	1594957	19.88
65~69	0.125622	72517	9110	339812	1213081	16.73
70~74	0.194281	63408	12319	286241	873269	13.77
75~79	0.263316	51089	13452	221812	587028	11.49
80~84	0.272992	37636	10274	162495	365216	9.70
85~89	0.277667	27362	7597	117815	202721	7.41
90	1	19764	19764	84905	84905	4.30

附录3 湖北省 ZG 县农村男性生活质量调查问卷（节选）

农村男性生活质量调查

调查问卷

被访人姓名：_____　　　　问卷编码：□□□□□

调查时间：□□月□□日　如果调查未完成，原因是：_____

调查地点：_____乡（镇）_____村_____村民小组

调查员姓名_____（签名）　审核员姓名_____（签名）

问卷是否合格（在方格内打"√"）：合格□　不合格□（原因）_____
_____

　　亲爱的朋友：您好！华中科技大学农村男性生活质量调查课题组正在做一项有关农村男性的社会调查，需要了解一下您的个人、家庭相关信息。本次调查收集到的信息将严格保密，谢谢您的支持与合作！

华中科技大学农村男性生活质量调查课题组
2015 年 7 月

一　基本信息

　　除被访者以外，请按照年龄大小告诉我们您家庭成员（父母、兄弟姐妹、配偶子女）的基本信息。

家庭成员	1	2	3	4	5	6
101 与您的关系：01. 父亲 02. 母亲 03. 哥哥 04. 姐姐 05. 弟弟 06. 妹妹 07. 配偶 08. 儿子 09. 女儿 10. 养子 11. 养女 12. 祖父母	被访者（自己）	□□	□□	□□	□□	□□
102 出生时间（年）						
105 教育程度：1. 不识字或很少识字 2. 小学 3. 初中 4. 高中（含中专、技校）5. 大专 6. 本科及以上	□	□	□	□	□	□
106 婚姻状况：1. 未婚（跳至108）2. 初婚 3. 再婚 4. 离婚 5. 丧偶	□	□	□	□	□	□
108 职业（见备注）	□□	□□	□□	□□	□□	□□

[备注] 职业：01. 农林牧渔人员 02. 非技术工人 03. 技术工人 04. 商业、服务业劳动者 05. 个体户 06. 私营企业主 07. 办事人员 08. 专业技术人员 09. 企业或商业负责人（如经理、厂长等）10. 军人 11. 乡、村干部 12. 无业失业 13. 离退休人员 14. 其他（请注明）＿＿＿＿＿＿

二 健康

201 身高＿＿＿＿＿＿米，体重＿＿＿＿＿＿公斤

203 您的身体有无残疾？ 1. 有 2. 无（跳至204） □

207 您是否有吸烟历史？ 1. 是，您吸烟□□年 2. 否（跳至208）
□

208 您平时是否喝酒？ 1. 是，您喝酒□□年 2. 否（跳至209）□

209 总体来讲，您的健康状况是： □

1. 非常好 2. 好 3. 一般 4. 差 5. 非常差

211 请您想一想，您的健康状况是否限制了这些活动？如果有限制，程度如何？

1. 限制很大 2. 有些限制 3. 毫无限制

(1) 重体力活动，如跑步举重、参加剧烈运动等	☐	(6) 弯腰、屈膝、下蹲	☐
(2) 适度的活动，如移动一张桌子、扫地、打太极拳等	☐	(7) 步行 1500 米以上的路程	☐
(3) 手提日用品，如买菜、购物等	☐	(8) 步行 1000 米的路程	☐
(4) 上多层楼梯	☐	(9) 步行 100 米的路程	☐
(5) 上一层楼梯	☐	(10) 自己洗澡、穿衣	☐

212 在过去 4 个星期里，您的工作和日常活动是否因为身体健康的原因而出现以下这些问题？

1. 是　　　2. 不是

(1) 减少了工作或其他活动时间	☐	(3) 想要干的工作或活动种类受到限制	☐
(2) 本来想要做的事情只能完成一部分	☐	(4) 完成工作或其他活动困难增多（如需要额外的努力）	☐

213 在过去 4 个星期里，您的工作和日常活动是否因为情绪的原因（如压抑或忧虑）而出现以下这些问题？

1. 是　　　2. 不是

（1）减少了工作或活动时间：☐

（2）本来想要做的事情只能完成一部分：☐

（3）干事情不如平时仔细：☐

214 在过去 4 个星期里，您的健康或情绪不好在多大程度上影响了您与家人、朋友、邻居或集体的正常社会交往？☐

1. 完全没有影响　　2. 有一点影响　　3. 中等影响

4. 影响比较大　　5. 影响非常大

215 在过去 4 个星期里，您有身体疼痛吗？☐

1. 完全没有疼痛　　2. 有一点疼痛　　3. 中等疼痛

4. 严重疼痛　　5. 很严重疼痛

216 在过去 4 个星期里，您的身体疼痛影响了您的工作和家务吗？☐

1. 完全没有影响　　2. 有一点影响　　3. 中等影响

4. 影响很大　　5. 影响非常大

217 以下问题是关于过去 1 个月里您自己的感觉，对每一条问题所说的事情，您的情况是什么样的？

1. 所有的时间　　　　2. 绝大部分时间　　　3. 大部分时间
4. 一部分时间　　　　5. 小部分时间　　　　6. 没有这种感觉

（1）您觉得生活充实	□	（4）您的心里很平静	□	（7）您觉得筋疲力尽	□
（2）您是一个敏感的人	□	（5）您做事精力充沛	□	（8）您是个快乐的人	□
（3）您的情绪非常不好，什么事都不能使您高兴起来	□	（6）您的情绪低落	□	（9）您感觉厌烦	□

218 在过去 4 个星期里，身体和心理的问题影响您的社会活动（如走亲访友）的情况：　□

1. 所有的时间　　　　2. 大部分时间　　　　3. 比较多时间
4. 一部分时间　　　　5. 小部分时间　　　　6. 没有这种感觉

219 请看下列每一条问题，哪一种答案最符合您的情况？

1. 非常同意　　　　2. 比较同意　　　　3. 不确定
4. 比较不同意　　　5. 非常不同意

（1）我好像比别人容易生病	□	（6）我的生活条件很好	□
（2）我跟周围人一样健康	□	（7）我对我现在的生活很满意	□
（3）我认为我的健康状况在变坏	□	（8）到现在为止，我已经得到了生活中我想要的东西	□
（4）我的健康状况非常好	□	（9）如果可以再活一次，我基本上不会改变我的人生	□
（5）我现在的生活基本上和我理想的生活一致	□		

220 您在过去一周里有下面的感觉吗？（CES-D 抑郁度简表）

1. 没有　　　2. 有时　　　3. 经常

（1）（过去一周里）您觉得自己心情很好吗？	□
（2）（过去一周里）您觉得寂寞（孤单）吗？	□
（3）（过去一周里）您觉得心里很难过吗？	□
（4）（过去一周里）您觉得自己的日子过得很不错吗？	□
（5）（过去一周里）您觉得胃口不好吗？	□

	续表
（6）（过去一周里）您睡不好觉（失眠）吗？	□
（7）（过去一周里）您觉得自己是有用的人吗？	□
（8）（过去一周里）您觉得自己没事可做吗？	□
（9）（过去一周里）您觉得生活中有很多乐趣（有意思的事情）吗？	□

221 请您回忆一下，您最近四个星期以来出现以下感受或想法的频率如何？

1. 从不　　2. 很少　　3. 有时　　4. 经常　　5. 总是

（1）感到自己能有效地处理生活中所发生的重要改变	□	（3）感到自己有能力控制自己的生活	□
（2）感到自己能有效地处理私人的问题	□		

三　经济

401 去年，您个人总收入为_____元，其中务农收入为_____元，非务农收入为_____元。

411 您认为您的家庭经济状况在家乡属于什么水平：□

1. 下等　　　　　2. 中等偏下　　　　3. 中等
4. 中等偏上　　　5. 上等　　　　　　6. 不清楚

414 当您需要借一大笔钱（5000元以上），您可以向谁借？求助的人数：

家人（包括父母、兄弟姐妹和子女）□□人；亲属□□人；邻居□□人；朋友□□人；其他□□人

415 当您干农活需要帮忙时，您可以向谁求助？求助的人数：

家人（包括父母、兄弟姐妹和子女）□□人；亲属□□人；邻居□□人；朋友□□人；其他□□人

416 当您有心事时，您可以向谁诉说？诉说的人数：

家人（包括父母、兄弟姐妹和子女）□□人；亲属□□人；邻居□□人；朋友□□人；其他□□人

四 社会保障

501 请您介绍参加社会保障的情况并对参加的项目做出评价。

社会保障	您是否参加了该项目？1. 是 2. 否	您未参加的原因是什么？（未参加填写）	对于您参加的项目，您每年缴费或领取多少？	个人所需的保险费用是由谁为您缴纳的？1. 自己 2. 父母 3. 兄弟姐妹 4. 子女 5. 其他亲戚 6. 政府 7. 其他	对该项目的满意程度：1. 非常不满意 2. 不满意 3. 一般 4. 满意 5. 非常满意
新农保	□	1. 没钱参加 2. 待遇水平低 3. 觉得不划算 4. 申请办理或缴费不方便 5. 没考虑那么长远 6. 其他（请注明）_____ □	□□□□元	□	□
新农合	□	1. 身体很好不需要 2. 报销困难 3. 报销比例小 4. 没钱参加 5. 其他（请注明）_____ □	□□□□元	□	□

502 您将来希望依靠谁来养老？ □

1. 自己存款　　　　　　　　2. 依靠配偶和子女
3. 依靠兄弟姐妹　　　　　　4. 依靠政府救济
5. 依靠养老保险　　　　　　6. 没有想过
7. 其他（请注明）_____

503 您年老的时候希望和谁居住在一起？ □

1. 自己（或和配偶）住　　　2. 和子女一起住
3. 和兄弟姐妹一起住　　　　4. 入住养老机构
5. 其他（请注明）_____

504 您是否享受到农村最低生活保障制度？　1. 是　2. 否（跳至507）□

505 您所获得的低保补贴是_____元/年

506 您觉得农村低保制度能否满足您当前的生活需要？ □

1. 完全满足　　　　2. 基本满足　　　　3. 一般

4. 不太满足　　　　　5. 完全不能满足

507 您是否参与了农村五保供养制度？　1. 是　2. 否（跳至511）　☐

510 您对农村五保供养制度的满意程度如何？　☐

1. 非常满意　2. 比较满意　3. 一般　　4. 不太满意　5. 非常不满意

511 您上一次看病的医疗费用是如何报销的？　☐

1. 在医院看病时当场减免

2. 乡镇职工医疗保险中心（或基层社保所）

3. 商业医疗保险公司　　　　　　4. 看病后由就业单位报销

5. 其他机构　　　　　　　　　　6. 没有报销

512 当您生病时，通常是谁来照顾您？　☐

1. 父母　　2. 兄弟姐妹　3. 配偶子女　4. 邻居　　5. 亲戚朋友

6. 无人照顾　7. 其他（请注明）_____

513 您是否听说及使用过大病医疗救助？　☐

1. 听说过且使用过　　　2. 听说过但没使用过　　3. 没听说过

515 您是否担心需要医疗服务的时候不能获得？　☐

1. 非常担心　2. 比较担心　3. 不太担心　4. 不担心　5. 不清楚

516 您是否担心重病时付不起医药费用？　☐

1. 非常担心　2. 比较担心　3. 不太担心　4. 不担心　5. 不清楚

517 目前的休闲娱乐活动主要包括哪些？（可多选）　☐

1. 看电视　2. 下棋打牌　3. 跳舞健身　4. 读书看报

5. 串门聊天　6. 其他（请注明）_____

图书在版编目(CIP)数据

中国人口性别失衡与大龄未婚男性生存状况研究/果臻著. -- 北京:社会科学文献出版社,2018.10
(西安交通大学人口与发展研究所·学术文库)
ISBN 978-7-5201-3523-8

Ⅰ.①中… Ⅱ.①果… Ⅲ.①人口性别构成-研究-中国②男性-未婚者-生活状况-研究-中国 Ⅳ.①C924.24②D669.1

中国版本图书馆CIP数据核字(2018)第220907号

西安交通大学人口与发展研究所·学术文库
中国人口性别失衡与大龄未婚男性生存状况研究

著　　者 / 果　臻

出 版 人 / 谢寿光
项目统筹 / 周　丽　高　雁
责任编辑 / 王玉山　马甜甜

出　　版 / 社会科学文献出版社·经济与管理分社（010）59367226
　　　　　　地址：北京市北三环中路甲29号院华龙大厦　邮编：100029
　　　　　　网址：www.ssap.com.cn
发　　行 / 市场营销中心（010）59367081　59367018
印　　装 / 三河市尚艺印装有限公司

规　　格 / 开　本：787mm×1092mm　1/16
　　　　　　印　张：15　字　数：242千字
版　　次 / 2018年10月第1版　2018年10月第1次印刷
书　　号 / ISBN 978-7-5201-3523-8
定　　价 / 79.00元

本书如有印装质量问题，请与读者服务中心（010-59367028）联系

▲ 版权所有 翻印必究